古代歷史文化_{研究輯刊}

十七編

王明蓀 主編

第9冊

近世社會的形成
——宋代的士族與民間信仰(下)

王章偉 著

國家圖書館出版品預行編目資料

近世社會的形成——宋代的士族與民間信仰（下）／王章偉
著 — 初版 — 新北市：花木蘭文化出版社，2017〔民106〕
目 2+158 面；19×26 公分
（古代歷史文化研究輯刊 十七編；第 9 冊）
ISBN 978-986-404-949-3（精裝）
1. 社會史 2. 士 3. 民間信仰 4. 宋代
618   106001383

ISBN-978-986-404-949-3

9 789864 049493

古代歷史文化研究輯刊
十七編　第 九 冊　　　　　ISBN：978-986-404-949-3

近世社會的形成
──宋代的士族與民間信仰（下）

作　　　者　王章偉
主　　　編　王明蓀
總 編 輯　杜潔祥
副總編輯　楊嘉樂
編　　　輯　許郁翎、王筑　美術編輯　陳逸婷
出　　　版　花木蘭文化出版社
社　　　長　高小娟
聯絡地址　235 新北市中和區中安街七二號十三樓
　　　　　　電話：02-2923-1455／傳眞：02-2923-1452
網　　　址　http://www.huamulan.tw 信箱 hml810518@gmail.com
印　　　刷　普羅文化出版廣告事業
初　　　版　2017 年 3 月
全書字數　449972 字
定　　　價　十七編 34 冊（精裝）台幣 68,000 元　　　版權所有・請勿翻印

近世社會的形成
——宋代的士族與民間信仰（下）

王章偉　著

目次

民間信仰篇

溝通古今的薩滿
——研究宋代巫覡信仰的幾個看法〔註1〕

一、引　言

　　過去二十多年，中國民間信仰的研究已成爲中外漢學界的顯學，當中湧現了一大批傑出的學者和著作，他們提出的不少理論更成爲往後研究者的典範。不過，關於中國巫史的問題，除了重複套用弗雷澤（Sir James George Frazer，1854～1941）和馬林諾夫斯基（Bronlislaw Kaspar Malinowski，1884～1942）等人的理論外，〔註2〕一直沒有甚麼突破；加上巫覡地位在秦漢以後

〔註1〕　不少學者（如張光直、林富士）都將中國的「巫覡」譯作「薩滿」（見 Chang Kwang-chih, *Art, Myth, and Ritual: The Path to Political Authority in Ancient China*, Cambridge, Mass. & London: Harvard University Press, 1983, pp.44-45；Lin Fu-shih, *Chinese Shamans and Shamanism in the Chiang-nan Area During the Six Dynasties Period〔3ʳᵈ～6ᵗʰ century A.D.〕*, unpublished Ph.D. dissertation, Princeton University, 1994, pp.16-25），甚或以爲「名稱雖不一，實際的性質則全同」（見張紫晨，《中國巫術》，上海：上海三聯書店，1992 年，頁 16～17），但薩滿主義（shamanism）爲西方學界對西伯利亞和北亞宗教現象的後起研究，二者的內涵並非完全相同。本文用「薩滿」爲題，只取其「溝通古今」此一特性之醒目果效而已。

〔註2〕　參見英・弗雷澤著、汪培基譯，《金枝——巫術與宗教之研究》，臺北：桂冠圖書股份有限公司，1994 年；英・馬林諾夫斯基著，李安宅譯，《巫術科學宗教與神話》，北京：中國民間文藝出版社，1986 年。有關二者的巫術研究在人類學的古典進化學派及功能學派上的地位與影響，可參閱夏建中，《文化人類學理論學派——文化研究的歷史》，北京：中國人民大學出版社，1997 年，頁 47～52 及頁 128～138。

每況愈下，佛、道等「制度化宗教」及其他新興的神祠信仰遂成爲學者關懷的重心。〔註3〕唐宋以後的巫史研究一直備受冷落，得不到應有的重視。〔註4〕

撇除老一輩寓居香港的史學大師如羅香林、許地山及饒宗頤等不論，〔註5〕近年來研究中國民間信仰的香港學者並不太多，卻不乏影響深遠者，科大衛、黎志添、譚偉倫、游子安及范家偉等就是當中的代表。不過，他們的研究，或側重佛、道二教與民間信仰的關係；或深受「華南學派」的影響，集中討論明清時代嶺南地區的信仰與社會問題。〔註6〕同樣地，巫覡信仰也不是香港史學或宗教學研究者的關注點。

筆者一直關心宋代民間社會的問題，在香港大學的博士論文就是研究宋代的巫覡信仰，初步提出了一些很不成熟的看法。慚愧得很，我其實是中國民間信仰研究的「新兵」，今天很高興承大會的邀請，談談自己對研究宋代巫覡信仰的幾個看法，濫竽充數，請各位斧正。

二、回到當代人的世界

宋仁宗天聖元年（1023 年），管治洪州（今江西南昌）的地方官夏竦（985～1051）向朝廷上奏，強烈批評當地的巫覡傳習妖法，愚弄百姓，甚至謀財害命；然而民眾敬畏巫覡的程度，竟然遠遠超過國家的官吏，而對其言聽計從，也甚於國家的法制典章。夏竦這篇奏議，就是宋代批判巫覡之害最著名

〔註3〕 關於「制度化宗教」與民間信仰的問題，詳見楊慶堃的經典討論，見 C.K.Yang, *Religion in Chinese Society; A Study of Contemporary Social Functions of Religion and Some of Their Historical Factors,* Berkeley, Los Angeles & London: University of California Press, 1961。此書最近有中譯本，見美·楊慶堃著、范麗珠等譯，《中國社會中的宗教——宗教的現代社會功能與其歷史因素之研究》，上海：上海人民出版社，2007 年。

〔註4〕 關於中國巫覡巫術歷史研究的回顧，見王章偉，《在國家與社會之間——宋代巫覡信仰研究》，香港：中華書局，2005 年，頁 3～10。

〔註5〕 羅香林在民間宗教史方面的研究可以《流行於贛閩粵及馬來亞之真空教》（香港：中國學社，1962 年）一書爲代表，許地山則以《扶箕迷信底研究》（長沙：商務印書館，1941 年）最爲著名；饒宗頤的著述更多，詳見饒宗頤二十世紀學術文集編輯委員會編，《饒宗頤二十世紀學術文集》，臺北：新文豐出版股份有限公司，2003 年。要特別指出的是，饒宗頤在二十世紀九十年代初發表的〈歷史家對薩滿主義應重新作反思與檢討——「巫」的新認識〉一文，可說是中國巫史研究的重要指導文章，惜此文似未受到應有的重視，文載中華書局編輯部編，《中華文化的過去、現在和未來——中華書局八十週年紀念論文集》，香港：中華書局，1992 年，頁 396～412。

〔註6〕 有關學者的著作太多，由於與本文關係不大，故不詳列。

的〈洪州請斷袄巫奏〉。由此引起了朝廷的震動，宋朝政府除了針對洪州的巫風外，更全面取締各地的巫覡巫俗。〔註7〕

宋代的巫風如此熾烈，以一個宋史研究者而言，我最初關心的問題其實很簡單：究竟發生了甚麼事？十至十三世紀的中國，知識階層擴大，新儒學復興，經濟蓬勃，城市發達，信仰世界也因而起了很大變化。〔註8〕除了傳統的佛、道二教外，神祠信仰也大爲流行；〔註9〕然而，這種源於古代的信仰儀式——巫覡巫術，何以還會在這個文明的角度裡存在和流播？

史料的缺乏與支離破碎，是我們面對的第一個大難題，不過情況其實更差。我在研讀零散的史料時立即發覺，我們必須判斷宋代人所說的，究竟哪些才屬於巫覡與巫術的範圍。然而，何謂「巫術」？「巫覡」又是指哪些人？〔註10〕過去學者在討論宋代巫覡信仰時，其實對這個問題沒有詳加分析，他們往往只移植西方的理論，然後硬套史料，其中弗雷澤的「交感巫術」論就是最常被應用者。〔註11〕然而在這種情況下，很多不涉及當代巫覡信仰的事

〔註7〕 宋・李燾，《續資治通鑑長編》，卷101，仁宗天聖元年11月戊戌，北京：中華書局，1979～1995年，頁2340～2341；清・徐松，《宋會要輯稿》，〈禮〉20之11，北京：中華書局，1987年，頁770；宋・夏竦，〈洪州請斷袄巫奏〉，載於曾棗莊、劉琳主編，《全宋文》，卷347，〈夏竦〉15，上海：上海辭書出版社，2006年，頁76～77。

〔註8〕 Patricia Buckley Ebrey & Peter N. Gregory（eds.），*Religion and Society in Tang and Sung China*, Honolulu: University of Hawaii Press, 1993, p6。

〔註9〕 程民生認爲，古代中國人信奉千千萬萬、形形色色的神祇，各有自己的宮殿，一般通稱爲「祠廟」或「神祠」，以別於佛教的寺院和道教的宮觀。見程民生，《神人同居的世界——中國人與中國祠神文化》，鄭州：河南人民出版社，1993年，頁1；又見程民生，《宋代地域文化》，開封：河南大學出版社，1997年，頁290。

〔註10〕 以一個受西式教育培養的香港人而言，電影《魔戒》或童話《白雪公主》中那些頭戴尖帽、身穿灰黑長袍的勾鼻巫師，兩腿夾著小棍或騎著掃帚，騰空起飛，夜半趕赴撒旦在深山野嶺召開的「巫魔會」（sabbat），可能才是更深入民心的巫師與巫術的形象。見王章偉，《文明世界的魔法師——宋代的巫覡與巫術》，臺北：三民書局，2006年，頁1～3及9～21。

〔註11〕 「交感巫術」的意思是：「如果我們分析巫術賴以建立的思想原則，便會發現它們可以歸結爲兩個方面：第一是『同類相生』或果必同因；第二是『物體一經互相接觸，在中斷實體接觸後還會繼續遠距離的互相作用』。前者可稱之爲『相似律』，後者可稱作『接觸律』或『觸染律』。巫師根據第一個原則即『相似律』引伸出，他能夠僅僅通過模仿就實現任何他想做的事；從第二個原則出發，他斷定，他能通過一個物體來對一個人施加影響，只要該物體曾被那個人接觸過，不論該物體是否爲該人身體之一部分。基於相似律的法術叫做『順勢巫術』或『模擬巫術』。基於接觸律或觸染律的法術叫做『接觸巫術』。……把

件卻被歸納在討論範圍之內，當中除了占卜、相術、風水等外，甚至連僧道作法、民間祭灶拜火等也算是巫術，〔註12〕這是否合理？

　　韓明士（Robert P. Hymes）及謝康倫（Conrad Schirokauer）等西方學者在運用社會科學及政治學研究宋代歷史時，已指出「國家」（state）、「社會」（society）這些現代英語詞彙，在文化差異及時代不同的情況下，根本無法找到與宋代意思完全相等的對譯；〔註13〕而研究薩滿主義的權威米爾希·埃利亞德（Mircea Eliade，1907~1986）也早已說過，自二十世紀開始，民族學家慣於交互使用「shaman」（薩滿）、「medicine man」（醫士、醫巫）、「sorcerer」（術士）、「magician」（巫覡、魔法師）等數語，以標示某些存在於所有原始社會中具有巫術——宗教力量的人，而相同的專門用語亦被應用於研究文明人的宗教史，如印度、伊朗、日耳曼、中國以至巴比倫。但他認為這樣會使概念變得極之複雜和含糊，也令薩滿一語失去意義。〔註14〕

　　的確，以弗雷澤的理論為例，他所謂的「巫術」，英語原為「magic」，肯定不完全等同我們及宋人所謂的巫覡巫術；相反，「巫術」這個中文詞彙，究竟應該譯為「magic」、「witchcraft」、「shamanism」還是「sorcery」？〔註15〕因此，以民俗學或社會人類學的角度而言，中國民俗學者套用西方巫

　　　　『順勢』和『接觸』這兩類巫術都歸於『交感巫術』這個總的名稱之下可能更便於理解些，因為兩者都認為物體通過某種神秘的交感可以遠距離的相互作用，通過一種我們看不見的『以太』把一物體的推動力傳輸給另一物體。」見弗雷澤著，汪培基譯，《金枝——巫術與宗教之研究》，頁 21～23。

〔註12〕范櫟，〈宋代的民間巫術〉是一篇典型的例子，見張其凡、陸勇強主編，《宋代歷史文化研究》，北京：人民出版社，2000 年，頁 130～147。

〔註13〕Conrad Schirokauer & Robert P. Hymes, "Introduction", in Robert P. Hymes and Conrad Schirokauer（eds.）, *Ordering the World: Approaches to State and Society in Sung Dynasty China*, Berkeley, Los Angeles & Oxford: University of California Press, 1993, pp.5-12。

〔註14〕Mircea Eliade, *Shamanism: Archaic Techniques of Ecstasy*, Princeton: Princeton University Press, 1974, p.3。

〔註15〕眾所周知，翻譯外語時涉及的是有關詞彙背後的文化觀念，一部翻譯史就是一部文化史。時代背景不同，地域和文化上的距離又大，弗雷澤所謂的「magic」自然不完全等同宋人心目中的巫術；事實上，他對巫覡的解釋，更與宋代的巫覡分別很大。弗雷澤認為巫覡在執行「公眾巫術」時，巫覡就上升至更有影響力和聲望的地位，而且可能很容易地取得一個首領或國王的身份和權力，因而這種專業就會使部落裡一些最能幹、最有野心的人進入顯貴地位，見弗雷澤著，汪培基譯，《金枝——巫術與宗教之研究》，頁 65～79。這種原始時代的部落「祭司王」，或許與商代的情況有些類似，卜辭中常有「王卜」、

術理論探討宋代巫覡信仰，驗證其自身的學說，無可厚非；不過，身爲歷史工作者，我卻認爲這只是一個現代人用西洋的話語，數說一些宋朝的靈異故事與現象而已，這固然可以爲當代巫術研究提供一個觀點，但肯定不是歷史的眞相。〔註16〕宋代巫史的研究，必須回到古人的視角裡去。

　　不過，「回到古人的視角裡去」又不表示我們可直接採用先秦巫文化中對巫覡的看法與定義。〔註17〕因爲中國文化綿延千載，當中的發展自有其一

　　「王貞」之語，商王兼爲巫之所事，故陳夢家指出商王即是巫覡，「由巫而史而爲王者的行政官吏；王者自己雖爲政治領袖，同時仍爲群巫之長。」見陳夢家，〈商代的神話與巫術〉，《燕京學報》，第 20 期，1936 年，頁 535～536。然而，進入近世高度文明的宋代，民間巫覡的情況自非如此，故無論是在巫覡的實貌或在巫術的內涵上，我們不能不加思索地套用弗雷澤的研究。其實，追溯詞彙本身的起源，英文「magic」與中文「巫」一語，可能均源於古印度——伊朗語，或與瑣羅亞斯德教（祆教）有密切的關係，見美·梅維恒（Victor H. Mair）著，〈古漢語巫、古波斯語 Magus 和英語 Magician〉，載於美·夏含夷（Edward L. Shaughnessy）編，《遠方的時習——〈古代中國〉精選集》，上海：上海古籍出版社，2008 年，頁 55～86；研究祆教的學者則指出，祆教的祭司「麻葛」（magoi）就是英語「magic」一語的本源，「巫師」即「麻葛」，見龔方震、晏可佳，《祆教史》，上海，上海社會科學院出版社，1998 年，頁 88。

〔註16〕方燕最近在其研究巫文化與宋代女性的博士論文中，引法國人類學家馬塞爾·莫斯（Marcel Mauss，1872-1950）的著作反駁我的看法，見方燕，《巫文化視域下的宋代女性——立足于女性生育、疾病的考察》，北京：中華書局，2008 年，頁 3～4。本書承方燕託同門摯友何冠環博士寄贈，惟多年後我才收到此書，未能立即言謝，謹此致謝致歉。然而，方燕所引馬塞爾·莫斯《社會學與人類學》（余碧平譯，上海：上海譯文出版社，2003 年）一書，本身就譯自 1950 年的法文版；由法文「magie」，與弗雷澤英語著作中的「magic」，再譯成中文的「巫術」，期間因法、英及英、中三地文化不同而造成的對譯差異，再加上古今歷史的不同而造成的錯誤類比或模擬，我們是可以想見的。這也是拙著中討論「巫術」定義時最強調者，奇怪的是，方燕似乎看不懂我的觀點，仍然沒有「回到當代人的世界」。

〔註17〕先秦時代的巫覡，據左丘明撰、三國·韋昭注，《國語》，上海：上海古籍出版社，1978 年，卷 18，〈楚語〉下：「古者民神不雜。民之精爽不攜貳者，而又能齊肅衷正，其智能上下比義，其聖能光遠宣朗，其明能光照之，其聰能聽徹之，如是則明神降之，在男曰『覡』，在女曰『巫』。」頁 559～562；漢·許慎著、清·段玉裁注，《說文解字注》，上海，上海古籍出版社，1986 年：「巫，巫祝也，女能事無形，以舞降神者也。……覡，能齊肅事神明者，在男曰覡，在女曰巫。」頁 201～202。不過，歷史發展至宋代，「事鬼神者」已絕非巫覡的專利事業，道士、僧侶以至其他宗教的祭司都扮演著相類的角色，單以「事鬼神者」一項作爲宋代巫覡的定義，會造成混淆。

致的地方，但同樣亦會因爲時間與地域的不同而產生轉變。〔註18〕過去不少論著在分析問題時，舉用的證據往往在時間上橫亙古今，在地域上南轅北轍，〔註19〕這種割裂時空的論述，實在無法顯示中國各朝巫史的眞象，也凸現不出幾千年來中國巫史發展的起伏趨勢。歷史研究重視「長時段」的立體考察，探討其中的傳承轉變，我們既不能以今代古，但同樣也不應以古（先秦兩漢對巫的詮釋）代今（宋人的看法）。

回到我們最初而又最根本的問題：究竟發生了甚麼事？「回到宋人的視角裏去」這個說法，其實也正是了解這個問題的最佳方法。歷史學者對當代的史料至爲嫻熟，我們在研讀當事人的記述中，可嘗試代入宋人的角色裡，透過宋人的眼睛去看問題：面對各種各樣的「事鬼神者」，何以人們一見巫覡其人就會說「他是巫覡」。宋人眼中的巫覡，其內涵才應是有關問題的重點，事實上，宋人編《太平廣記》即有「巫」之一門，與卜筮、方士、道術等分開，顯示時人的確將巫覡視爲特有的身份。〔註20〕我相信，「回到當代人的世界」，會是研究中國民間信仰歷史的一個基本原則。

三、史、論結合：從斷裂的史料上建構「實況」

怎樣才可以褪下現代人的有色眼鏡，讓我們嘗試從宋人的目光去了解當代的巫覡信仰？這並不容易辦到。不過，社會人類學的研究方法其實有很值得我們參考之處。社會人類學強調將「異文化」看作與「本文化」具有同等地位和價值的實體加以理解，並以之反省本文化的局限，〔註21〕「只有在了解其他的文化和社會後，一個人才能透視自己」。〔註22〕當代美國人類學大師克利福德・格爾茲（Clifford Geertz）認爲，要了解一個民族象徵系統的內在

〔註18〕 就巫覡的發展歷史而言，宋代正處於一個關鍵的轉變時期：與唐代及以前不同，宋朝廢太卜署，官方祭祀不再任用巫覡；巫覡從此完全沒入民間，與地方社會緊密結合，其情況與前代自有不同。參考日・中村治兵衛，〈五代の巫〉及〈北宋朝と巫〉，二文均載於日・中村治兵衛，《中國シャーマニズムの研究》，東京：刀水書房，1992 年，頁 69～84 及 85～106。

〔註19〕 最具代表性的就是高國藩，《中國巫術史》，上海：上海三聯書店，1999 年。

〔註20〕 宋・李昉等，《太平廣記》，卷 283，〈巫厭・巫〉，北京：中華書局，1986 年，頁 2253～2260。

〔註21〕 王銘銘，《社會人類學與中國研究》，北京：三聯書店，1997 年，頁 5。

〔註22〕 英・伊凡・普里查（E.E. Evans-Pritchard）著，陳奇祿、王崧興等合譯，《社會人類學》，臺北：唐山出版社，1997 年，頁 120。

意義，就必須以該民族本身的立場為出發才有可能，故他力倡「從土著的立場出發」。〔註 23〕如果我們認同巫術是一個民族文化之重要「象徵系統」，那麼現代人在研究宋代巫覡信仰時，就應該明白自身的局限，像一個「本文化」者研究「異文化」一樣，「從宋人的立場出發」。

當然，我們無法回到宋代社會裡去進行田野調查，研究歷史的人只有建基於當代的證據，卻因此可以穿梭於現存宋代各種不同的文獻與碑誌之間，借助不同的社會科學及宗教人類學方法，從斷裂的史料上建構當時的「實況」。

過去，學者在研究中國各朝巫史時因為受到既有理論框架的影響，往往只平鋪直述巫覡的活動，千篇一律，無法凸現其中的發展與差異；我們轉從宋人的眼睛看問題後會立刻發現，考察施術者的活動場所、作法的器具、遵行的儀式，已不再只是重複前人對中國巫覡外貌的描述而已。人類學家指出，宗教儀式是人與神靈聯繫的手段，是活動中的宗教，而巫術就是相信在儀式實踐中，能迫使超自然力量以某種方式達到善或惡的目的；〔註 24〕格爾茲的解釋更為透徹：「正是通過聖化了的行動——儀式，才產生出『宗教觀念是真的』這樣的信念。」〔註 25〕當我們「置身於」宋代的環境裡，會發覺，這些正是人們分辨巫覡身份的憑藉，從中更能感受出他們的想法與心態。

蘇堂棟（Donald Sutton）討論臺灣民間信仰的例子給我們一個很好的佐證，他研究臺灣「家將崇拜」節日裡的劇團，在沒有教會組織和統一權威的經典下，不同的劇團為了競爭，會將神祇的形象加以改塑，奇怪的是，大家總有一定的共通性，即無論劇團如何因應需要去改塑「家將」的形象，但表演者和觀眾都能立刻認出其為「家將」。原因何在？蘇堂棟認為，這就是地方宗教的傳統，即指劇團並非只為表演者，且是參與者和儀仗隊，他們會用一定的「儀式」進行，這儀式就是統一的原因，令各劇團「家將」形象的演變

〔註23〕見李亦園，〈人類學召集人序〉，載於美‧芮克里夫‧布朗（A.R.Radcliffe-Brown）著，夏建中譯，《社會人類學方法》，臺北：桂冠圖書股份有限公司，1994 年，頁 xi。

〔註24〕美‧威廉‧A‧哈維蘭（W. A. Haviland）著，王銘銘等譯，《當代人類學》，上海：上海人民出版社，1987 年，頁 515～519；又見王銘銘，《想象的異邦——社會與文化人類學散論》，上海：上海人民出版社，1998 年，頁 154～159。

〔註25〕郭于華，〈導論：儀式——社會生活及其變遷的文化人類學視角〉，載於郭于華主編，《儀式與社會變遷》，北京：社會科學文獻出版社，2000 年，頁 2。

都限於在一個共同接受的理路內發展。〔註 26〕相類的情況，無論宋代巫覡巫術如何難以清楚定義，但當其施術行法時，人們總能一見巫覡其人就會說：「他是巫覡」。歷史學者透過研讀史料，立足於宋人的視野和認知，彷彿就是參予了一幕「巫系演劇」，〔註 27〕親歷其場所、器具和儀式，表演者巫覡和我們這些觀眾，都能從獨特的場所、不同的器具和儺人的儀式中，辨別出宋代巫覡巫術的實際涵義。

宋人對巫覡信仰的心態和想法，我們本來很難理解。在討論宋人信巫的原因時，過去往往只是從今人或文獻記述者的精英視角出發，批判其為「低級鄙俗的文化現象」，〔註 28〕是「消極的落後的甚至有害的東西」；〔註 29〕加上巫覡的一個主要活動就是為民眾治病，於是大家似乎都認定，在民智未開的古代，人們面對疾病的死亡威脅，「醫藥不足」這種說法是最能解釋巫覡信仰流行的原因。但運用上述「從宋人的立場出發」這種「移情」方法，配合史料分析，我們會發現情況並非如此簡單：〔註 30〕當代除了「信巫不信醫」外，其實還有很多「巫醫並舉」、「巫覡療病」的例子，〔註 31〕從中我們會明白宋人面對疾病時的無奈。〔註 32〕而運用醫療人類學的研究，巫覡作為「土

〔註 26〕Donald S. Sutton, "Transmission in Popular Religion: The Jiajiang Festival Troupe of Southern Taiwan", in Meir Shahar & Robert P. Weller（eds.）, *Unruly Gods: Divinity and Society in China*, Honolulu: University of Hawaii Press, 1996, pp.212-249.

〔註 27〕中國的巫覡巫術與戲劇關係至為密切，田仲一成稱之為「巫系演劇」，見其下列兩部重要的著作：日・田仲一成，《中國巫系演劇研究》，東京：東京大學東洋文化研究所，1993 年，及日・田仲一成，《中國演劇史》，東京：東京大學出版社，1998 年。

〔註 28〕胡新生，《中國古代巫術》〔修訂本〕，濟南：山東人民出版社，2005 年，頁 73。

〔註 29〕詹鄞鑫，《心靈的誤區──巫術與中國巫術文化》，上海：上海教育出版社，2001 年，頁 4。

〔註 30〕王章偉，《在國家與社會之間──宋代巫覡信仰研究》，頁 139～195；李小紅，〈宋代民間「信巫不信醫」現象探析〉，《學術研究》，2003 年第 7 期，頁 94～99；李小紅，〈宋代「信巫不信醫」問題探析〉，《四川大學學報》（哲學社會科學版），2006 年第 6 期，頁 106～112。

〔註 31〕除拙著外，木村明史研究《夷堅志》的資料，提到巫覡其實在宋代地方醫療上扮演著重要的角色。見日・木村明史，〈宋代の民間醫療と巫覡觀──地方官による巫覡取締の一側面──〉，《東方學》，第 101 輯，2001 年，頁 89～104。

〔註 32〕宋人邢昺論民之災患大者有四，「疫」即居其首，見宋・邢昺，〈論災患奏〉，《全宋文》，卷 53，頁 280；而朱翌以為「江南病疫之家，往往至親皆絕跡，不敢問疾，恐相染也。藥餌食飲，無人主張，往往不得活。此何理也？死生

俗醫生」，其實是醫療系統中的一個重要組成部分；〔註33〕在瘟疫橫行與死神肆虐的環境下，〔註34〕宋人佞巫的原因清楚易見。沿著這種思路，當代精英的片面批判和今人的重新詮釋，就可以被逐一剝落。

　　同樣地，運用這種「宋人視角」後，細心思考巫術內涵中的一個重要原素──儀式，我們會立刻感受到宋代巫覡那些奇特的咒語、特定的罡步，與及那些赤腳踐踏碎瓦、裸足走過燒紅火磚、用手探拈熱鑊沸湯的「迷狂的技術」（techniques of ecstasy）是那麼震人心弦。〔註35〕置身於這種與別不同的

〔註33〕醫療人類學者認為，「每個次醫療系統有它的一套理論以解釋病因、症狀的發作、病的過程、治療的方式等，每個次體系的這套解釋理論均與其歷史社會背景有關，各有其不同的意義、價值。而『專業人員』次體系與另外二個次體系『大眾醫療』及『土俗醫生』最大差別即在疾病與生病之差。疾病（disease）是生理上或心理上失調引起的疾病，生病（illness）是因上述疾病引起的個人心理或社會文化上的反應。（Arthur）Kleinman 認為專業人員重『疾病』的解釋而大眾醫療與土俗醫生則重『生病』之解釋。」病人在求助於巫醫時，巫醫給的不在症狀之去除，也不在解釋「疾病如何得來的？」而在給病人了解「為何是你，而不是別人？」在給病人一個超越經驗、超越病痛的解釋。見張珣，《疾病與文化──臺灣民間醫療人類學研究論集》，臺北：稻鄉出版社，1994 年，頁 7 及 23。又，宋太宗淳化 3 年（992）11 月 29 日下了一道很重要的詔令：「兩浙諸州，先有衣緋裙、中單，執刀吹角，稱治病巫者，并嚴加禁斷，吏謹捕之。」見《宋會要輯稿》，〈刑法〉2 之 5，頁 6498。「治病巫」這一個稱號，凸出了宋代巫覡在醫療系統中的角色、能力；而其與臺灣當代民間的土俗醫生──童乩，無論是外表與治療方法，都十分相似。

〔註34〕宋代是一個疫病橫行的時代，陳元朋根據《宋史》的記載，統計出北宋發生了二十次大規模的瘟疫，南宋則有三十次。見陳元朋，〈《夷堅志》中所見之南宋瘟神信仰〉，《史原》，第 19 期，1993 年，頁 72。

〔註35〕埃利亞德給「薩滿主義」下了一個嚴格的定義：薩滿是神迷入狂的大師，等於「迷狂的技術」（techniques of ecstasy），他專注於一個被人相信是其靈魂離開軀體上升至天上或下降至地下世界的「迷離狀態」（trance），見 Mircea Eliade, *Shamanism: Archaic Techniques of Ecstasy*, p.5。簡單來說，所謂「薩滿」，是一個心醉神迷的司祭者，他在進行祭祀儀式時會進入一種精靈附身的狀態，信眾會認為他受神靈支配，而神靈也是通過他說話、行動。薩滿是一個巫醫、術士和送魂者，也就是說他能為人治病、主持宗教祭祀活動、護送死者的靈魂到另一個世界裏；薩滿可以如此，是由於他擁有那種進入「迷狂」狀態的本領，可以自由地離開肉體，上天遁地。參見王章偉，《文明世界的魔法師──宋代的巫覡與巫術》，頁 14。在宋人的記載裏，不少巫覡就具有這些赤腳

「活動中的宗教」，人們絕對不會將巫覡與其他宗教教士或祭司混淆。這勾起了一個叫我更感振奮的想法：宋代廢太卜署，巫覡被擯斥於官僚制度之外，加上巫覡沒有教會組織、巫術沒有文本經典，本來是極難傳播及發展下去；但巫覡既然是以儀式凸現其身份及施術的成效，那麼供其演試宗教儀式的地域機制，就是宋代巫覡信仰賴以綿延的一個重要原因。於是，我們注意到「社」與「叢祠」。隨著傳統社祭自漢唐以後衰落，宋代民間社廟和叢祠興起，並成為地方社會的基本祭祀單位；而巫覡是叢祠社祭的儀式主持者，掌握著祭祀對象的決定權，這樣，村落的社廟和叢祠不僅成為巫覡的主要寄生地，也是他們在民間社會傳播巫覡信仰的重要場所。〔註36〕

　　過去，歷史學者慣於運用政治、經濟和社會等不同視角討論民間信仰流行的背景和原因。這種後設的分析固然有助於我們了解問題，然而這種先有分析框架的做法，雖然不至於硬套理論，惟在後現代思潮及解構理論的挑戰下，歷史著作往往就被譏刺為另一種的「文學書寫」而已，說的並不是「真相」。〔註37〕事實上，民間信仰或心態史這類關於民庶歷史的課題，礙於資料闕失及精英記述者的有色眼鏡，過去不少討論的確與史實未必相符。〔註38〕我研究宋代巫覡信仰，最初因為資料不足和研究主體的定義含糊，被迫運用不同的社會科學方法，嘗試回到宋人的視角去解讀資料，將史、論結合起來，雖不敢說是找到「真相」，但至少比較成功地將斷裂的史料串連起來思考，嘗試從當代人的生活面上去解釋巫覡信仰的內涵與流行。

　　近二十年來有關中國民間信仰的研究，重要的成果主要都是集中在明清及以後的課題，〔註39〕除了因為史料較豐富外，也由於歷史及人類學者可以

　　　踐踏碎瓦、裸足走過燒紅火磚、用手採拈熱鑊沸湯的「特異功能」，例見宋·
　　　洪邁，《夷堅志》，北京：中華書局，1981年，丁志卷4，〈戴世榮〉，頁569；
　　　支景卷5，〈聖七娘〉，頁919；支丁卷3，〈李氏紅蛇〉，頁986。
〔註36〕關於宋代巫覡信仰的傳承與其寄生地域機制的複雜關係，詳見王章偉，《在國
　　　家與社會之間——宋代巫覡信仰研究》，頁224～241。
〔註37〕這裏無法詳述後現代思潮對歷史學的批判與挑戰，請參看王晴佳、古偉瀛，《後
　　　現代與歷史學——中西比較》，臺北：巨流圖書公司，2000年。
〔註38〕葛兆光先生討論重寫《思想史》時，就提到「一般知識、思想與信仰世界
　　　的歷史」，「經典話語系統」的敘述與解釋有很多問題，見其《七世紀前中國
　　　知識、思想與信仰世界——中國思想史第一卷》，上海：復旦大學出版社，1998
　　　年，頁9～24。其實，中國民間信仰的歷史同樣需要重新解讀和重新書寫，但
　　　正如葛兆光先生所說，「需要太多的可操作思路、太多可綜合的材料」（頁24），
　　　我們仍需努力。
〔註39〕參考蔣竹山的兩篇討論：〈宋至清代的國家與祠神信仰研究的回顧與討論〉，《新

攜手透過田野考察，比較容易成功建構、接近民眾生活的實況。宋代的史料雖然不算很少，但正如皮慶生在這次研討會的論文所說，〔註 40〕真正記載民間信仰活動的其實不多，且相當分散；不過，我們雖然不能回到宋代做蹲點調查，但運用不同的方法輔助研究，往往會給我們更多的思考空間，開拓更有用的研究路向。

四、立足史料，謹慎變通

　　過去幾十年，研究唐宋以後中國巫覡歷史的著作不多，其中一個重要原因，是由於學者多只移植早期西方如弗雷澤或馬林諾夫斯基等人的理論，然後硬套史料；結果，無論研究的對象是哪一個時代，無論再有多少篇論文，也都是沿襲舊框架下的重複研究而已，可讀性並不很高。不過，近年來臺灣學者林富士引入西方社會人類學及宗教人類學等理論，深入研究漢魏南北朝的巫史，獲得了很高的成就，〔註 41〕也讓我們重新反省運用西方理論研究民間信仰的利弊。

　　我們研究宋代巫覡信仰，反對生吞活剝地將十九世紀西方有關巫術的理論移植過來，但我們也大量借用弗雷澤、馬林諾夫斯基、埃利亞德及格爾茲等人的不同研究。箇中的理由其實很簡單，面對史料的不足與支離破碎，我們雖然無法將歷史的真相全部說出，但至少要嘗試盡量找出真相，年鑑學派大師馬克·布洛克（Marc Bloch，1886-1944）曾說過，歷史學家應該像任何科學家一樣，「面對眾多紛雜的實在進行『挑選』，這種挑選顯然不是武斷的

　　　　史學》，第 8 卷第 2 期，1997 年，頁 187～220；〈評介近年來明清民間信仰與地域社會的三本新著〉，《新史學》，第 15 卷第 4 期，2004 年，頁 223～238。

〔註40〕皮慶生，〈材料、方法與問題意識──對近年宋代民間信仰研究的思考〉，載於復旦大學文史研究院編，《「民間」何在，誰之「信仰」》，北京：中華書局，2009 年，頁 78～89。

〔註41〕參考下列林富士的著作：《漢代的巫者》，臺北：稻鄉出版社，1999 年；《小歷史──歷史的邊陲》，臺北：三民書局，2000 年；〈試論漢代的巫術醫療法及其觀念基礎──「漢代疾病研究」之一〉，《史原》，第 16 期，1987 年，頁 29～53；〈中國六朝時期的巫覡與醫療〉，《中央研究院歷史語言研究所集刊》，第 70 本第 1 分冊，1993 年 3 月，頁 1～48；〈「巫叩元絃」考釋──兼論音樂與中國的巫覡儀式之關係〉，《新史學》，第 7 卷第 3 期，1996 年 9 月，頁 195～218；〈試論六朝時期的道巫之別〉，載於周質平、Willard J. Peterson 編，《國史浮海開新錄──余英時教授榮退論文集》，臺北：聯經出版事業公司，2002 年，頁 19～38。

或信手拈來的，而意味著科學地收集資料，進行分析，以便恢復歷史的本來面目和作出解釋。」〔註42〕

「解釋史學」要嘗試作出解釋，可以借用不同的理論，幫助思考，從斷裂的史事上推測建構；然而，歷史學者在借用各種理論時必須謹慎，我們可以靈活變通地將其作爲輔助研究的工具，卻不能脫離我們最重要的基礎——史料，錯把理論框架當做歷史眞相。我以爲，這就是歷史學家跟社會科學家在研究民間信仰方面的分別。

因此，研究宋代巫史時，我們明白自己不是人類學家，不應硬套、也無須驗證他們的理論；但我們也可以運用這些分析架構去研讀史料，提供不同的思考方向。事實上，即使是弗雷澤，他的「交感巫術」論在一個多世紀後的今天，仍然是了解巫術心理的最有用參考。不過，巫史研究者在面對後現代思潮的挑戰時，更應該警惕不能預設理論套述史料，否則那就確實變成一種在西方話語宰制下的「文學書寫」。

我們的研究在靈活運用西方理論之餘，在史料的釋讀上卻極爲審愼，不敢妄下判語；這種謹愼，甚至不只在移植理論方面，而且是對歷史現象的解釋，也必須萬分小心。舉例說，我也同意學者之論，以爲唐宋之際，漢族文明、儒家文化中心區域的北方中原地區向南方地區尤其是西南、嶺南等地的推進，由城市向鄉村山區的推進聯繫起來。北宋受到遼、夏等外族壓迫，更加希望加強統治區域內部的同一性，對南方各地拓展的步伐也隨之加大，南宋政治、文化中心的南遷更促進了這一過程。而在這個過程中，南部各地的地方性傳統，如巫覡以及祠神信仰與中原漢族文明、儒家文化的衝突才變得十分激烈，朝廷和地方官員打壓巫覡和淫祀的行爲也就不難理解。〔註43〕然而，在細心研讀史料時，我卻感到情況很複雜，其中如城市的巫風不一定較鄉村弱，士大夫階層與庶民也可能同樣佞巫，「信巫不信醫」的不一定是落後的偏遠地區。事實上，宋代巫覡信仰從縱向而言，巫覡完全沒入民間社會，進一步發展了這種古典的信仰；從橫向來說，兩宋南北各地都盛行巫風巫俗，且遍佈各個階層。我們用「中原文明向南方推展」去解釋民間信仰的轉變，仍然需要更多深入的研究去論證。

〔註42〕法・雅克・勒高夫，〈新史學〉，載於蔡少卿編，《再現過去：社會史的理論視野》，浙江：浙江人民出版社，1988年，頁92～122。
〔註43〕皮慶生，〈評王章偉《在國家與社會之間——宋代巫覡信仰研究》〉，《唐研究》，第12卷，北京：北京大學出版社，2006年，頁581～587。

　　歷史學者面對最大的問題，始終是史料方面的限制。例如南宋時代關於「殺人祭鬼」的記載遠較北宋爲多，這或許讓人感到南方民俗的野蠻妖異；但宮崎市定的研究就顯示，北宋「殺人祭鬼」的情況未必不及南宋的嚴重，只是官員交相隱瞞而已。〔註44〕事實上，南宋的傳世文獻較北宋爲多，地方志的情況就更凸出，故運用這些失衡的地方志資料，以北宋、南宋的推展去考察民間信仰的轉變，尤要小心。我特別要指出，韓明士那部《道與庶道》，以豐富的地方及道教文獻研究華蓋山三仙信仰，是近年來研究宋代民間信仰最傑出的著作；〔註45〕然而，韓明士的研究基礎仍然是立足於他早年研究撫州精英的理論，如果我們根本不同意他對兩宋撫州地方精英轉變的預設看法，撇開其分析框架再重讀那些文獻，可能又有不同的看法。〔註46〕或許，這是歷史研究在引入方法論時最有趣又最具挑戰之處。

　　我很喜歡林富士教授在研究北臺灣厲鬼信仰時的一段反省：

　　　　歷史學家應該也可以做好一個現代薩蠻的工作。因爲，他們的工作就是要透過文獻資料，突破時間、空間、和語言文字的障礙，進入一個他原本不熟悉的世界，去了解另一個世界的種種現象。在探索的過程中，他必須想辦法拋開自己的宗教信仰、族群認同、價值體系、性別意識、時代習性，才能進入「異域」（異文明的世界），或回到古代，走進死人的世界，探索過往的時空環境。而知悉了過去的世界或異文化的世界之後，一個史學家，往往必須將探索的結果陳述出來，讓其他的人也能在他們的帶領之下，去見識一下另一個世界的情景。這和薩蠻必須解離自己的人格，讓不同的神靈都能附在他身上「發言」，或是讓靈魂脫離自己的肉體到另一個世界去遨遊，並且陳述他的所見所聞，似乎有異曲同工之妙，其「溝通者」

〔註44〕日・宮崎市定，〈宋代における殺人祭鬼の習俗について〉，載於日・宮崎市定，《アジア史研究》，第5冊，京都：同朋社，1978年，頁101～102。

〔註45〕Robert P. Hymes, *Way and Byway: Taoism, Local Religion, and Models of Divinity in Sung and Modern China*, Berkeley, Los Angeles & London: University of California Press, 2002。本書最近有中譯本，見美・韓明士著、皮慶生譯，《道與庶道──宋代以來的道教、民間信仰和神靈模式》，南京：江蘇人民出版社，2007年。

〔註46〕筆者在十多年前研究宋代家族史的時候，已指出韓明士以爲南宋地方精英由中央政治轉向關懷地方事務的這個觀點，可能只是宋室南移及存世史料不足造成的假象而已。見王章偉，〈宋代士族婚姻研究──以河南呂氏家族爲例〉，《新史學》，第4卷第3期，1993年，頁19～58。

　　的角色也是非常類似的。〔註47〕
研究民間信仰者，應該本著這種薩滿溝通古今的信念，一方面廣泛蒐集史料，
小心爬梳；另一方面運用不同的社會科學理論或研究方法，將史料消化，撰
成歷史。史家的責任、史學的意義即在於此。「中國民間信仰的歷史學研究方
法與立場」，是否也可以建基於此，再加深思反省？請各位不吝賜正。

　　*本文初稿宣讀於 2008 年 4 月 5 日上海復旦大學文史研究院主辦之「批
判的中國學研究──中國民間信仰的歷史學研究方法與立場」學術研討會，
文稿修訂後刊於復旦大學文史研究院編，《「民間」何在，誰之「信仰」》，北
京：中華書局，2009 年，頁 140～154。

〔註47〕林富士，《孤魂與鬼雄的世界──北臺灣的厲鬼信仰》，臺北：臺北縣立文化
　　　　中心，1995 年，頁 231～232。

《清明集》中所見的巫覡信仰問題

一、引　言

　　近年來，宋代巫覡巫術的研究方興未艾，日本和兩岸三地的學者續有發見。〔註1〕不過，礙於史料殘缺、古今觀念相異等問題，筆者曾經呼籲運用不同的社會科學方法，「立足史料，謹慎變通」，嘗試回到宋人的生活層面上去解釋當代巫覡信仰的內涵，希望藉此可重構部份的「歷史真相」。〔註2〕然而，資料不足仍是中國巫史研究的最困難處。

　　王見川業已指出，研究中國古代的宗教和民間信仰，必須「出入四教」，即除了熟知儒、釋、道外，還要加上「巫」；可是，學界對這方面的關注不多，而當中僅有的研究又有很多缺憾，最致命的是「幾乎未搜集巫（或乩童等）的內部數據或經卷，以致巫的討論只限於外人眼中的巫，而無法探索巫的實質及生態。」〔註3〕可惜，我們已無法找到宋代巫覡的「內部數據或經

〔註1〕　見下列多部專著，其他散篇文章不贅。日・中村治兵衛，《中國シャーマニズ
　　　　　ムの研究》，東京：刀水書房，1992年；劉佳玲，〈宋代巫覡信仰研究〉，臺北：
　　　　　臺灣師範大學歷史研究所碩士論文，1996年；劉黎明，《宋代民間巫術研究》，
　　　　　成都：巴蜀書社，2004年；王章偉，《在國家與社會之間——宋代巫覡信仰研
　　　　　究》，香港：中華書局，2005年；王章偉，《文明世界的魔法師——宋代的巫
　　　　　覡與巫術》，臺北：三民書局，2006年；方燕，《巫文化視域下的宋代女性—
　　　　　—立足于女性生育、疾病的考察》，北京：中華書局，2008年；李小紅，《宋
　　　　　代社會中的巫覡研究》，北京：光明日報出版社，2010年。
〔註2〕　王章偉，〈溝通古今的薩滿——研究宋代巫覡信仰的幾個看法〉，載於復旦大
　　　　　學文史研究院編，《「民間」何在，誰之「信仰」》，北京：中華書局，2009年，
　　　　　頁140～154。
〔註3〕　王見川，〈中國民間信仰研究的省思〉，載於復旦大學文史研究院編，《「民間」

卷」，但一些珍貴的史料仍然爲我們提供有用的訊息，其中《名公書判清明集》（以下簡稱《清明集》）一書很是重要。

《清明集》是宋代一部訴訟判詞和官府公文的分類匯編，過去流傳的只是日本靜嘉堂所藏的宋刻殘本；自從上世紀 80 年代上海圖書館明刻本《清明集》的發現和出版後，此書爲宋史研究提供了珍貴的史料。〔註4〕由於這些史料涉及南宋中後期南方各地的社會及經濟發展，其中多反映基層社會的情況，故大陸、臺灣、日本和美國等地的學者都爭相研究，蔚成風氣。〔註5〕

幸運地，《清明集》中也有幾篇判詞涉及巫覡與淫祠等問題，對我們了解宋代巫覡信仰至爲有用，可惜過去學者的關注不足。本篇短文即以《清明集》中這些關於民間信仰的訴訟判詞爲基礎，配合其他史料和論著，淺探其中所見南宋中後期南方各地巫覡信仰的幾個問題。

二、有關南方巫風巫俗的訴訟判詞

《清明集》中有關巫覡與淫祀的訴訟判詞，均收於卷 14〈懲惡門〉中，可供我們詳細討論的計有 8 篇，表列於下：

表一

序號	作 者	判　　　詞	簡 稱
1	胡石壁	〈不爲劉舍人廟保奏加封〉〔註6〕	判詞 1
2	胡石壁	〈非勅額者並仰焚毀〉〔註7〕	判詞 2
3	佚名	〈先賢不當與妖神厲鬼錯雜〉〔註8〕	判詞 3
4	胡石壁	〈計囑勿毀淫祠以爲姦利〉〔註9〕	判詞 4

何在，誰之「信仰」，頁 37。關於「巫術」的定義、「巫覡」所指爲何、東西方和古今辭意不同之問題，學者多有爭論，這篇短文難以交代清楚，讀者請參考王章偉，《在國家與社會之間──宋代巫覡信仰研究》，頁 23～77。
〔註4〕 陳智超，〈宋史研究的珍貴史料──明刻本《名公書判清明集》介紹〉，載於中國社會科學院歷史研究所宋遼金元史研究室點校，《名公書判清明集》，北京：中華書局，1987 年，頁 645～686。
〔註5〕 宋代官箴研讀會編，《宋代社會與法律──名公書判清明集討論》，臺北：東大圖書公司，2001 年，頁 1～10。
〔註6〕 《名公書判清明集》，卷 14，〈懲惡門・淫祠〉，頁 538～541。
〔註7〕 《名公書判清明集》，卷 14，〈懲惡門・淫祠〉，頁 541。
〔註8〕 《名公書判清明集》，卷 14，〈懲惡門・淫祠〉，頁 542～543。
〔註9〕 《名公書判清明集》，卷 14，〈懲惡門・淫祠〉，頁 543。

5	范西堂	〈寧鄉段七八起立怪祠〉〔註10〕	判詞 5
6	佚名	〈行下本路禁約殺人祭鬼〉〔註11〕	判詞 6
7	胡石壁	〈巫覡以左道疑惑者當治士人惑於異者亦可責〉〔註12〕	判詞 7
8	范西堂	〈提刑司押下安化曹萬勝訟曹九師符禁事〉〔註13〕	判詞 8

除了第 3 及第 6 篇判詞的作者不詳外，其餘 4 篇出自胡穎，兩篇是范應鈴。

胡穎，字叔獻，號石壁，潭州湘潭人。紹定 5 年（1232）登進士第，歷官知平江府兼浙西提點刑獄，移湖南兼提舉常平，爲廣東經略安撫使，徙廣西經略安撫使，遷京湖總領財賦，咸淳間卒。《宋史》本傳謂其：

> 爲人正直剛果，博學彊記，吐辭成文，書判下筆千言，援據經史，切當事情，倉卒之際，對偶皆精，讀者驚嘆。臨政善斷，不畏彊禦。在浙西，榮王府十二人行劫，穎悉斬之。一日輪對，理宗曰：「聞卿好殺。」意在浙獄，穎曰：「臣不敢屈太祖之法以負陛下，非嗜殺也。」帝爲之默然。〔註14〕

《清明集》所收判詞的作者，胡穎居首，共 75 篇，多在其湖南任上。〔註15〕

范應鈴，字旂叟，號西堂，洪州豐城人，開禧元年（1205）舉進士。《宋史》本傳稱讚他：

> 開明磊落，守正不阿，別白是非，見義必爲，不以得失利害動其心。……所至無留訟，無滯獄，繩吏不少貸……進脩潔，案姦贓，振樹風聲，聞者興起……所著有《西堂雜著》十卷，斷訟語曰《對越集》四十九卷。〔註16〕

《清明集》所收其書判，內有撫州、宜黃的，應是他通判撫州時作；有蘄春的，應是通判蘄州時作；有臨桂、永福、賓州的，當是任廣西提刑時作。〔註17〕

〔註10〕 《名公書判清明集》，卷 14，〈懲惡門‧淫祀〉，頁 544～545。
〔註11〕 《名公書判清明集》，卷 14，〈懲惡門‧淫祀〉，頁 545～546。
〔註12〕 《名公書判清明集》，卷 14，〈懲惡門‧巫覡〉，頁 547～548。
〔註13〕 《名公書判清明集》，卷 14，〈懲惡門‧巫覡〉，頁 548～549。
〔註14〕 元‧脫脫等，《宋史》，卷 416，〈胡穎傳〉，北京：中華書局，1977 年，頁 12478～12479。
〔註15〕 陳智超，〈宋史研究的珍貴史料——明刻本《名公書判清明集》介紹〉，《名公書判清明集》，頁 681。
〔註16〕 《宋史》，卷 410，〈范應鈴傳〉，頁 12344～12347。
〔註17〕 陳智超，〈宋史研究的珍貴史料——明刻本《名公書判清明集》介紹〉，《名公書判清明集》，頁 682。

　　胡穎所寫的四篇判詞中，〈判詞1〉的主要內容是解釋他不肯為洞庭湖中的「劉舍人廟」保奏加封的原因。身為地方官，胡穎必須核證治內祠廟要求朝廷加封的資格；而由於他是湖南人，對湖湘巫俗傳統認識至深，故胡穎直指這所「劉舍人廟」所謂的靈異神蹟，其實只是巫覡之徒交相蠱惑的淫祠而已。從判詞所見，「劉舍人廟」的信眾除了平民百姓之外，更不乏士大夫和商賈，甚至連王公大臣也向其乞靈，數十年來爭相在朝廷上為其請封加號。胡穎狠批這種巫覡信仰危害地方社會，故力抗上命、下抑愚民，不肯為「劉舍人廟」的申請開綠燈。

　　〈判詞2〉提到民間供奉先賢的禹廟中，表面上是合符國家祀典的神明祭祀，但其實內裡所獻祭的往往是「淫昏之鬼」，主事的女巫男覡藉此躲過官方的耳目，愚弄百姓。受儒家思想的影響，胡穎承繼唐代狄仁傑（630～700）禁毀淫祠的政策，嚴厲掃蕩沒有敕額的祠廟，「不問所祀是何鬼神」，以杜絕這種「掛羊頭賣狗肉」的巫風巫俗。

　　〈判詞4〉解釋地方上的淫祠勞民傷財，為害甚大，故胡穎禁毀淫祠的政策其實是「廢無益以作有益，無害於民而有補於官，實為兩便。」可是，不少愚民惑於巫鬼之說，多方阻撓。其中巫覡「卿二十二」更欲賄賂官員、誑惑鄉民，藉此逃過毀廟之禍。結果地方政府在掃蕩之餘，更引起了民間社會的震動，幸賴「名公」胡穎妥善處理，貫徹禁毀淫祠打擊巫覡的政策外，也消弭了地方社會上的不安。

　　〈判詞7〉審判當地壞俗犯法的巫覡「黃六師」等人，除了因為他們的廟宇都是淫祠外，其中所祭拜的更是魑魅魍魎的妖神，如通天三娘、孟公使、黃三郎、太白公等，名稱至為怪誕。這些巫覡聚眾厭勝詛咒，甚至「埋桐人以造蠱，用生人以代犧」，殺人祭鬼，危害治安。在鎮壓這些妖神淫祠時，胡穎更痛斥當地士人李學諭因為父親久病不癒，竟然相信是師巫咀咒所致，因而求庇於「烏龜大王廟」。面對這種氾濫的地方巫俗，胡穎遂指出「巫覡以左道疑眾者當治」，但「士人惑於異者亦可責」，李學諭其身不正，沒有資格訓諭諸生，遂下令罷其學職，重新接受再教育。

　　〈判詞5〉和〈判詞8〉是比胡穎略早的范應鈴所寫，針對的也都是地方上巫覡與淫祠、行詛咒之事。身為儒家士大夫，范應鈴對於楚地傳統巫鬼淫祠的態度，跟胡穎如出一轍，〈判詞5〉也是強調唐代的先輩狄仁傑在江南和李德裕（787～850）在浙西禁毀淫祠移風易俗的功勞，故當其治內鄉民「段

七八」興建祭拜「東沙文皇帝」的妖祠，范應鈴即嚴加取締，痛懲「更相詛咒，專行巫蠱」之徒，並極力讚賞鎮壓淫祠有功的縣尉。對於地方上的「邪巫惑眾」，范應鈴最是憤恨，〈判詞 8〉就是將地方上兩個互相攻擊、興訟的巫祝「曹九師」和「王魂三」都一併治罪。

作者不詳的〈判詞 3〉，處理的可以說是〈判詞 1〉和〈判詞 2〉合併一起的問題：地方上的孔明廟原是官方肯定的「先賢」祠，是合法的廟宇，可是當地的巫覡卻以其為掩護，將妖神厲鬼之祀滲入其中，既可免除官方的禁制，又可蠱惑民眾，混淆視聽。判案的「名公」除了拆毀這所已變質的「正祠」外，也訓斥希望保存這所祀拜「孔明之神」祠廟的縣尉是非不分。

同樣是作者不詳的〈判詞 6〉，審理的是更有乖倫常、國法的巫風邪術——殺人祭鬼。由於湘陰一帶地方上有很多「殺人祭鬼之家」，他們除了販賣、拐誘人口祭祀邪神外，甚至用自己的奴僕或親生兒女作為犧牲，最是恐怖。不過，地方上的官僚往往玩忽職守，以致這種殘忍野蠻的巫風惡俗肆無忌憚。「名公」在判詞裡要求屬行取締，除了責成知縣著力辦案外，更透過保甲互相監視、許人告奸等措施，將惡徒繩之以法，凌遲處斬，絕不許官府縱容。

上述八則訴訟判詞，為我們提供了一幅南宋中後期南方地域社會民間信仰的速寫，雖然不算全面，卻是我們了解、重審當代巫風巫俗概況的珍貴片段，值得深入討論和分析。

三、訴訟判詞所見南宋中後期南方的巫覡信仰

1、巫風熾烈

自宋朝建立後，針對全國各地熾熱的巫風巫俗，政府曾多次下令禁制巫覡信仰，地方官員也時加取締。〔註 18〕經過北宋一代的努力，加上靖康之禍導致大量北人移居南方，推廣中原的禮教和醫學文明，這種情況似乎逐漸改變，紹興年間流寓嶺南瓊州的李光（1078～1159）就指出，「自兵興以來，北人多流寓二廣，風俗漸變，有病稍知服藥，不專巫祝之事。」〔註 19〕

不過，實際的情況卻未必盡是如此，《清明集》中所見的是另一個景象，

〔註 18〕王章偉，《在國家與社會之間——宋代巫覡信仰研究》，頁 79～138、265～341。
〔註 19〕宋・李光，《莊簡集》，卷 17，〈跋再刊初虞世必用方〉，《文淵閣四庫全書》，
　　　　臺北：商務印書館，1986 年，頁 2～3。

〈判詞〉1：

　　　某楚產也，楚之俗實深知之。蓋自屈原賦離騷，而九歌之作，

辭旨已流於神怪，其俗信鬼而好祀，不知幾千百年。於此沉酗入骨

髓而不可解者，豈獨庸人孺子哉！雖吾黨之士，求其能卓然不惑者，

亦百無一二矣。絕地天通，固有降格，正於守道君子是望，亦從而

曲徇其說，則百姓愚冥，易惑難曉，女巫男覡，乘釁興妖，自此湖

湘之民，益將聽於神而不聽於人矣。〔註20〕

〈判詞〉7：

　　　楚俗尚鬼，其來已久，而此邦為尤甚。當職正欲極攘却詆排之

力，毀淫昏妖屬之祠，開明人心，變移舊俗，庶幾道德一，風俗同，

庶民安其田里，無或譸張為幻，以干先王之誅。〔註21〕

胡穎生於湖南，對當地的風俗至為了解，他在這兩篇判詞中一再強調荊楚巫
俗自古以來影響著當地的民眾生活，即使到了南宋時代仍然未變，〔註22〕而
范應鈴也有相類的看法，〈判詞〉5：

　　　昏淫之鬼，散在荊楚，習尚尤甚……楚之為俗，荒於巫風，久

其日矣，牢不可破。〔註23〕

這些民眾所崇奉的巫覡及其神祠，都是一些不合於正統的「淫祠」，內裡的偶

〔註20〕《名公書判清明集》，卷14，〈懲惡門‧淫祠〉，頁540。

〔註21〕《名公書判清明集》，卷14，〈懲惡門‧淫祠〉，頁547。

〔註22〕林富士最近對宋代「巫俗」和「巫風」作了一個比較精細的區分：「『巫俗』是
　　　指長期存在的巫覡信仰，已成為一種宗教或社會『習俗』（custom）或『慣習』
　　　（habit）。而『巫風』是指新興的或由沉寂變得活躍的巫覡信仰，近乎某種文
　　　化『風潮』（tide）或宗教、社會『運動』（movement）。當然，兩者有時候並不
　　　容易完全切割或清楚區分，因為，新興的巫風經過一段時間之後，可能就會因
　　　為長期存在而成為巫俗。但究竟要多少時間才能化風成俗，則無一定的判準。
　　　而沉寂的巫俗，有時也會因為某些人增添新的薪材，予以扇揚而活躍，甚至成
　　　為新的流行，這種情形很容易讓人誤以為那仍是『舊俗』（old custom）。研究宋
　　　代巫覡信仰的學者便常常將兩者混為一談，其所說的『盛行』、『興盛』，往往
　　　只是『舊俗』，而禁巫所改變的則大多只是『巫風』風行的程度而已，並非巫
　　　俗的根絕。」宋代湖湘的巫風巫俗，或可以此視角加以分析，可惜由於史料不
　　　足，本文暫未能深入討論。關於宋代巫覡信仰的「舊俗與新風」，見林富士，〈「舊
　　　俗」與「新風」：試論宋代巫覡信仰的特色〉，發表於「宋遼金元時期的中國宗
　　　教」（Modern Chinese Religion: Song-Liao-Jin-Yuan）國際學術研討會（香港：香
　　　港中文大學，2012.6.25-28），未刊，頁29。本文承林富士教授賜閱，謹此致謝。

〔註23〕《名公書判清明集》，卷14，〈懲惡門‧淫祠〉，頁544～545。

像和儀式等古怪嚇人，〈判詞〉7：

> 觀其所犯，皆祀典之所不載，有所謂通天三娘，有所謂孟公使
> 者，有所謂黃三郎，有所謂太白公，名稱怪誕，無非魑魅魍魎之物，
> 壓勝咀呪，作孽興妖，若此者，真所謂執左道，假鬼神，亂政疑眾
> 者矣……其烏龜大王廟，帖縣日下拆毀，所追到木鬼戲面等，並當
> 廳劈碎，市曹焚燒。〔註24〕

其廟貌更是巍峨，如〈判詞5〉所記「東沙之神」：「今棟宇宏壯，圖像炳煥，
愈為民惑。」更可怕的是，其中「採生」或「殺人祭鬼」之事時有發生，〈判
詞7〉即謂巫覡「黃六師」等人「埋桐人以造蠱，用生人以代犧，何所不至哉」，
〔註25〕甚至賊害親生兒女，駭人聽聞，〈判詞〉6：

> 訪聞本路所在鄉村，多有殺人祭鬼之家，平時分遣徒黨，販賣
> 生口，誘掠平民，或無所得，則用奴僕，或不得已，則用親生男女
> 充代，臠割烹炮，備極慘酷，湘陰尤甚。〔註26〕

一般來說，在官員和士大夫眼中，巫術這種「迷信」所以盛行，實是因

〔註24〕《名公書判清明集》，卷14，〈懲惡門‧淫祠〉，頁548。

〔註25〕《名公書判清明集》，卷14，〈懲惡門‧淫祠〉，頁545～548。關於宋代殺人
祭鬼的問題，可參考下列諸文：日‧河原正博，〈宋代の殺人祭鬼について〉，
《法政史學》，第19期（無出版年份），頁1～18；日‧宮崎市定，〈宋代にお
ける殺人祭鬼の習俗について〉，載於氏著，《アジア史研究》，第5冊，京都：
同朋社，1978年，頁100～144；日‧澤田瑞穗，《中國の民間信仰》，東京：
工作舍，1982年，頁330～404；日‧金井德幸，〈南宋荊湖南北路における
鬼の信仰について——殺人祭鬼の周邊——〉，原載於《駒澤大學禪研究所年
報》，5，1994年，頁49～64，今刊於《中國關係論說資料》，36.1上，1994
年，頁567～575；金井德幸，〈宋代における妖神信仰と「喫菜事魔」、「殺人
祭鬼」再考〉，原載於《立正大學東洋史論集》，8，1995年，頁1～14，今刊
於《中國關係論說資料》，37.1〔增刊〕，1995年，頁388～395。綜合的討論，
見王章偉，《在國家與社會之間——宋代巫覡信仰研究》，頁265～341。

〔註26〕這裡說到的「臠割烹炮」，有學者認為已非一般的血牲，可能是密教的尸身法
術。見劉黎明，〈宋代民間「人祭」之風與密教的尸身法術〉，《四川大學學報》，
2005年第3期，頁92～97。柳立言認為，宋代的文獻雖多說「殺人」及「尸
身」，但是否真的殺人（尤其是親生子女）或僅是割取部分人肉，尚待分辨。
不過，如果撇開其動機與目的不談，密教以人肉人血作法，與孝子賢孫割肉
療親有異曲同工之處，即由執行者憑其意志或潛能等，去「感召」或「役使」
超自然力量，使人肉人血產生神奇功效。若出於「感召」，便較接近孝子賢孫
之所為，若出於「役使」，便較接近巫覡之所為。參看柳立言，《宋代的宗教、
身分與司法》，北京：中華書局，2012年，頁60。柳立言這個分析，細膩而
富啟發性，讓我們可再深入思考當代巫風的實況究竟如何。

爲「愚民無知」，在面對種種困難和危機、特別是死亡和疾病時，信用巫覡崇奉神祇，以祈禳或厭勝等手法消災去禍，〔註27〕《清明集》這幾篇判詞就頻以「愚民」、「愚冥」、「愚夫愚婦」、「世間蠢愚之人」、「愚俗無知」等形容他們，而「懲巫揚醫」也成爲政府遏止巫風巫俗的最有效方法。〔註28〕可是，佞巫的民眾中，其實不乏有知識有文化者，前引胡穎的〈判詞〉1就提及「雖吾黨之士，求其能卓然不惑者，亦百無一二矣。」而他在〈判詞〉7中就嚴屬批評了祭拜「烏龜大王廟」的士大夫，說「巫覡以左道疑惑者當治士人惑於異者亦可責」：

> 但李學諭既爲士人，當曉義理，豈不知人之疾病，或因起居之失節，或因飲食之過傷，或因血氣之衰，或因風邪之襲，但當惟醫藥之是急，不當於鬼神而致疑。而乃謂其父病之由，起於師巫之呪，釘神之脅，則父之痛在脅，釘神之心，則父之痛在心，此何等齊東野人之語，而發於學者之口哉！當職於其初詞，已嘗訓以博奕之事，尚不通曉，而又見之所供。胸中所存，亦可知唉，其何以訓諭諸生乎？以其昏昏，使人昭昭，無乃不可乎？牒學且與罷職，請教授勉令篤志學問，無使復爲異端所惑。〔註29〕

李學諭將父親的疾病視作受到巫覡咀呪，這種巫蠱害人之事，其他幾篇判詞也有相類的記載，〈判詞〉1：

> 卜疾病者，謂實沈臺駘爲崇，入山澤者，唯魑魅魍魎是逢，神降于莘，石言于晉，民神雜採，疵屬薦臻，用人於次睢者有之，娶女爲山嫗者有之，民聽一濫，何所不至。〔註30〕

〈判詞〉5：

> 東沙之神，何功於民，乃立廟祀。據本縣體究回申，朱書年命，

〔註27〕 王章偉，《在國家與社會之間——宋代巫覡信仰研究》，頁139～263。
〔註28〕 史繼剛，〈宋代的懲「巫」揚「醫」〉，《西南師範大學學報（哲學社會科學版）》，1992年第3期，頁65～68；楊倩描〈宋朝禁巫述論〉，《中國史研究》，1993年第1期，頁76～83；日・木村明史，〈宋代の民間醫療と巫覡觀——地方官による巫覡取締の一側面——〉，《東方學》，第101輯，2001年，頁89～104；TJ Hinrichs, *The Medical Transforming of Governace and Southern Customs in Song Dynasty China（960-1279 C.E.）*, unpublished Ph.D. diss., Harvard University, 2003。
〔註29〕 《名公書判清明集》，卷14，〈懲惡門・淫祠〉，頁548。
〔註30〕 《名公書判清明集》，卷14，〈懲惡門・淫祠〉，頁540。

埋狀屋下，更相詛咒，專行巫蠱之事……〔註31〕

〈判詞〉8：

　　　曹萬勝狀論曹九師，將一家年命埋在廟中，以興災患，係是王
魂三憑神報知，就廟搜尋，果有鐵符在內。準提刑判下，則曰邪巫
惑眾，豈可不治，遂送縣追曹九師根究。據知縣所申，則曰巫蠱在
廟，王自爲之，啓其終訟，罪當坐王。〔註32〕

　　宋代是一個瘟疫橫行的時代，〔註33〕邢昺（932〜1010）討論當時百姓的
災患大者有四，「疫」即居其首；〔註34〕宋朝政府雖然大興醫政，〔註35〕然而
出於醫者技藝的精粗不齊和醫藥的不易獲取，故宋代民間的醫療衛生狀況，
其實也未必盡是理想。〔註36〕因此，巫蠱詛咒之事，似乎很是可笑，但李學
諭的例子叫我們反省，在面對至親罹禍而藥石無效之時，延巫請神可能是迫
不得已的另一個方法。士大夫尚且如此，佞巫的就不一定是沒有知識的低下
層，當時巫風巫俗盛行的原因與狀況，於此可見一斑。

2、靈力、賜額與地方社會

　　韓森（Valerie Hasen）對宋代民間信仰的經典研究已經指出：「如果有一

〔註31〕《名公書判清明集》，卷14，〈懲惡門・淫祀〉，頁545。
〔註32〕《名公書判清明集》，卷14，〈懲惡門・巫覡〉，頁548〜549。
〔註33〕陳元朋根據《宋史》的記載，統計出北宋發生了20次大規模的瘟疫，南宋則
　　　有30次，見陳元朋，〈《夷堅志》中所見之南宋瘟神信仰〉，《史原》，第19期，
　　　1993年，頁72。邱雲飛則以不同的資料，統計出兩宋時期的瘟疫有49次，
　　　見邱雲飛，《中國災害通史・宋代卷》，鄭州市：鄭州大學出版社，2008年，
　　　頁163〜167。郭志嵩（Asaf Goldschmidt）研究北宋醫史的新著中，僅就北宋
　　　而言，已錄得37次大疫，見Asaf Goldschmidt, *The Evolution of Chinese Medicine:*
　　　Song Dynasty, 960-1200, London and New York: Routledge, 2009, p.77。
〔註34〕宋・邢昺，〈論災患奏〉，見曾棗莊、劉琳主編，《全宋文》，卷53，上海：上
　　　海辭書出版社，2006年，頁280。
〔註35〕根據郭志嵩的研究，宋代因爲經濟重心南移，人口激增，加上貿易發達和都
　　　市化的影響，南方經常發生大規模的瘟疫，有時更牽連北方，特別是仁宗在
　　　位時的1045〜1060年間。政府採取了幾種對策，首先由太醫局審定疫病的種
　　　類，然後施與金錢和藥物，進行社會救濟；此外，朝廷又指令有關的地方官
　　　員提供免費的方劑，讓人民得到及時的醫療援助。更重要的是，仁宗於1057
　　　年成立「校正醫書局」，蒐集、研究、重印各種醫書，特別是關於療治溫病的
　　　《傷寒論》，企圖透過促進新的醫學知識解決疫病的問題。見Asaf Goldschmidt,
　　　The Evolution of Chinese Medicine: Song Dynasty, 960-1200, pp.69-102。
〔註36〕陳元朋，《兩宋的「尚醫士人」與「儒醫」——兼論其在金元的流變》，臺北：
　　　臺灣大學出版委員會，1997年，頁85。

位人類學家問為甚麼某位神祇受到民眾喜愛，宋代的信徒會回答說，因為那位神祇靈驗。所以，最為靈驗的神祇也就最受民眾喜愛。」〔註37〕「惟靈是從」的確是當代人選擇神祇崇拜的一個重要準則，但對於「靈驗」的理解，不同人士之間往往存在很大的分歧。〔註38〕從《清明集》所見，這個問題直接影響政府的賜額、官員的對策和民間社會間的互動問題，其中巫覡又扮演著重要的角色。

〈判詞〉1所見，在對「劉舍人廟」的的保奏加封問題上，官員與當地民眾對有關神祇「靈力」的觀點，未必一樣。深受儒家思想影響的胡穎，他對神靈的詮釋最是古典：

> 夫陰陽不測之謂神，聖而不可知之謂神，聰明正直而一之謂神，是神也，在天則為星辰，在地則為河嶽，而在人則為聖帝，為明王，為大賢君子，為英雄豪傑。其大者足以參天地之化，關盛衰之運，其小者亦莫不隨世以就功名，書簡冊而銘彞鼎。彼其生也，既有所自來，故死也，是以有精爽至于神明。古人所謂聖人之精氣為鬼者，蓋如此也。雖下如伯有之鬼，亦必從政三世，用物也弘，取精也多，所憑者厚，然後能為屬其國。至於其他蚩蚩之民，則不過與草木俱腐而已，死縱有知，且不免於若敖氏之餒，果何自而能靈。〔註39〕

他在〈判詞〉2就舉出大禹之祀，最是符合這種要求：

> 夏禹為古帝王，功被萬世，微禹吾其魚乎之嘆，豈獨發於劉子而已。凡盈乎天地之間，為人為物所以得免於懷襄之禍，至今生生不窮者，孰不知其為禹之德也。載在祀典，冠于羣神，齊明盛服，以承其祭祀，臨之在上，質之在旁，誰敢侮之。〔註40〕

〔註37〕 Valerie Hansen, *Changing Gods in Medieval China, 1127-1276*, Princeton: Princeton University Press, 1990, p.47。中譯本見美・韓森著、包偉民譯，《變遷之神——南宋時期的民間信仰》，杭州：浙江人民出版社，1999年，頁44。

〔註38〕 韓森在回答「人們是如何確定哪位神祇最為靈驗的呢？」這個問題時指出：「由於史料闕如，我推測作出這樣的決定可能是一個社會性的過程，每位神祇的信徒們都試圖為自己所信奉的神祇贏得名聲。」見 Valerie Hansen, *Changing Gods in Medieval China, 1127-1276*, p.47；韓森著，包偉民譯，《變遷之神——南宋時期的民間信仰》，頁44。

〔註39〕 《名公書判清明集》，卷14，〈懲惡門・淫祠〉，頁538。

〔註40〕 《名公書判清明集》，卷14，〈懲惡門・淫祠〉，頁541。

范應鈴在〈判詞〉5 對祀典祠神的界定與鄉民「段七八」因拜神有靈應而立「東沙文皇帝」之祀，也可見這些「名公」與民眾在地方信仰上的距離：

> 近有白箚子，指言寧鄉段七八因劫墓事發，禱神得免，竭力爲祠，奉于水濱，謂之「東沙文皇帝」。此何神也？夫祭祀之典，法施於民，則祀之，故以死勤事，以勞定國，則祀之，能禦大災，捍大患，則祀之。東沙之神，何功於民，乃立廟祀。〔註41〕

不過，當地巫覡卻利用民眾求神庇佑的心理，將生前原也是廟祝巫覡的劉舍人的屍骨塑像造神、製造神話、顯示靈力，然後再透過在民眾中逐步推廣，由低下層至士大夫甚至王公貴族，並向朝廷求請封號和廟號，躋身祀典，〈判詞〉1 詳記云：

> 劉舍人者，本一愚民，以操舟爲業，後因衰老，遂供洒掃之職於洞庭之祠。遇有祠禱者，假鬼神之說以熒惑之。亦既多言，豈不惑信，於是流傳遠近，咸以爲神。及其死也，巫祝之徒遂以其枯朽之骨，臭穢之體，塑而祀之，又從而爲之辭，謂其能興風雲，神變化，見怪物，以驚動禍福其人。其始也，不過小人崇奉之，至其久也，雖王公大人亦徼福乞靈於其前矣，又爲之請封號，請廟額，鼓天下眾而從之矣。〔註42〕

韓森指出，十二世紀以前的地方神祇體系中，能夠得到官府承認的是山神、或生前即便不是帝王也是重臣的神祇；但到了宋代，不同類型的神祇開始被政府認可，其出身多爲平民百姓，且在一個有限區域之內廣泛受到崇拜。不過，不少文人士大夫、尤其是對民間宗教持批評態度者，竭力反對這些神祇，以爲他們並不符合公元前 2 世紀儒家經典《禮記‧祭法》所提出的關於神祇的傳統條件。〔註43〕很明顯，胡穎批評的「劉舍人」神就是這種地域神祇，其人鬼背景並不爲這些儒家「名公」所接受：

> 使其在數千年之前，非時人耳目之所接，則猶在可疑之域，今其死未及六、七十年，老商猶有能識其面者，數十年前，其顧主猶有存者，彼其生尚不能自給其口腹，而衣食於人，其頑冥不靈，亦可想見，焉有既死之後，反能爲生民捍大患，禦大災者哉！蓋萬萬

〔註41〕《名公書判清明集》，卷 14，〈懲惡門‧淫祀〉，頁 545。

〔註42〕《名公書判清明集》，卷 14，〈懲惡門‧淫祠〉，頁 538～539。

〔註43〕 Valerie Hansen, *Changing Gods in Medieval China, 1127-1276,* p.37；韓森著，包偉民譯，《變遷之神——南宋時期的民間信仰》，頁 35。

　　無是理。且吾夫子嘗有言曰：鬼神之爲德，視之而弗見，聽之而弗
　　聞。又曰：洋洋乎如在其上，如在其左右。是則所謂鬼神雖同流天
　　地之間，無所不在，而實非如人果有形迹之可求也。〔註44〕

惟面對著這些「愚民」，胡穎那些儒家古禮並不管用，他也只好隨俗，從「靈
力」角度入手，指出「劉舍人」並無神力，而民眾所見之「神跡」也並不可
信，〈判詞〉1：

　　　　今舟人所陳，乃謂禱祀之頃，目擊旗幟滿空，上有劉字。信斯言
　　也，則夫子爲欺我矣！齊東野人，何所知識，語言謬妄，豈足憑信
　　……況劉之建祠于湘，受爵于朝，迨今已數十年，商賈之貿遷，郡縣
　　之貢輸，士夫之遊宦，凡爲泛舟之役，上下於江湖間者，莫不奉牲奉
　　醴，進禮廟下而後敢行。若其果有神靈，則皆當爲之拘蚕蠹，蟄蛟蜃，
　　鞭逐鯨鯢，號令風伯，彈壓水神，使沅湘無波，江水安流，祥飆送颿，
　　棹夫奏功，舉無驚湍怒濤之厄，然後食於其土而無愧。今問諸水濱，
　　則葬於江魚腹中者，殆無虛日，其作神羞亦甚矣！而乃指所全三十艘
　　以爲功，是何以異於一牛之尖，則隱而不言，五羊之獲，則指以爲勞
　　績乎？設或異時果能假東南之風，以助赤壁之捷，假風鶴之聲，以濟
　　淮淝之師，則又將何以報之？論至於此，正使劉舍人聞之，亦將垂頭
　　喪氣，伏臯謝罪之不暇，尚安敢貪天之功以爲己力哉！〔註45〕

胡穎的狠批，正反映在洞庭湖上往來的商賈和舟人，面對驚濤駭浪，他們需
要、也的確相信「劉舍人」顯靈，可以保護財產和性命。巫覡正是利用這種
水道安全問題的地理和經濟環境，〔註46〕推動其創造的「劉舍人」神的靈力，

〔註44〕《名公書判清明集》，卷14，〈懲惡門・淫祠〉，頁539。
〔註45〕《名公書判清明集》，卷14，〈懲惡門・淫祠〉，頁539～540。
〔註46〕韓森的研究就認爲唐宋商業革命對民眾祠神體系有很大影響，五顯、梓潼、天
　　　　后、張王等四個主要的區域性神祠的發展過程中，新廟宇的增加是沿水路推進
　　　　的，其中商人的作用最爲突出。見 Valerie Hansen, *Changing Gods in Medieval
　　　　China, 1127-1276*, p.128-159；韓森著，包偉民譯，《變遷之神──南宋時期的民
　　　　間信仰》，頁 102～159。不過，皮慶生認爲不應過份誇大市場與城市的發展，
　　　　他對韓森的觀點有修正，見皮慶生，《宋代民眾祠神信仰研究》，上海：上海古
　　　　籍出版社，2008 年，頁 17～27。萬志英對五通神的研究也顯示，信徒和宗教
　　　　人士在有關信仰傳播中的作用並不低於商人，而朝聖信仰中心對信仰傳播的意
　　　　義更是重要，見 Richard von Glahn, *The Sinister Way: The Divine and the Demonic in
　　　　Chinese Religious Culture*, Berkeley, Los Angeles & London: University of California
　　　　Press, 2004, pp.173-179。韓明士（Robert P. Hymes）研究宋元時代華蓋山的三眞

獲得民眾的支持，而官員的反對態度和政策，未必有用。事實上，胡穎在此跟信奉「劉舍人」神的信眾辯論「靈力」的問題，已可見其儒家視角在地方信仰上的被動性。

　　當然，政府和官員可以透過對祀典的控制，利用賜額和封號政策，承認和收納那些既具靈力而又符合國家利益的神靈和祠廟，排斥被視為威脅地方管治秩序的「淫祠淫祀」。〔註47〕韓森和日本學者須江隆的研究指出了地方民眾向政府申領賜額封號給予地方祠廟的過程中，轉運使負責「雙重檢定」的重要性，同時也可見地方社會中士紳精英階層的作用；〔註48〕事實上，另一位日本學者金井德幸在討論宋代祠廟的發展時，就注意到「父老」在賜額和封號的申領及官府審核中扮演了重要的角色。〔註49〕不過，百姓黎庶是巫覡信仰的廣大信徒，其中不少人就是地方上的「父老」，〔註50〕〈判詞〉1 中推動「劉舍人」神的力量，就是巫覡、舟人、商賈、士紳甚至是「王公大人」等不同地方力量的結合。

　　更加耐人尋味的是，究竟哪些巫覡主持的神祠是違法的？〔註51〕何謂

　　　　君信仰，也認為推動三仙信仰的主要力量是士大夫而非商人，見Robert P. Hymes,
　　　　Way and Byway: Taoism, Local Religion, and Models of Divinity in Sung and Modern
　　　　China, Berkeley, Los Angeles & London: University of California Press, 2002, 頁
　　　　20，83～97，106～112，中譯本見美・韓明士著、皮慶生譯，《道與庶道──宋
　　　　代以來的道教、民間信仰和神靈模式》，南京：江蘇人民出版社，2007年。
〔註47〕松本浩一最早研究這個問題，見日・松本浩一，〈宋代の賜額・賜號について
　　　　──主として『宋會要輯稿』にみえる史料から──〉，載於日・野口鉄郎編，
　　　　《中國史中央政治地方社會》，昭和60年度科研費補助金總合研究（A）研究
　　　　成果報告書，東京：文部省，1986年，頁282～294。
〔註48〕韓森，《變遷之神──南宋時期的民間信仰》，頁88～92；日・須江隆，〈唐宋期
　　　　における祠廟の廟額、封號の下賜について〉，《中國──社會と文化》，9，1994
　　　　年，頁96～119。又參見須江隆的另外兩篇論文：〈「熙寧七年の詔」──北宋神
　　　　宗朝期の賜額・賜號──〉，《東北洋大學東洋史論集》8，2001年，頁54～93；
　　　　Sue Takashi, "The Shock of the Year Hsuan-ho 2: The Abrupt Change in the
　　　　Granting of Plaques and Titles during Hui-tsung's Reign", *Acta Asiatica*, 84
　　　　（2003），pp.80-125。最新的總結性討論，見日・水越知，〈宋代社會と祠廟
　　　　信仰の展開──地域核としての祠廟の出現──〉，《東洋史研究》，第66卷第
　　　　4期，2002年，頁629～666。
〔註49〕日・金井德幸，〈南宋の祠廟と賜額について──釋文珣と劉克莊の視點〉，
　　　　載於宋代史研究會編，《宋代の知識人──思想、制度、地域社會》，東京：
　　　　汲古書院，1993年，頁257。
〔註50〕王章偉，《在國家與社會之間──宋代巫覡信仰研究》，頁119。
〔註51〕筆者過去的研究已指出，巫覡在宋代並不是一種違法的「身份」，《宋刑統》

「淫祠」？這些問題相當複雜，近年來不少學者已有深入的討論。〔註52〕簡單來說，宋朝政府和官僚士大夫認為，淫祠就是「信眾以不恰當的方式祭祀不合適的神靈」，〔註53〕統治者透過整飭祀典，將不受國家控制或歡迎的神祠和巫覡排斥、打壓。不過，「淫祀」與「正祀」的界線卻會因時、地、人而變化，就以〈判詞〉1為例，胡石壁不肯為「劉舍人廟保奏加封」，說到「劉之建祠于湘，受爵于朝，迨今已數十年。」很明顯，在胡石壁蒞任之前，「劉舍人廟」已受到包括王公大臣在內的信眾支持，並已獲得朝廷的一些爵號，但胡石壁卻稱其為「淫祠」，當中的界線究竟若何？執法者又何去何從？這是其中的困難處。

再者，即使依據政府的祀典標準執法，但不少祠廟中所祭拜的神靈，其實往往也是「正」、「邪」滲雜，難以分辨真、偽。例如〈判詞〉2中的禹廟已變了質：

> 但以今世蚩蚩之氓，不知事神之禮，擅立廟宇，妄塑形像，愚夫愚婦，恣意褻瀆，女巫男覡，實祀淫昏之鬼，以惑民心，姑假正直之神，以為題號。若今所謂禹廟，其名雖是，其實則非也，豈可墮于小人之奸哉！〔註54〕

據胡穎所說，這所禹廟已被巫覡佔據，借用了祀典中的題號，建立了新的神像，瞞騙民眾，蠱惑人心，也躲過了官府的查辦。這裡讓我想到人類學家華琛（James L. Watson）在多年前對天后信仰的經典論述，他指出宋代福建湄洲的林巫女原本只是地方上的一個小神，在士大夫的推動下逐漸演變成全國崇拜的天后。在這個過程中，不同階層的利益結合起來：地方集團掌握了祀權，

中也無禁制巫覡之法律，政府的禁巫令是針對巫覡的違法「活動」，依賴的是「敕」的至高無上法律效力。此外，政府又利用「淫祠」與「邪神」這兩個「象徵符號」，重塑和打擊地方上的巫覡活動。詳見王章偉，《在國家與社會之間——宋代巫覡信仰研究》，頁265～341。就以本文提到《清明集》的幾份判詞來看，「名公」們也認為推動淫祠的都是男巫女覡，祭拜的都是妖鬼邪神。

〔註52〕近年來中、日、美等地學者在這方面有很多傑出的研究成果，這裡無法詳引，可參考下列數部中文論著的綜合討論。韓森，《變遷之神——南宋時期的民間信仰》；皮慶生，《宋代民眾祠神信仰研究》；沈宗憲，〈國家祀典與左道妖異——宋代信仰與政治關係之研究〉，臺北：臺灣師範大學歷史研究所博士論文，2000年；王章偉，《在國家與社會之間——宋代巫覡信仰研究》。

〔註53〕皮慶生，《宋代民眾祠神信仰研究》，頁287；王見川、皮慶生，《中國近世民間信仰——宋元明清》，上海：上海人民出版社，2010年，頁72。

〔註54〕《名公書判清明集》，卷14，〈懲惡門·淫祠〉，頁541。

透過確立其神祇信仰，即象徵了領導權；政府則透過對祀典的控制，讓政府倡導的神靈「吃掉了」地方的小神，增強了對地方社會的控制，收到其「神祇標準化」（Standardizing the Gods）之政治目的。〔註55〕不過，近年來宋怡明（Michael A. Szonyi）的一系列論文顯示，華琛所說的這種「標準化」政策往往在本質上未能觸及地方的淫祀，因為當地人可以透過貼上另一個神祇的標籤而在祀典的掩護下，繼續崇拜原來被列入淫祀的地方神。這種做法其實是「偽標準化」（The Illusion of Standardizing the Gods）。宋怡明認為由此我們應該區分「正確行為」（所有人都按照同一方式行動）和「正確行為的說辭」（所有人都聲稱自己按同一方式行動），而事實上，在中國的日常生活裡，後者比前者更為常見。〔註56〕很明顯，〈判詞〉2 所見的，巫覡和民眾就是聲稱自己所奉拜的是「正確的禹廟」，但胡穎則認為這只是混淆了真假的「說辭」而已。

至於〈判詞〉3 中的孔明廟，情況更是複雜：

> 然今觀道旁所立之祠，囂塵湫隘，豈足為高臥之草廬，所塑之像，齷齪庸陋，又絕無長嘯之英氣，加以妖神厲鬼，錯雜先後，田夫野老，裸裎左右，假令牲牷肥腯，粢盛豐潔，祝史矯舉以祭，雖馬醫夏畦之鬼，亦將出而吐之矣，謂孔明享之乎？縣尉所陳，蓋知其一，未知其二也……然則廟貌之設，其可苟乎？縣尉欲存此以致敬，而不知適委之蓁茷，又所不可。議案契勘近城內外，別有無侯祠宇，如別無之，即命畫工求真像，用絹圖寫一本，仲春秋祭祀于府學先賢之祠，使朝夕與之處者，皆升堂入室之高第，而淫昏魍魎之輩，不得以亂之，春秋尸其祭者，皆冠冕佩玉之君子，而妖冶魅

〔註55〕James L.Watson, "Standardizing the Gods: The Promotion of T'ien Hou Along the South China Coast,960-1960", in Johnson, Nathan and Rawski（eds.）, *Popular Culture in Late Imperial China*, Berkeley, Los Angeles & London: University of California Press, 1985, pp.292-324。中文譯本見美・華琛著，呂宇俊、鄧寶山譯，〈神祇標準化：華南沿岸天后地位的提升，960～1960〉，載於陳慎慶編，《諸神嘉年華——香港宗教研究》，香港：牛津大學出版社，2002，頁 163～198。

〔註56〕Michael A. Szonyi, "The Illusion of Standardizing the Gods: The Cult of the Five Emperors in Late Imperial China," *Journal of Asian Studies*, 56.1（1997）, pp.113-135.；"Making Claims about Standardization and Orthopraxy in Late Imperial China: Rituals and Cults in the Fuzhou Region in Light of Watson's Theories,"*Modern China* 33.1（2007）, pp.47-71。後一文有中譯本，見美・宋怡明著，劉永華、陳貴明譯，〈帝制中國晚期的標準化和正確行動之說辭——從華琛理論看福州地區的儀式與崇拜〉，載於劉永華主編，《中國社會文化史讀本》，北京：北京大學出版社，2011 年，頁 151～170。

　　　　醉之巫，不得以瀆之，如此則庶幾不爲神羞矣。〔註57〕
跟上面的禹廟相若，巫覡利用祀典中合法的的孔明廟作爲庇護，將自己崇拜
的淫祀依託其間，逃過官府的查究與鎭壓。我們可以見到，巫覡在地方祭祀
社會中扮演著重要的角色，〔註58〕他們掌握了祠廟的運作後，或改造原來的
塑像、或滲入其他的「妖鬼淫神」，普羅大眾根本搞不清楚其中的神靈是正是
邪，也不明白官府的禮儀，甚至是縣尉等地方基層吏員，也未必一定知道其
廟宇和崇拜的神祇是否符合祀典。

　　這兩則〈判詞〉中的禹廟與孔明廟都雜入了妖鬼邪神的崇拜，其實是宋
朝建立後政府施行禁巫政策所衍生出來的複雜問題。根據學者研究顯示，宋
代將巫覡排出於官方祭祀中，一方面令巫覡走向民間，政府也失去統制巫覡
的能力；另一方面，巫覡在下層社會的社祭中，卻找到了其生存的場所。然
而，傳統的社祭在漢代後已經逐漸衰落，民間好祀「人鬼化」的社神，故爲
了討好信眾，巫覡遂投其所好，將靈力強大的妖化神祇引入社祭叢祠中，
部份邪巫更刻意引入非正統而具靈力的邪神，以顯示自身的力量。正如日
本學者金井德幸所說，邪神信仰的傳播，使官方正統祭祀在民間中沒落崩
潰。〔註59〕

　　總之，面對著力量如此巨大的地方社會，賜額制度的施行與成效，未必
如一些學者所說的那樣有效。事實上，要對付魚目混珠者，地方官員禁制祠
廟與否，只是用「敕額」作爲辨識的符號，很是困難，這從〈判詞〉2 就可見
到；而巫覡及民眾又可以想方設計爭取貴族或有權勢者的支持，獲取朝廷的
封號，光明正大地免除官員的彈壓，前引的「劉舍人廟」就是最好的例證。

3、地方官員對巫覡信仰的態度和措施

　　胡穎和范應鈴所處的南宋時代，內憂外患接踵而至，社會動盪，他們都
是公正嚴明的「名公」，深受黎民愛戴。特別是胡穎，「他起自田間，關心百

〔註57〕《名公書判清明集》，卷 14，〈懲惡門・淫祠〉，頁 542～543。
〔註58〕 王章偉，《在國家與社會之間──宋代巫覡信仰研究》，頁 235～239。
〔註59〕 王章偉，《在國家與社會之間──宋代巫覡信仰研究》，頁 320。並請參考金井
　　　　德幸的三篇論文：〈南宋荊湖南北路における鬼の信仰について──殺人祭鬼
　　　　の周邊──〉，頁 567～575；〈宋代における妖神信仰と「喫菜事魔」、「殺人
　　　　祭鬼」再考〉，頁 388～395；〈南宋妖神信仰素描──山魈と瘟鬼と社祠──〉，
　　　　原載於《駒澤大學禪研究所年報》，7，1996 年，頁 51～65，今刊於《中國關
　　　　係論說資料》，第 38 號第 1 分冊下，1996 年，頁 54～61。

姓疾苦，尤其痛恨違法公吏和無理興訟所帶給百姓的禍害。」〔註60〕這位「儒家化的法官」，〔註61〕對踰越於正統以外的民間信仰尤其討厭：

> 性不喜邪佞，尤惡言神異，所至毀淫祠數千區，以正風俗。衡州有靈祠，吏民夙所畏事，穎徹之，作來諗堂奉母居之……以樞密都承旨爲廣東經略安撫使。潮州僧寺有大蛇能驚動人，前後仕于潮者皆信奉之。前守去，州人心疑焉，以爲未嘗詣也。已而旱，咸咎守不敬蛇神致此，後守不得已詣焉，已而蛇蜿蜒而出，守大驚得疾，旋卒。穎至廣州，聞其事，檄潮州令僧舁蛇至，至則其大如柱而黑色，載以闌檻，穎令之曰：「爾有神靈當三日見變怪，過三月則汝無神矣。」既及期，蠢然猶衆蛇耳，遂殺之，毀其寺，并罪僧。〔註62〕

禁制淫祀，是地方官的責任，從《清明集》的判詞所見，這些官員均致力打擊地方上的巫覡信仰，將不在祀典的廟宇和神祠一律取締，移風易俗，教化生民。我們把有關判詞的資料表列於下，方便參考：

表二

判詞編號	內　容　與　措　施
1	某爲此懼，於是自守郡以來，首以禁絕淫祠爲急，計前後所除毀者，已不啻四、五百處。儻更數月，不以罪去，使靡有孑遺而後已。
2	狄梁公毀淫祠一千八百餘所……當職豈不念到此哉？……應非勅額，並仰焚毀，不問所祀是何鬼神。仍榜地頭。
3	夫有天下者祭百神，自天地四方名山大川，凡德施於民，以死勤事，以勞定國，能禦大災，捍大患者，無不載之祀典。若諸侯則止得祭於其地者，晉祭河，魯祭太山，楚祭睢漳河漢。非其所祭而祭之，名曰淫祀，無福。……所有見存敝祠，合行毀拆。仍榜地頭。
4	且自當職到任以來，拆淫祠不知其幾，若使因此而獲戾于上下神祇，則何緣連年陰陽和而風雨時，五穀熟而人民育，災害不生，禍亂不作，降康降祥，反遠過於往年。以此觀之，則淫祠之當毀也明矣！
5	狄仁傑持節江南，毀淫祠千七百所，李德裕觀察浙西，除淫祀一千一十所，前賢所爲，大概爲風俗設也……禮已亡矣，若不禁止，此無乃其戎之先乎？

〔註60〕 柳立言，〈青天窗外無青天：胡穎與宋季司法〉，載於柳立言主編，《中國史新論‧法律史分冊》，臺北：中央研究院、聯經出版事業公司，2008 年，頁 244。
〔註61〕 郭東旭，〈胡穎的法治理念與司法實踐〉，載於郭東旭，《宋代法律與社會》，北京：人民出版社，2008 年，頁 231。
〔註62〕 《宋史》，卷 416，〈胡穎傳〉，頁 12479。

6	應有淫祠去處，並行拆毀，奉事邪鬼之家，並行籍記，四路探生之人，並行收捉，鄰甲照已排立保伍，互相舉覺，賞錢三千貫，仍許諸色人陳告。
7	當職正欲極攘却詆排之力，毀淫昏妖厲之祠，開明人心，變移舊俗。

　　對於那些破壞地方治安秩序的妖巫邪神，「名公」們絕不留手，如胡穎〈判詞〉7 便說：「王制曰：執左道以亂政，殺；假於鬼神疑眾，殺。古先聖王，豈樂於殺人哉，蓋以其邪說詖行，足以反道敗常，詭計姦謀，足以階亂稔禍，故不容不嚴為之禁也。」范應鈴〈判詞〉8 也有相似的觀點：「假於鬼神以疑眾者，殺，此聖人之格言也。」而〈判詞〉6 佚名的「名公」對於「殺人祭鬼」者的懲治，更是嚴厲：

> 如有違犯，不分首從，並行凌遲處斬，家屬斷配，家業抄籍充賞。如官容縱，本司體探得知，定將知縣并巡、尉按劾，當行人吏決配，鄰人、保正隱蔽，一體施行。仍鏤榜曉示。〔註63〕

這些鐵腕措施自然有一定成效，但有關判詞自身的嚴詞厲語，其實也正好反映問題的嚴重性。我們不禁要問，兩宋政府都曾三令五申禁抑巫覡信仰，但何以到了南宋中葉以後，南方地域社會的巫風情況卻仍然如斯熾烈？除了前面討論過的民眾向鬼信巫的各種因素和相配合的客觀環境外，上引〈判詞〉6 對縱容巫俗的官員和鄉里的重責，道出了箇中的另一些真相與利害處：地方基層官員及鄉社的態度至為關鍵。

　　政府的禁巫措施是否有效，必須仰賴地方基層官員實際推行時的作為，但他們身為地方社會的一員，耳濡目染於荊楚自古以來的巫風，要挺身彈壓鄉里的傳統信仰風俗，其實並不容易，范應鈴在〈判詞〉5 就盛讚執行禁毀淫祀的縣尉：

> 楚之為俗，荒於巫風，久其日矣，牢不可破。尉有定力，不惑於眾，以身行之，可為善俗之助，亦古之所謂賢德者也。〔註64〕

不惑於「眾」的自然是少數，更多的情況，可能就如上引〈判詞〉3 孔明廟中與「名公」爭辯的而被斥責「蓋知其一，未知其二」的那個縣尉，「名公」在這則〈判詞〉中就抨擊「縣尉欲存此以致敬，而不知適委之榛莽」。況且，除了風俗習慣外，這些淫祀中的巫覡往往與地方的基層吏員有著千絲萬縷的利

〔註63〕　《名公書判清明集》，卷14，〈懲惡門・淫祀〉，頁546。
〔註64〕　《名公書判清明集》，卷14，〈懲惡門・淫祀〉，頁545。

益關係，〈判詞〉4可見一斑：

> 本府毀拆淫祠，整葺鋪驛……卿二十二平時自稱神老，憑藉此
> 廟，誆惑鄉民以為姦利，一旦見官司拆毀，深恐失其所依，遂欲衰
> 斂民財，計囑官吏，以存此狡兔之穴。〔註65〕

而幹練的胡穎在處理這樁事件中小心翼翼，免得挑起地方社會的震動，也可
見牽涉地方社會的信仰風俗時，官員必須格外留神：

> 此等姦民，何可不治，勘杖一百，餘人並免根究，放。但昨據
> 本尉所申，謂阿李等聚集三十餘人，各執器杖，趕殺弓手、保正，
> 若果有此事，則其罪當何如。今據各人所供，原來卻是恁地弓手、
> 保正意在求勝鄉民，故張大聲勢，驚駭聽聞，縣尉又不討仔細，便
> 行乞追捕。若使本府信其偏詞，輕易施行，則一鄉雞犬皆無孑遺矣。
> 帖縣追保副姜全、弓手王瑫，各杖六十，以為妄申官府之戒。〔註66〕

當然，最重要的就是表一〈判詞〉1記胡穎所說，必須有像他一般的官
員堅持在地方上大力掃蕩淫祠巫覡，才勉強可以遏制這種根深柢固的信仰文
化，惟當中卻面對重重困難。因為無論是基於針對巫覡的違法活動，或是全
面禁制人民充當巫覡，這兩種律詔本身實在難以貫徹施行，其結果也自難有
成。就前者而言，巫俗既深入民心，地方上的巫覡活動自然多不勝舉，官員
也就禁不勝禁，即使有胡穎或范應鈴之流，最後也是人去政廢。至於後者，
以宗教身份而論，中央既乏統制的巫官機構，巫覡又沒有一統的司祭組織，
政府根本難有憑據核證其身份；而以職業身份而言，巫覡的工作往往與卜祝
醫者相混，官員也無法辨別。再者，要變易職業實在不難，在政府嚴厲取締
之時，巫者自可改從他業，待雨過天清後又可重操故業，至若兼職為巫者，
更是防不勝防。簡單來說，撇除民眾尚巫的風俗及地方官吏加以庇護這兩個
客觀因素不論，宋朝政府的禁巫令自身就存有不少限制，地方巫覡活動的屢
禁不絕，自屬必然。〔註67〕

況且，跟胡穎或范應鈴如此嚴厲鎮壓地方巫覡信仰的官員，究屬少數，
我在《說郛》收錄的《朝野遺記》中找到一條珍貴而有趣的資料：

> 洞庭廟在金沙堆中，秋水森溢，風浪號怒，故行人必卜之，而

〔註65〕《名公書判清明集》，卷14，〈懲惡門・淫祠〉，頁543～544。
〔註66〕《名公書判清明集》，卷14，〈懲惡門・淫祠〉，頁544。
〔註67〕王章偉，《在國家與社會之間——宋代巫覡信仰研究》，頁284。

妖巫倚為神怪。有劉彥者，綱梢中大頭也，入廟為馱吏，憑神以恐
舟人……彥既死，塑于廟，以其為社神。而愚俗遂訛為舍人，趙彥
勵帥潭，乞封于朝，被在後省格斥乃已。至陳研繼守，舟膠于湖，
禱而克濟，遂申前請，竟得善利將軍之號焉。〔註68〕

我們對〈判詞〉1的「劉舍人廟」本來所知不多，也不明白在胡穎之前此廟
「受爵於朝，迨今已數十年」的詳情；但這裡提到的陳研，他是乾道2年（1166）
進士，累遷提點湖南刑獄，〔註69〕故可見他是在任內為洞庭湖金沙堆裡的廟
宇請封，而這裡作為「社神」的劉彥劉舍人，應該可以肯定就是胡穎不肯為
其「保奏加封」的「劉舍人廟」。

事實上，即使堅定如胡穎，要針對地方的淫祠巫覡，他同時還要面對來
自上級的壓力。除了王公貴人自身的信仰外，正如我們前面引華琛研究天后
的例子所說，政府及官員的部份政策，可能是要與地方信仰妥協，故「名公」
們夾在其中，自然也就難伸一己之願。〈判詞〉1中胡穎不肯為劉舍人廟「保
奏加封」，似乎就是他不肯答應上級官員的要求：

今不敢二三其德，以強奉崇臺之命，又近得名公所謂對越集者
讀之，竊見其間施行，有適相類者，是則我心之所同，然明公已先
得之矣，尚何言哉！謹以固陋之見，冒昧申聞，併將諭俗印牒一本
繳呈，伏望明公特賜嘉納，焚之廟中，使此等淫昏之鬼有所愧懼，
榜之廟前，使世間蠢愚之人有所覺悟，其於世教，實非小補。〔註70〕

我們雖然不知道這件事最後的結果，但胡穎在此除了懇求上司接納其不為「劉
舍人廟」請號賜封的申辯外，又不厭其煩地希望借焚燒諭俗印牒警惕民眾，
正可反映這些名公在與地方根深柢固的巫覡信仰相對抗時的困境。

身為地方官員，陳研等與胡穎的取態卻是如此不同，可見地方祭祀社會
與政府互動的情況最是複雜，而巫覡寄生於地域社會最基層祭祀單位中的
「社」裡，所謂「村巫社覡」，作為一種民間信仰，其生命力也至為頑強。
〔註71〕當然，我們也無須過份誇大巫覡的地位，跟僧侶或道士不同，巫覡

〔註68〕 宋・佚名，《朝野遺記》，〈善利將軍〉，載於明・陶宗儀等編，《說郛三種》，
　　　　上海：上海古籍出版社，1988年，頁19。

〔註69〕 昌彼得、王德毅、程元敏、侯俊德編，王德毅增訂，《宋人傳記資料索引》，
　　　　北京：中華書局，1988年，頁2475。

〔註70〕 《名公書判清明集》，卷14，〈懲惡門・淫祠〉，頁540～541。

〔註71〕 關於「社」在宋代祭祀社會中的重要性及巫覡所扮演的角色，這裡無法詳述，

信仰缺乏如佛道般堅固的體制組織，他們分散隱沒在各種廟宇、叢祠或私社裡面，互不關連，「名公」們在克服上述各種困難後，可隨時加以鎮壓；而巫覡們因為競爭等利害關係，甚至互相攻擊，前引〈判詞〉8 的曹九師和王魂三相鬥，更引致范應鈴輕易掌握他們詛咒興妖的罪證，予以取締。不過，野火燒不盡，春風吹又生。

四、小　結

　　研究宋代地方上的巫覡信仰，資料闕如始終是其中的最大艱難處，這篇短文利用明刻本《清明集》中僅存的幾個訴訟判詞，論述了南宋中後期湖湘一帶巫風巫俗的一些重要片段，雖不全面，卻也彌足珍視。例如，〈判詞〉1 胡穎的〈不為劉舍人廟保奏加封〉就最是重要，除了筆記小說提供的零星資料外，這是現存唯一的官方文件能讓我們了解一個建基於地方的巫覡信仰，如何在數十年間透過民眾、官僚和宗室貴族的祀奉而逐漸建立起來。此外，我們也可以從《清明集》中窺見這些「名公」對巫覡和淫祠的觀點和判斷，讓我們了解他們的視角，除研究當代的民間信仰外，也是研究宋代法律史的重要材料。

　　其實，宋代南方的巫風巫俗是一個複雜的問題，因為在官僚和士大夫眼中，這些「惡俗」與中原的禮樂祭祀文明大相逕庭，故朝廷在統一南方後，有需要在當地移風易俗，中原文明的推進即伴隨著國土在南部疆域的擴張而並行。〔註72〕徽宗政和 4 年（1114）11 月對兩廣的禁巫令，最見這種企圖：

　　　　臣僚言：竊見民間尚有師巫作為淫祀，假託神語，鼓惑民眾。
　　二廣之民，信向尤甚，非「一道德、同風俗」之意也。臣愚欲乞申
　　嚴法禁，以止絕之。若師巫假託神語欺愚惑眾，徒二年，許人告，
　　賞錢一百貫文。〔註73〕

而胡穎在〈判詞〉7 也說「庶幾道德一，風俗同，庶民安其田里。」不過，《清明集》這些判詞呈現的另一個面相，卻讓我們反省，「山高皇帝遠」，政府和官僚強行在地方上移風易俗，效益如何，實在叫人懷疑。

　　　　請參看王章偉，《在國家與社會之間——宋代巫覡信仰研究》，頁 224～241。
〔註72〕王章偉，〈文明推進中的現實與想像——宋代嶺南的巫覡巫術〉，《新史學》，
　　　　第 23 卷第 2 期，2012 年，頁 1～55。
〔註73〕清・徐松，《宋會要輯稿》，北京：中華書局，1987 年，〈刑法〉2 之 64，頁
　　　　6527。

　　*本文初稿宣讀於 2011 年 11 月 26 日廣州中山大學歷史學系主辦之「十至十三世紀中國的政治與社會學術研討會暨嶺南宋史研究會第二屆年會」，感謝評議人鄧小南教授的批評與建議。修訂稿得摯友溫偉國先生及范芷欣小姐提供各種協助和支持，筆者銘記。

　　**原刊於《九州學林》，第 32 期，2013 年，頁 131～152。

文明推進中的現實與想像
——宋代嶺南的巫覡巫術

一、前　言

　　宋太祖開寶四年（971）二月初五，南漢國主劉鋹（942～980）出降，嶺南併入宋土，得 6 州 214 縣 170,263 戶。「嶺南」一語，指「五嶺」以南地區，宋平南漢後設廣南路，太宗端拱元年（988）分爲廣南東路和廣南西路，合 43 州，約爲今日廣東、廣西和海南省的全部地區。〔註1〕

　　研究宋代地域文化的學者指出，宋代南北風俗迥然不同，北方人質直忠厚、勁勇強悍、勤勞節儉，南人則相對地靈巧輕揚、柔弱、奢侈、好訟和趨利重商。更重要的是，南方風俗在許多方面都不符合北方的儒家禮法，保留著原地的習氣乃至「蠻夷之風」。舉其大者而言，有婚嫁喪葬未知禮、生子不舉、父子兄弟分財析居、稱呼與時序不合倫常、「女作登于男」等等。〔註2〕這種觀點，也是宋人的普遍看法，就以嶺南爲例，雖然南漢統治期間社會和平安定，經濟和文化都有所發展，〔註3〕但中原士大夫對嶺南的印象，除了路途遙遠、景色秀美外，這裡也充滿奇風「陋俗」和珍禽異獸。〔註4〕事實上，

〔註1〕　宋代嶺南地界的討論，參見金強，《宋代嶺南謫宦》，廣州：廣東人民出版社，
　　　　2009 年，頁 13～23；郎國華，《從蠻裔到神州——宋代廣東經濟發展研究》，
　　　　廣州：廣東人民出版社，2006 年，頁 28～31。
〔註2〕　程民生，《宋代地域文化》，開封：河南大學出版社，1997 年，頁 2～32。
〔註3〕　陳欣，《南漢國史》，廣州：廣東人民出版社，2010 年，頁 373～425。
〔註4〕　金強，《宋代嶺南謫宦》，頁 45～51。

《宋史‧地理志》就是這樣概述宋代兩廣的地理、風俗與文化：

> 廣南東、西路，蓋《禹貢》荊、揚二州之域，當牽牛、婺女之
> 分。南濱大海，西控夷洞，北限五嶺。有犀象、瑇瑁、珠璣、果布
> 之產。民性輕率。宋初，以人稀土曠，併省州縣。然歲有海舶貿易，
> 商賈交湊。桂林邕、宜接夷獠，置守戍。大率民婚嫁、喪葬、衣服
> 多不合禮。尚淫祀，殺人祭鬼。山林翳密，多瘴毒，凡命官吏，優
> 其秩奉。春、梅諸州，炎瘴頗甚，許土人領任。景德中，令秋冬赴
> 治，使職巡行，皆令避盛夏瘴霧之患。人病不呼醫服藥。儋、崖、
> 萬安三州，地狹戶少，常以瓊州牙校典治。安南數郡，土壤遐僻，
> 但羈縻不絕而已。〔註5〕

「尚淫祀，殺人祭鬼」、「人病不呼醫服藥」等巫覡巫術問題，在當代人眼中，
似乎是嶺南地區民間信仰方面固有的「惡俗」，與中原的禮樂祭祀文明大相逕
庭。因此，宋人在統一南方後，有需要在當地移風易俗，中原文明的推進即
伴隨國土在南部疆域的擴張而並行。

宋代兩廣的巫覡巫術，其實是一個饒有意義的問題。在社會（文化）人
類學的領域裡，「神靈信仰」和「儀式」構成了文化的基本特質，同時亦構成
了社會形貌的象徵展示方式，故無論採用何種解釋體系，信仰與儀式向來都
是人類學者主要觀察的焦點。〔註6〕宗教儀式是人與神靈聯繫的手段，是「活
動中的宗教」，而巫術就是相信在儀式實踐中，能迫使超自然力量以某種方式
達到善或惡之目的。〔註7〕因此，巫術研究向為西方社會人類學者所重視。

就此而論，人類學家注意「儀式」與儒家提倡「禮教」其實有共通之處。
歷史人類學者指出，人類學假設人與人的關係表現於「儀」，儒家則認定人與
人的關係根本於「禮」。「儀」是文化產生的設定程序，近似於戲劇的劇本，
而「禮」則源於天理產生的必然定律。因此，假如用劇本來比喻設定行為的

〔註5〕 元‧脫脫等修，《宋史》，卷90，〈地理志〉6，北京：中華書局，1977年，頁
2248～2249。

〔註6〕 王銘銘，《社會人類學與中國研究》，北京：三聯書店，1997年，頁149；王
銘銘，〈神靈、象徵與儀式：民間宗教的文化理解〉，收入王銘銘、潘宗黨編，
《象徵與社會──中國民間文化的探索》，天津：天津人民出版社，1997年，
頁89。

〔註7〕 美‧哈維蘭（W. A. Haviland）著、王銘銘等譯，《當代人類學》，上海：上海
人民出版社，1987年，頁515～519；又見王銘銘，《想象的異邦── 社會
與文化人類學散論》，上海：上海人民出版社，1998年，頁154～159。

程序，在天理的安排下，劇團演來演去只能演一齣劇本。自宋朝到清代中葉，儒家教化之目的，就是要推廣這一齣劇本，以天理規範的禮教取代地方的風俗。〔註8〕職是之故，研究宋代中原文明在兩廣的推進，巫覡巫術的興替最是重要，是中央政府與士大夫菁英階層「移風易俗」的具體表現。

　　近年來，宋代巫覡巫術的研究方興未艾，日本和兩岸三地的學者續有發見，〔註9〕其中自有涉及嶺南地區的巫風巫俗，例如中村治兵衛研究唐、五代和兩宋巫史的拓荒之作，即包括了不少兩廣的例子；〔註10〕王章偉與李小紅的專著，分析兩宋巫風概況的地理分佈列表裡，也專門收集了嶺南的史料。〔註11〕此外，學者在討論宋朝政府「懲巫揚醫」的政策時，往往也兼及嶺南禁巫的情況；〔註12〕而一些研究宋代嶺南的文化史或醫療史著作，也有相關的論述，〔註13〕其中美國學者艾婕媞（TJ Hinrichs）的博士論文就與本文有不少互相補足之處。〔註14〕不過，截至目前為止，卻未見有專文討論宋

〔註8〕　科大衛，〈國家與禮儀──宋至清中葉珠江三角洲地方社會的國家認同〉，《中山大學學報（社會科學版）》，第39期，1999年，頁65。

〔註9〕　參見日・中村治兵衛，《中國シャーマニズの研究》，東京：刀水書房，1992年；劉佳玲，〈宋代巫覡信仰研究〉，臺北：臺灣師範大學歷史研究所碩士論文，1996年；劉黎明，《宋代民間巫術研究》，成都：巴蜀書社，2004年；王章偉，《在國家與社會之間──宋代巫覡信仰研究》，香港：中華書局，2005年；王章偉，《文明世界的魔法師──宋代的巫覡與巫術》，臺北：三民書局，2006年；方燕，《巫文化視域下的宋代女性──立足于女性生育、疾病的考察》，北京：中華書局，2008年；李小紅，《宋代社會中的巫覡研究》，北京：光明日報出版社，2010年。

〔註10〕　中村治兵衛，《中國シャーマニズの研究》，頁18～20、69～138。

〔註11〕　王章偉，《在國家與社會之間──宋代巫覡信仰研究》，頁79～99、267～277；李小紅，《宋代社會中的巫覡研究》，頁183～188、235～265。

〔註12〕　參見史繼剛，〈宋代的懲「巫」揚「醫」〉，《西南師範大學學報（哲學社會科學版）》，1992年第3期，頁65～68；楊倩描，〈宋朝禁巫述論〉，《中國史研究》，1993年第1期，頁76～83；日・木村明史，〈宋代の民間醫療と巫覡觀──地方官による巫覡取締の一側面──〉，《東方學》，第101輯，2001年，頁89～104。

〔註13〕　例如：金強，《宋代嶺南謫宦》，頁45～51；劉小斌、鄭洪、靳士英主編，《嶺南醫學史》，上冊，廣州：廣東科技出版社，2010年，頁151～204。

〔註14〕　TJ Hinrichs, *The Medical Transforming of Governace and Southern Customs in Song Dynasty China（960-1279 C.E.）*, unpublished Ph.D. diss., Harvard University, 2003. 筆者草成本文初稿後，才得見這篇論文，發現與本文關係很大。簡單來說，我們都是研究宋代「南方」被納入中原文明的過程，但彼此的切入點不同，艾婕媞研究宋朝政府和士大夫在南方「揚醫」，因而兼論「懲巫」；我則因為討論文明推進中的「懲巫」，而觸及「揚醫」，故彼此所述自然有交叉疊合之處，

代兩廣地區的巫風巫俗，本文即欲填補這個空白。〔註15〕

　　有一點必須申明，如前所述，社會（文化）人類學向來重視研究巫術這種「異文化」裡的社會風俗信仰，故其分析概念也是本文有用的參考。人類學家書寫民族志時，強調將「異文化」看作與「本文化」具有同等地位和價值的實體加以理解，借此找出一個與自己相對的「他者」，並以之反省「本文化」的局限。〔註16〕這種「我者」與「他者」的分析方法，可以讓我們重新思考和審視宋代中原文明隨著國家疆域的拓展，對兩廣巫覡巫術的了解、想像與對策。〔註17〕當然，治史者切忌「以論代史」，在運用有關概念時，我們

可互相補足。不過，兩文除了重點不同外，還有一些更根本的差異：（一）艾婕媞討論的是宋代整個「南方」的揚醫情況，本文則集中分析嶺南一地的巫風問題，她的研究無論從時間或地域範圍而言，都較本文爲長爲廣。因此，宋代「南方」和「嶺南」如何被中原「文明化」，期間的發展、情況、問題，自然不盡相同；而本文針對的只是嶺南一隅，無論在史料蒐集和問題討論方面，都比較容易集中和清晰一點。遺憾的是，艾婕媞的論文並沒有明確指出所謂的「南方」，究竟是包括那些地域範圍，致其所述往往就比較含糊。（二）如同許多美國宋史學者一樣，艾婕媞的論文深受韓明士（Robert P. Hymes）「南宋菁英階層地方化」的論點影響，故其研究從北宋至南宋揚醫懲巫的發展時，就以此爲基礎前提（p. 52）。筆者懷疑這個「觀念先行」（包偉民對韓明士論著的批評）的前提是否可靠，而本文討論兩宋在嶺南推廣文明擯斥巫風的問題上，緊扣的是政府統一風俗這種政治需要的史實。參見 Robert P. Hymes, *Statesmen and Gentlemen: The Elite of Fu-Chou, Chiang-Hsi, in Northern and Southern Sung,* Cambridge: Cambridge University Press, 1986; 包偉民，〈菁英們「地方化」了嗎？──試論韓明士《政治家與紳士》與「地方史」研究方法〉，收入榮新江主編，《唐研究》，第 11 卷，北京：北京大學出版社，2005 年，頁 653～671。

〔註15〕葛兆光，《中國思想史》，第 2 卷，《七世紀至十九世紀中國的知識、思想與信仰》一書，雖非研究宋代巫史的專著，但其中第 2 篇第 3 節，〈國家與士紳雙重支持下的文明擴張──宋代中國生活倫理同一性的確立〉，上海：復旦大學出版社，2000 年，有一些富刺激而重要的觀點與討論，必須參考。

〔註16〕王銘銘，《社會人類學與中國研究》，頁 5。這方面的著作和討論很多，參見王銘銘主編，《二十世紀西方人類學主要著作指南》，北京：世界圖書出版公司，2008 年。

〔註17〕這裡所謂的「文明」，並非西方語彙 civilization 的直譯，而是引用葛兆光討論「宋代中國生活倫理同一性的確立」時的說法：「所謂『文明』，現在看來只是一種被傳統與歷史建構起來的，得到政治權力認同的，關於在一定的社會秩序中生活的常識與規則，當傳統與權力已經確認它的合法性的時候，它就擁有話語權力，在人們不自覺地認同它的合理性時控制著人們的生活。在古代中國，這種文明本來常常是通過強制性的禁令和勸誘式的教育，經由『酷吏』和『循吏』兩方面來推進的。」參閱葛兆光，《中國思想史》，第 2 卷，頁 358。

必須細心分析各項資料，不能以偏概全。〔註 18〕事實上，當代敘述、記錄和書寫嶺南巫史「文本」的「他者」，其身份也非常複雜：有對南方風俗認識不深的北方人，有支持中央政府在南方移風易俗的官僚和士大夫（包括出身南方者），有鄙薄或憐憫南方俚俗的菁英階層（同樣也包括出身南方者），亦有對兩廣蠻夷風俗充滿獵奇興趣者。

　　這種史料的「書寫情境」令我們必須小心考慮關於宋代嶺南巫風的確實情況。從史事的客觀情況、事件的傳播者、及文本的記敘者等三方面而言，筆者認爲這些史例的「現實」其實滲透了不少「想像」，而「想像」中當然也有不少「現實」作爲基礎。簡單來說，第一、南方跟中州文明迥異，地方確有一些背離中原文明的巫風巫俗。第二、在共有的場域氣氛或文化傳統下，這些巫術事件中的參與人，包括施術者、受術者、觀眾和故事傳播者等等，自身都相信事件的眞實性，〔註 19〕無論這些事件在「他者」眼中是如何的乖張荒謬。第三、文本的記敘者，即那些身份複雜的北人、官僚菁英或獵奇者，他們基於自身視角的限制，其筆下的兩廣佞巫記錄，除了夾有南方土著自身的怪談妖說這種「社會想像」，也必定存有「他者」的誤解，自非實際眞相。因此，筆者相信，研究宋代嶺南巫覡巫術的情況，除了有助宋代民間信仰的研究外，也是了解當代國家／社會、上層／下層、城市／鄉村、中心／邊緣等問題的一個有用視角。

二、化外之俗——宋代兩廣的巫風

　　先從史料文本的紀錄去看，談到當代巫鬼之風，宋人往往將其與南方的舊俗傳統相提並論，例如崔敦禮（1160 年進士）謂「江東之民好祠信鬼，有

〔註 18〕　王章偉，〈溝通古今的薩滿——研究宋代巫覡信仰的幾個看法〉，載於復旦大學文史研究院編，《「民間」何在，誰之「信仰」》，北京：中華書局，2009 年，頁 140～154。

〔註 19〕　萊維斯特勞斯（Claude Levi-Strauss）研究巫術與醫療的關係時指出：「我們沒有理由懷疑某些巫術實踐的效應。不過我們同時看到，巫術的效應須以對它的迷信爲其條件。後者有三個互補的方面：第一，巫覡相信他的技術的效應；第二，病人或受難者相信巫覡的威力；最後，共同體的信念和期望，它們始終像一種引力場那樣起著作用，而巫覡和受術者的關係便存在於和被規定於其中。」見法・克洛德・萊維斯特勞斯著，謝維揚、俞宣孟譯，《結構人類學》，上海：上海譯文出版社，1995，頁 178。這或許讓我們明白，宋代嶺南民眾信奉巫術的原因，是由於在同一社會（共同體）和文化環境下，包括巫覡自身（當然其中必會有些是存心弄虛作假之行騙者）、受術者和群眾在內共有的集體心理，深信那些靈異事件是眞實的。

楚之遺風」，〔註20〕其情況之嚴重，黃震（1213～1280）就說「好淫祠尚巫鬼，
楚越之俗，然也。而江東尤爲甚然。」〔註21〕曾敏行（1118～1175）記劉彝（1015
～1091）在江南西路禁制巫覡時，也提到「楚俗大抵尚巫」。〔註22〕另一方面，
地方志在提到各地風俗時，也有相似的看法，如《赤城志》謂「其樂鬼重巫，
越之遺風固爾耶」，〔註23〕《四明續志》說「越俗機鬼，史巫紛若」。〔註24〕
南疆與中州，南北分異，似乎是兩廣巫風之淵源。

　　的確，客觀而言，地處南疆邊陲的嶺南，環境與風俗跟中州迥然不同。
這裡氣候炎熱，群山險阻，江流縱橫，獨特而封閉的自然和地理環境阻礙了
跟中原的交流。此外，這裡又是古代蠻夷外族的聚居地，由於遠離中原政治、
經濟和文化中心，崇山峻嶺之間，「奇風怪俗」綿延不絕。《史記》載云：「既
滅兩越，越人勇之乃言：『越人俗鬼，而其祠皆見鬼，數有效。』……乃令越
巫立越祝祠。」〔註25〕

　　漢代以來，粵地巫風盛行，一直發展到宋代都沒有改變。〔註26〕可以想
見，在這種歷史背景和大傳統下，無論在南方土著還是南遷北人的「社會記
憶」中，宋代嶺南「尚鬼右巫」的惡俗，似乎已是鐵一般的事實。翻查紀錄，
宋代兩廣地區的民眾，尚巫、右鬼、好淫祀，〔註27〕除了前面提到的《宋史・

〔註20〕宋・崔敦禮，《宮教集》，卷3，〈九序〉，《文淵閣四庫全書》，臺北：臺灣商務
　　　　印書館，1986年，頁9。
〔註21〕宋・黃震，《黃氏日抄》，卷74，〈申詞司乞禁社會狀〉，《文淵閣四庫全書》，
　　　　臺北：臺灣商務印書館，1986年，頁23。
〔註22〕宋・曾敏行，《獨醒雜志》，卷3，上海：上海古籍出版社，1987年，頁28。
〔註23〕宋・黃齊碩修、陳耆卿纂，《（嘉定）赤城志》，卷31，〈祠廟門〉，《宋元方志
　　　　叢刊》，北京：中華書局，1990年，頁1。
〔註24〕元・王元恭修，王厚孫、徐亮纂，《（至正）四明續志》，卷9，〈祠祀〉，《宋元
　　　　方志叢刊》，北京：中華書局，1990年，頁1。
〔註25〕漢・司馬遷，《史記》，卷28，〈封禪書〉，北京：中華書局，1959年，頁1440。
〔註26〕參見林富士，《漢代的巫者》，臺北：稻鄉出版社，1999年，頁170；傅芳，〈巫
　　　　與道在客地的影響〉，《客家研究輯刊》，7，1995年，頁90～105。
〔註27〕尚巫、右鬼和好淫祀三者關係至大，巫覡爲「事鬼神者」，其與鬼神信仰至爲
　　　　密切，所拜祀的多爲國家祀典以外的淫祠。宋人也往往將「巫鬼」並稱，後
　　　　文表1中的多條資料就是證據。沈宗憲解釋宋代的史書方志往往連稱「好鬼
　　　　信巫」時，亦指出惟其好鬼，相信一切人事均受制於另一個超自然世界，一
　　　　旦日常生活發生不順，必須邀巫對治，故巫與鬼神的關係是密不可分的。見
　　　　沈宗憲，〈國家祀典與左道妖異──宋代信仰與政治關係之研究〉，臺北：臺
　　　　灣師範大學歷史研究所博士論文，2000年，頁21。又，金井德幸也有很多相
　　　　關討論，限於篇幅，這裡無法詳引，詳見王章偉，《在國家與社會之間──宋

地理志》外，當代的史料屢有記錄，並時加撻伐。爲方便討論，本文將蒐集
到的資料表列於後：

表1　宋代兩廣「尚巫右鬼好淫祀」風俗分佈表〔註28〕

地　區	事　例　序　號	資　料　出　處
嶺南／粵／兩廣	（1）大率民婚嫁、喪葬、衣服多不合禮。尚淫祀，殺人祭鬼。山林翳密，多瘴毒……人病不呼服藥。	《宋史》，卷90，頁2248。
	（2）民間尚有師巫作爲淫祀，假託神語鼓惑愚眾，二廣之民，信向尤甚。	《宋會要輯稿》，〈刑法〉2之64，頁6527。〔註29〕
	（3）其俗又好巫鬼，疾病不進藥餌，惟與巫祝從事，至死而後已，方書藥材未始見也。	《獨醒雜志》，卷3，頁27。
	（4）殺人祭鬼，病不求醫。	《續資治通鑑長編》（簡稱《長編》），卷26，太宗雍熙2年9月庚戌，頁599；〔註30〕
	（5）多殺人而祭鬼。	《建炎以來繫年要錄》（簡稱《繫年要錄》），卷165，紹興23年7月戊申，頁2693。〔註31〕
	（6）殺人祭鬼	《宋會要輯稿》，〈刑法〉2之126，頁6558。

代巫覡信仰研究》，頁123～124。

〔註28〕　表中事例來自不同史料，其中以《太平寰宇記》、《輿地紀勝》、《方輿勝覽》和《宋史》四書爲本。《宋史》所述之兩廣風俗可視之爲兩宋的普遍情況，前三書則爲當代最重要的地理書，且立有「風俗門」記述當地的情況，故以此四書分析宋代兩廣巫風的地理分佈，足具代表性。此外，《太平寰宇記》成書於雍熙（984～987）末至端拱（988～989）初，內容主要以太平興國（976～983）後期的簿籍爲根據，見王文楚，〈宋版《太平寰宇記》前言〉，收入宋·樂史，《宋本太平寰宇記》，北京：中華書局，2000年，頁3～4。《輿地紀勝》約成書於南宋理宗（1205～1264，1224～1264在位）紹定二年（1229）之後，見李勇先，《輿地紀勝研究》，成都：巴蜀書社，1998年，頁19。《方輿勝覽》至遲於南宋度宗（1240～1274，1264～1274在位）咸淳三年（1267）補訂，見譚其驤，〈影宋本方輿勝覽前言〉，載於宋·祝穆撰、祝洙增訂，《方輿勝覽》，〈附錄〉，北京：中華書局，2003年，頁1250。《宋史》則於元代至正五年（1345）修成。四書分別成書於北宋初葉、南宋中後期及元代，前後三百多年，應該較能全面反映兩廣的巫風巫俗。

〔註29〕　清·徐松，《宋會要輯稿》，北京：中華書局，1987年。

〔註30〕　宋·李燾，《續資治通鑑長編》，北京：中華書局，1979～1995年。

〔註31〕　宋·李心傳，《建炎以來繫年要錄》，北京：中華書局，1988年。

廣南東路	廣州	（7）粵俗尚鬼	宋・蘇頌，〈太中大夫陳公墓誌銘〉，《全宋文》，卷1350，〈蘇頌〉43，頁140。〔註32〕
		（8）殺人以祭鬼、疾病不求醫藥。	宋・宋太宗，〈令嶺南長吏多方化導污俗詔〉，《全宋文》，卷69，〈宋太宗〉7，頁179。
	英州	（9）淫祠如織，牲牢酒禮，日所祈賽。詰其鬼，無名氏十常七六。	宋・鄭俠，〈英州應龍祠記〉，《全宋文》，卷2176，〈鄭俠〉8，頁9。
	梅州	（10）州境介汀贛之兩閒，在廣之極東。（……俗信巫鬼，捨醫即神，勸以藥石伐病，則慢之不信。）	《輿地紀勝》，卷102，〈廣南東路・梅州・風俗形勝〉，頁2。〔註33〕
		（11）其俗信巫尚鬼。（《圖經》「云云，捨醫而即神。」）	《方輿勝覽》，卷36，〈廣東路・梅州・風俗〉，頁650。
	連州	（12）〔風俗〕與郴州同。（注，據本書「郴州・風俗」條：「俗信鬼好淫祀。」）	《太平寰宇記》，卷117，〈江南西道・連州・風俗〉，頁7。
	南雄州	（13）嶺南無醫，凡有疾病，但求巫祝鬼，束手待斃	《繫年要錄》，卷159，紹興19年6月辛酉，頁2587。
	新州	（14）瘴氣最惡，（皇朝《郡縣志》）俗以雞骨占吉凶。（《漢書》云「越巫以雞卜」，此也。）	《輿地紀勝》，卷97，〈廣南東路・新州・風俗形勝〉，頁2。
		（15）瘴氣最惡……俗以雞卜。（《漢書》「越巫以雞卜」，即此。）	《方輿勝覽》，卷37，〈廣東路・新州・風俗〉，頁676。
廣南西路	靜江府／桂州	（16）陳堯叟、（為廣西運使……又其俗有疾不服藥，唯禱神。）張栻。（《嶺外代答》：「南軒為帥……又毀淫祠，新學校。」）	《方輿勝覽》，卷38，〈廣西路・靜江府・名宦〉，頁690～691；《宋史》，卷284，〈陳堯叟傳〉，頁9584。
		（17）南俗尚鬼。	《鐵圍山叢談》，卷2，頁34。〔註34〕
		（18）殺人以祭鬼、疾病不求醫藥。	宋太宗，〈令嶺南長吏多方化導污俗詔〉，《全宋文》，卷69，〈宋太宗〉7，頁179。
		（19）愚民無知，遇有災病等事，妄聽師巫等人邪說……愚民無知，病不服藥，妄聽師巫淫祀謠禱，因循至死。	《南軒集》，卷15，〈諭俗文〉，頁15～18。〔註35〕

〔註32〕曾棗莊、劉琳主編，《全宋文》，上海：上海辭書出版社，2006年。
〔註33〕宋・王象之，《輿地紀勝》，臺北：文海出版社，1963年。
〔註34〕宋・蔡絛，《鐵圍山叢談》，上海：上海古籍出版社，1987年。
〔註35〕宋・張栻，《南軒集》，《文淵閣四庫全書》，臺北：商務印書館，1986年。

柳州	（20）聚巫用卜。（唐柳宗元《大雲寺記》云：「越人……病且憂，則聚巫師用雞卜。始則殺小牲；不可，則殺中牲；又不可，則殺大牲；而又不可，則訣親戚飭死事，曰：『神不置我，已矣。』因不食，蔽而死。」）	《方輿勝覽》，卷38，〈廣西路・柳州・風俗〉，頁694。
鬱林州	（21）病則惟祀鬼神。病者求巫祝。病不服藥，惟好事鬼神。惟信巫祝，重淫祀。	《永樂大典》，卷2339，〈梧州府・風俗形勢〉。〔註36〕
邕州	（22）俗好淫祀，輕醫藥，重鬼神。	《宋史》，卷249，〈范旻傳〉，頁8796。
	（23）邕州俗重祠祭，被病者不敢治療，俗益殺雞豚，徼福於淫昏之鬼。	《長編》，卷12，太宗開寶4年冬10月戊寅，頁271。
	（24）殺人以祭鬼、疾病不求醫藥。	宋太宗，〈令嶺南長吏多方化導污俗詔〉，《全宋文》，卷69，〈宋太宗〉7，頁179
象州	（25）其俗火耕水耨，食魚稻，信鬼神，好淫祀。又云俗以雞卜吉凶，舊經云人多騁獵，家少秀民。（皇朝《郡縣志》）	《輿地紀勝》，卷105，〈廣南西路・象州・風俗形勝〉，頁3。
	（26）俗好淫祀。（《郡縣志》：「云云，以雞骨卜吉凶。」）	《方輿勝覽》，卷40，〈廣西路・象州・風俗〉，頁718。
潯州	（27）越人畏鬼，甚於畏官。	宋・程頤，〈先公太中家傳〉，《全宋文》，卷1758，〈程頤〉9，頁349。
藤州	（28）病則惟祀鬼神。病者求巫祝。病不服藥，惟好事鬼神。惟信巫祝，重淫祀。	《永樂大典》，卷2339，〈梧州府・風俗形勢〉。
梧州	（29）病則惟祀鬼神。病者求巫祝。病不服藥，惟好事鬼神。惟信巫祝，重淫祀。	《永樂大典》，卷2339，〈梧州府・風俗形勢〉。
賓州	（30）賓無大江以泄水氣，民所居，前後皆沮洳卑濕，人多腿重腳軟之患。病者不求醫藥，惟事雞卜。	《輿地紀勝》，卷115，〈廣南西路・賓州・風俗形勝〉，頁3。
	（31）惟事雞卜。	《方輿勝覽》，卷41，〈廣西路・賓州・風俗〉，頁740。

〔註36〕轉引劉佳玲，〈宋代巫覡信仰研究〉，臺北：臺灣師範大學歷史研究所碩士論文，1996年，頁126。

慶遠府／宜州	（32）孤城溪洞裏。（陶弼詩：「云云，聞說已堪哀。蠻水如鮮血，瘴天已死灰。吏憂民置毒，巫幸鬼爲災。」）	《方輿勝覽》，卷41，〈廣西路・慶遠府・題詠〉，頁745。
賀州	（33）俗重鬼，嘗以雞骨卜。	《輿地紀勝》，卷123，〈廣南西路・賀州・風俗形勝〉，頁2。
	（34）俗重雞卜。（《寰宇記》：「俗重鬼，嘗以雞骨卜。」）	《方輿勝覽》，卷41，〈廣西路・賀州・風俗〉，頁746。
化州	（35）其俗信鬼好淫祠。	《輿地紀勝》，卷116，〈廣南西路・化州・風俗形勝〉，頁3。
	（36）其俗信鬼。（原注：《圖經》：「云云，好淫祠。」）	《方輿勝覽》，卷41，〈廣西路・化州・風俗〉，頁748。
高州	（37）高在粵地，民尙節儉，易於取足。元成先生謂，此間飲食粗足，絕無醫藥。土人遇疾，惟祭鬼以祈福。	《輿地紀勝》，卷117，〈廣南西路・高州・風俗形勝〉，頁3。
	（38）民尙簡儉。祭鬼祈福。（元城先生曰：「此間飲食粗足，絕無醫藥。土人遇疾，惟祭鬼以祈福。」）	《方輿勝覽》，卷42，〈廣西路・高州・風俗〉，頁751。
容州	（39）病則惟祀鬼神。病者求巫祝。病不服藥，惟好事鬼神。惟信巫祝，重淫祀。	《永樂大典》，卷2339，〈梧州府・風俗形勢〉。
	（40）殺人以祭鬼、疾病不求醫藥。	宋太宗，〈令嶺南長吏多方化導污俗詔〉，《全宋文》，卷69，〈宋太宗〉7，頁179。
欽州	（41）欽之祀，無非淫祠。	《嶺外代答校注》，卷10，〈寧諫議〉，頁435～436。〔註37〕
雷州	（42）駱越風俗殊，有疾皆勿藥，束帶趨祀房，瞽史巫紛若。	秦觀，《淮海集》，卷6，〈雷陽書事〉，頁7。〔註38〕
瓊州	（43）夷人之俗。（《長編》：「開寶八年，瓊州之俗無醫，民疾病但求巫祝……。」）	《輿地紀勝》，卷124，〈廣南西路・瓊州・風俗形勝〉，頁3；《方輿勝覽》，卷43，〈廣西路・海外四州・瓊州・風俗〉，頁769。
	（44）瓊州言俗無醫，民疾病但求巫祝。	《長編》，卷16，太宗開寶4年11月己巳，頁349。
	（45）嶺外俗皆恬殺牛，而海南爲甚……病不飲藥，但殺牛以禱……幸而不死，則歸德於巫。以巫爲醫，以牛爲藥。	宋・蘇軾，〈書柳子厚牛賦後〉，《全宋文》，卷1933，〈蘇軾〉85，頁206。

〔註37〕 宋・周去非著、楊泉武校注，《嶺外代答校注》，北京：中華書局，1999年。
〔註38〕 宋・秦觀，《淮海集》，《文淵閣四庫全書》，臺北：商務印書館，1986年。

		(46) 荒祠鼓坎坎，老巫舞蹁躚……異域俗尚鬼，殊形耳垂肩。	李光，《莊簡集》，卷 2，〈元夕陰雨孤城愁坐適魏十二介然書來言瓊臺將然萬炬因以寄之〉，頁 1。〔註 39〕
	萬安軍	(47) 病不服藥，信尚巫鬼。	《輿地紀勝》，卷 126，〈廣南西路・萬安軍・風俗形勝〉，頁 2。
		(48) 其俗質野。居多茅竹。信巫尚鬼。	《方輿勝覽》，卷 43，〈廣西路・海外四州・萬安軍・風俗〉，頁 785。

從表中可見，宋代嶺南地區的確是巫風盛行之地，而廣南西路的情況似乎又比廣南東路更爲嚴重，前者中 18 州有這方面的紀錄，後者卻只有 6 州而已，這或許與廣西一地多有蠻夷雜居者相關。周去非（1163 年進士）官桂林通判，其著作提到廣西的巫風時說「巫以荊得名，豈無自而然哉」，而愈是偏僻的地方，傳統的巫風巫俗愈是猖獗：「然今巫者畫符，必爲鳩頂之形，亦可見其源流矣。是故愈西南愈多詭異，茫茫天地，法各有本。」〔註 40〕「化外」之義，除了地理沿革、歷史淵源外，更滲入了「文明的我者」與「野蠻的他者」之差異。

巫風巫俗氾濫，巫覡與民眾的生活息息相關，如欽州（今廣西靈山）人懼怕祖先「家鬼」作祟，歲時祭祀中，巫覡就充當重要的主祭角色：

> 家鬼者，言祖考也。欽人最畏之，村家入門之右，必爲小巷升堂。小巷右壁，穴隙方二三寸，名曰鬼路，言祖考自此出入也。人入其門，必戒以不宜立鬼路之側，恐妨家鬼出入。歲時祀祖先，即於鬼路之側，陳設酒肉，命巫致祭，子孫合樂以侑之，窮三日夜乃已。〔註 41〕

蔡絛也提到五嶺以南之人「喜祀雷神」，巫覡就在降神後主持殺牲的禮儀。〔註 42〕事實上，巫覡運用咒語、禹步，配合鼓樂等通神法器，在鄉村社會裡的祭神活動負責迎神、降神、祀神、樂神及送神等重要儀式，交通人神，〔註 43〕如表 1 例 46，李光（1078～1159）記瓊州（今海南海口）元夕一所叢

〔註 39〕宋・李光，《莊簡集》，《文淵閣四庫全書》，臺北：商務印書館，1986 年。
〔註 40〕周去非，《嶺外代答校注》，卷 10，〈志異門・南法〉，頁 446。
〔註 41〕周去非，《嶺外代答校注》，卷 10，〈志異門・家鬼〉，頁 447
〔註 42〕蔡絛，《鐵圍山叢談》，卷 4，頁 74～75。
〔註 43〕關於宋代巫覡通神的儀式，參見王章偉，《在國家與社會之間——宋代巫覡信

祠的情況：

> 海濱遇元夕，況值愁陰天。重陰障佳月，微雨雜瘴煙。孤城
> 欲黃昏，里巷已蕭然。荒祠鼓坎坎，老巫舞蹁躚，揮杖眩村氓，捩
> 齒傳神言。異域俗尚鬼，殊形耳垂肩，邦人素敬畏，香燈競駢闐。
> 〔註44〕

巫覡可以傳達神意，也就可以將民眾的慾求上告於鬼神，而嶺南一帶自古以來尚鬼好「雞卜」，〔註45〕巫覡往往即是其中的通靈占卜者（表1例14、15、20）。另一方面，遇上荒年或旱災時，巫覡身為事鬼神者，自然會在祠廟中替老百姓拜神求雨，例如桂州（今廣西桂林）一帶：

> 易苦旱，率十年八九耕不穫。每旱，即立視苗槁，而乞哀於神，
> 無問在不在祀典。日擊羊豕，聚群巫皷舞象龍，或燃指以膏火薄肉
> 供佛。不効，則禱於龍渡山之神。〔註46〕

周去非記載，廣西有一處靈岩，「洞頂穹窿，如寶蓋然」，其下是神龍所居，有一次天久不雨，他們到靈岩祈禱焚香，「巫者以修綆下瓶汲深，奉之以歸，輒有感應」；〔註47〕當地巫覡這種「交感巫術」，有趣有效。〔註48〕

仰研究》，頁23～77。

〔註44〕 李光，《莊簡集》，卷2〈元夕陰雨孤城愁坐適魏十二介然書來言瓊臺將然萬炬因以寄之〉，頁1。

〔註45〕 傳統以為嶺南的「雞卜」是持雞骨進行占卜，但蔡絛提到宋代的實況：「《漢郊祀》言：粵人信鬼，而以雞卜。李奇《注》謂，持雞骨卜也。唐（柳）子厚亦言，雞骨占年。玫之今粵俗且不然，實用雞卵爾。其法先祭鬼，乃取雞卵，墨畫其表，以為外象。畫皆有重輕，類分我別彼，猶《易》卦所謂世與應者。於是北面詔鬼神而道厥事，然後誓之，投卵鐺中，烹之熟，則以刀橫斷雞卵。既中破焉，其黃白厚薄處為內象，配用外象之彼我，以求其侵克與否。凡卜病卜行人，雅殊有驗。」見蔡絛，《鐵圍山叢談》，卷4，頁75。不過，熟悉嶺右風俗的周去非卻認為持雞骨占卜和用雞卵卜兩者都有，前者的方法是：「以小雄雞未孿尾者，執其兩足，焚香禱所占而撲殺之，取腿骨洗淨，以麻線束兩骨之中。以竹梃插所束之處，俾兩腿骨相背於竹梃之端，執梃再禱。左骨為儂，儂者我也。右骨為人，人者所占之事也。乃視兩骨之側所有細竅，以細竹梃長寸餘者偏插之，或斜或直，或正或偏，各隨其斜直正偏而定吉凶。其法有一十八變，大抵直而正或附骨者多吉，曲而斜或遠骨者多凶。」見周去非，《嶺外代答校注》，卷10，〈志異門‧雞卜〉，頁442。

〔註46〕 宋‧陳傅良，《止齋集》，卷41，〈跋靈潤廟賜敕額〉，《文淵閣四庫全書》，臺北：商務印書館，1986年，頁13。

〔註47〕 周去非，《嶺外代答校注》，卷1，〈地理門‧靈岩〉，頁19。

〔註48〕 這些巫覡用瓶子在神龍居住的靈岩汲水返歸施法，是西方交感巫術理論中典

　　這些巫覡掌握了「以禹步咒訣，鞭笞鬼神」之術，能替人畫符役神禳鬼，消災解難，〔註49〕最常見的就是為百姓療疾治病，表1有很多這方面的例子和批判（例 1、3、4、8、10、11、13、16、18～24、28～30、37～40、42～45、47）。民眾面對流行疫病時的無奈，畏鬼信巫是可以想見的，奸巫就可借此興妖漁利：

> 廣西凌鐵為變，鄧運使擒之，蓋殺降也。未幾鄧卒，若有所覩。廣西群巫乃相造妖且明言曰：「有二新聖，曰鄧運使、凌太保。必速祭，不然，癘疫起矣！」里巷大謹，結竹粘紙為轎、馬、旗幟、器械，祭之於郊，家出一雞。既祭，人懼而散，巫獨攜數百雞以歸。因歲歲祠之。巫定例云：「與祭者，不得受胙。」故巫歲有大獲，在欽為尤甚。〔註50〕

　　「尚巫右鬼」的風俗習慣引起了一連串問題，包括祭拜淫祀（表1例1、2、9、12、16、19、21、25、26、28、29、35、36、39、41）、殺人祭鬼（表1例1、4～6、8、18、24、40）、民眾病不服藥但依巫祝（表1例1、3、4、8、10、11、13、16、18～24、28～30、37～40、42～45、47）、巫覡裝神扮鬼愚弄百姓（表1例2、19）等等，威脅社會安寧，後文還會提及。宋朝政府在統一南方後，自須認真對待這種嶺外的舊俗傳統，鞏固統治。

三、移風易俗──文明向南方推進

　　五代時期，南方社會巫風熾烈，南方諸國也積極封神；〔註51〕北方的情況卻迥然不同，周世宗（921～959，954～959 在位）積極整頓和排斥巫覡，後來的宋王朝也繼承這方面的政策。〔註52〕兩廣的情況，太祖開寶四年二月平定南漢後，到了十月，知邕州（今廣西南寧）范旻（936～981）即針對當

　　　型的「同類相生」或「果必同因」的「相似律」，見英・弗雷澤著、汪培基譯，
　　　《金枝──巫術與宗教之研究》，上冊，臺北：桂冠圖書股份有限公司，1994
　　　年，頁21～23。
〔註49〕周去非，《嶺外代答校注》，卷10，〈志異門・南法〉，頁445～446。
〔註50〕周去非，《嶺外代答校注》，卷10，〈志異門・新聖〉，頁440。
〔註51〕除了民間信仰外，最新的研究指出，五代南方王國積極推行封神運動，與北
　　　方五代王朝無意封神的態度，形成「南熱北冷」的現象，直接影響後來神宗、
　　　徽宗朝宋廷積極封神的政策。參見楊俊峰，〈五代南方王國的封神運動〉，《漢
　　　學研究》，第28卷第2期，2010年，頁327～362。
〔註52〕中村治兵衛，《中國シャーマニズの研究》，頁69～84。

地的右鬼尙淫祀之風俗，大加鎮壓：

> 嶺南平，〔范旻〕遷知邕州兼水陸轉運使。俗好淫祀，輕醫藥，重鬼神，旻下令禁之。且割己奉市藥以給病者，愈者千計，復以方書刻石置廳壁，民感化之。〔註53〕

伴隨著帝國勢力向南部疆土的擴張，中原文明首度向嶺南的巫鬼信仰犁踏，據說頗有成效。不過，移風易俗並非一朝一夕之事，在宋朝統一全國後六年（985），太宗皇帝在看畢《邕管雜記》關於兩廣的乖異風俗記載後下詔：

> 嶺嶠之外，封域且殊，蓋久隔于華風，乃染成于污俗。朕嘗覽傳記，備知其風土。飲食男女之儀，婚姻喪葬之制，不循教義，有虧禮法。昔漢之任延理九眞郡，遂變遐陋之地，而成禮讓之俗。是知時無古今，人無遠近，問化之如何耳，豈有弗率者乎！應邕、容、桂、廣諸州，婚嫁喪葬、衣服制度，并殺人以祭鬼、疾病不求醫藥及僧置妻孥等事，并委本屬長吏多方化導，漸以治之，無宜峻法，以致煩擾。〔註54〕

可見，相對於中原的禮法教義，嶺南殺人祭鬼和有病不醫這種同樣是歷史悠久的巫風巫俗，仍然未有改變；而太宗在鄙薄這些跟中州「華風」不同的「污俗」時，卻又不忘叮囑牧民之官要循加善誘，切勿用嚴刑峻罰挑起抗爭。政治上，南部疆土雖然早歸國有，但文化上的畛域，仍然需要循吏小心奕奕地泯除；比起范旻的鐵腕鎮壓，宋太宗這個統一帝國的締造者對嶺南「他者」化外之俗的關懷與改造，確有一番苦心。

仁宗天聖元年（1023）十一月，中央政府又因兩廣地區、江南東西、荊湖南北、兩浙和福建諸路均有巫覡害人之事，於是詔加禁制：「自今師巫以邪神爲名，屏去病人衣食、湯藥，斷絕親識，意涉陷害者，并並謀之人，並比類咒咀律條坐之。」〔註55〕而徽宗政和四年（1114）十一月對兩廣的禁巫令，移風易俗之目的更是清楚：

〔註53〕《宋史》，卷249，〈范旻傳〉，頁8796～8797；李燾，《長編》，卷12，開寶4年10月戊寅，頁271。

〔註54〕徐松，《宋會要輯稿》，〈刑法〉2之3，頁6497；《長編》，卷26，雍熙2年9月庚戌，頁599；《宋史》，卷5，〈太宗紀〉2，頁76；宋太宗，〈令嶺南長吏多方化導污俗詔〉，《全宋文》，卷69，〈宋太宗〉7，頁179。

〔註55〕《長編》，卷101，天聖元年11月戊戌，頁2340；《宋史》，卷9，〈仁宗紀〉1，頁179。

臣僚言：竊見民間尚有師巫作爲淫祀，假託神語，鼓惑民眾。
二廣之民，信向尤甚，非「一道德、同風俗」之意也。臣愚欲乞申
嚴法禁，以止絕之。若師巫假託神語欺愚惑眾，徒二年，許人告，
賞錢一百貫文。〔註56〕

配合著這種高壓政策，不少地方官員亦繼續積極在嶺南開化民俗，打擊害人
壞俗的妖巫邪法，如仁宗朝於廣東任官的陸起：

爲英州眞陽令。有村巫以銀甕貯二蛇，自嶺北至。所經鄉聚，
率民具旗旛蕭鼓迎且祠焉。至眞陽，觀者塞路。〔陸〕起至蛇所，曰：
「吾欲見神。」巫偕耆老傳捧甕覆於地，蛇旋走，起斬之數段導，
從物悉焚之。捕巫，劾姦狀，撻逐。遠近駭伏，稱爲神明。〔註57〕

事實上，要有效對付嶺南民眾好鬼尚巫、病不服藥的風俗，施行高壓的禁制
措施，將巫覡捕拿，如張栻（1133～1180）在桂州的做法，直截了當：

愚民無知，遇有災病等事，妄聽師巫等人邪說，輒歸罪父祖墳
墓不吉，發掘取棺棲寄它處……愚民無知，病不服藥，妄聽師巫，
滛祀諂禱，因循至死。反謂祈禱未至，曾不之悔，甚至臥病在床，
至親不視，極害義理……，〔張栻〕出榜禁止，捉押決定，依條重作
施行。〔註58〕

度宗（1240～1274，1264～1274在位）時李肖龍（1235～1292）則在循州（今
廣東龍川）禁治邪巫。〔註59〕筆記小說《夷堅志》亦有兩則相關的故事，其
一提到雷州（今廣東海康）一個名叫康財的人，妻子被蠻巫林公榮用邪法所
害，州吏捕林置獄；〔註60〕另一事發生在化州（今廣東化州），壚落間有一個
巫覡能禁人生魂，害人生病，結果被縣宰正法，死於獄中。〔註61〕後一個故
事提醒讀者，要在南方落後地方禁巫，就要處理當地巫覡與疾病的密切關係，
這也是中原文明向南方推進的另一個重要手段。〔註62〕

〔註56〕 徐松，《宋會要輯稿》，〈刑法〉2之64，頁6527。
〔註57〕 王象之，《輿地紀勝》，卷95，〈廣南東路‧英德府‧官吏〉，頁6。
〔註58〕 張栻，《南軒集》，卷15，〈諭俗文〉，頁15～18。
〔註59〕 清‧阮元修，陳齊昌等撰，《（道光）廣東通志》，卷270，〈李肖龍傳〉，《續修
四庫全書》，上海：上海古籍出版社，1995年，頁592。
〔註60〕 宋‧洪邁，《夷堅志》，丁志卷1，〈治挑生法〉，北京：中華書局，1981年，
頁542。
〔註61〕 洪邁，《夷堅志》，三志壬卷4，〈化州妖凶巫〉，頁1498～1499。
〔註62〕 TJ Hinrichs, *The Medical Transforming of Governace and Southern Customs in*

　　宋代是一個瘟疫橫行的時代，〔註63〕邢昺（932～1010）討論當時百姓
的災患大者有四，「疫」即居其首。〔註64〕根據郭志嵩（Asaf Goldschmidt）
的研究，宋代因為經濟重心南移，南方人口激增，加上貿易發達和都市化的
影響，南方經常發生大規模的瘟疫，有時更牽連北方，特別是仁宗在位期間
（1045～1060）。政府採取了幾種對策，首先由太醫局審定疫病的種類，然
後施與金錢和藥物，進行社會救濟；此外，朝廷又指令有關的地方官員提供
免費方劑，讓人民得到及時的醫療援助。更重要的是，仁宗於嘉祐二年（1057）
成立「校正醫書局」，蒐集、研究、重印各種醫書，特別是關於療治溫病的
《傷寒論》，企圖透過促進新的醫學知識解決疫病的問題。〔註65〕嶺南地方
的醫政，實際情況不太清楚，但據元符（1098～1100）時的地方醫學設置規
格，兩廣應該有醫學博士 43 人、助教 5 人；徽宗時由中央向地方派出醫官
「駐泊」，嶺南名額本可達 140 人，但當時全國可供分配的醫官僅 700 人，
故兩廣顯然不可能有足額配給。〔註66〕

　　表 1 已能略見官方和士大夫對兩廣民眾棄醫從巫的不少批評，為了更深
入分析問題，這裡將更多的事例情況和官方的對策繪成「宋代兩廣『信巫不
信醫』及官方對策事例表」，羅列於下：

表2　宋代兩廣「信巫不信醫」及官方對策事例表

序號	地界	情　　況	官方的處理方法	資　料　出　處
1	嶺南諸州	殺人祭鬼，病不求醫。	（朝廷下令）深宜化導，使之悛革。	《長編》，卷 26，太宗雍熙 2 年 9 月庚戌，頁 599；宋太宗，

　　　　Song Dynasty China（960-1279 C.E.），pp. 23-26, 29-60.

〔註63〕陳元朋根據《宋史》的記載，統計出北宋發生了 20 次大規模瘟疫，南宋則有
　　　　30 次，參見陳元朋，〈《夷堅志》中所見之南宋瘟神信仰〉，《史原》，第 19 期，
　　　　1993 年，頁 72。邱雲飛則以不同的資料，統計出兩宋時期的瘟疫有 49 次，
　　　　見邱雲飛，《中國災害通史・宋代卷》，鄭州市：鄭州大學出版社，2008 年，
　　　　頁 163～167。郭志嵩研究北宋醫史的新著中，僅就北宋而言，已錄得 37 次大
　　　　疫，參見 Asaf Goldschmidt, *The Evolution of Chinese Medicine: Song Dynasty,*
　　　　960-1200, London and New York: Routledge, 2009, p. 77。

〔註64〕宋・邢昺，〈論災患奏〉，見曾棗莊、劉琳主編，《全宋文》，卷 53，頁 280。

〔註65〕Asaf Goldschmidt, *The Evolution of Chinese Medicine: Song Dynasty, 960-1200*,
　　　　pp. 69-102. 南方情況參見 TJ Hinrichs, *The Medical Transforming of Governace*
　　　　and Southern Customs in Song Dynasty China（960-1279 C.E.）, pp. 101-129.

〔註66〕劉小斌、鄭洪、靳士英主編，《嶺南醫學史》，上冊，頁 151～157。

				〈令嶺南長吏多方化導污俗詔〉,《全宋文》,卷 69,〈宋太宗〉7,頁 179。
2	廣南	廣南風土不佳,人多死於瘴癘。其俗又好巫鬼,疾病不進藥餌,惟與巫祝從事,至死而後已,方書藥材未始見也。	(眞宗)賜《聖惠方》與藥材之費,歲給錢五百緡,遭臣製藥以賜一路之官吏。	《獨醒雜志》,卷 3,頁 27。
3	梅州	俗信巫鬼,捨醫即神,勸以藥石伐病,則慢不之信。		《輿地紀勝》,卷 102,〈廣南東路·梅州·風俗形勝〉,頁 2;《方輿勝覽》,卷 36,〈廣東路·梅州·風俗〉,頁 650。
4	南雄州	嶺南無醫,凡有疾病,但求巫祝鬼,束手待斃。	(朝廷下令)取古今名方治瘴氣者,集爲一書,頒下本路。	《繫年要錄》,卷 159,紹興 19 年 6 月辛酉,頁 2587。
5	靜江府／桂州	(1)其俗有疾不服藥,唯禱神。	(陳堯叟)以集驗方刻石桂州驛舍,自後始有服藥者。	《方輿勝覽》,卷 38,〈廣西路·靜江府·名宦〉,頁 690~691;《宋史》,卷 284,〈陳堯叟傳〉,頁 9584。
		(2)愚民無知,遇有災病等事,妄聽師巫等人邪說……愚民無知,病不服藥,妄聽師巫淫祀謠禱,因循至死。	(張栻)出榜禁止提押決定依條重作施行。	《南軒集》,卷 15,〈諭俗文〉,頁 15~18。
6	鬱林、藤、梧、容諸州	病則惟祀鬼神。病者求巫祝。病不服藥,惟好事鬼神。惟信巫祝,重淫祀。		《永樂大典》,卷 2339,〈梧州府·風俗形勢〉。
7	邕州	(1)俗好淫祀,輕醫藥,重鬼神。	(范)旻下令禁之。且割己奉市藥以給病者,愈者千計,復以方書刻石置廳壁,民感化之。	《宋史》,卷 249,〈范旻傳〉,頁 8796~8797。
		(2)邕州俗重祠祭,被病者不敢治療,俗益殺雞豚,徼福於淫昏之鬼。	范旻下令禁之,出俸錢市藥物,親爲和合,民有言病者給之。獲痊癒者千計,乃以方書刻石龕置廳壁,部內化之。	《長編》,卷 12,太宗開寶 4 年冬 10 月戊寅,頁 271。

8	賓州	賓無大江以泄水氣，民所居，前後皆沮洳卑濕，人多腿重腳軟之患。病者不求醫藥，惟事雞卜。	知縣蔣國博作喻民一篇，并刻方書一冊，邦人感之，稍爲之變。	《輿地紀勝》，卷115，〈廣南西路‧賓州‧風俗形勝〉，頁3；《方輿勝覽》，卷41，〈廣西路‧賓州‧風俗〉，頁740。
9	高州	此間飲食粗足，絕無醫藥。土人遇疾，惟祭鬼以祈福。		《輿地紀勝》，卷117，〈廣南西路‧高州‧風俗形勝〉，頁3；《方輿勝覽》，卷42，〈廣西路‧高州‧風俗〉，頁751。
10	雷州	駱越風俗殊，有疾皆勿藥，束帶趨祀房，瞽史巫紛若。		《淮海集》，卷6，〈雷陽書事〉，頁7。
11	瓊州	(1)瓊州之俗無醫，民疾病但求巫祝。	(朝廷)詔以《方書》、《本草》給之。	《輿地紀勝》，卷124，〈廣南西路‧瓊州‧風俗形勝〉，頁3；《方輿勝覽》，卷43，〈廣西路‧海外四州‧瓊州‧風俗〉，頁769；《長編》，卷16，太宗開寶4年11月己巳，頁349。
		(2)嶺外俗皆恬殺牛，而海南爲甚……病不飲藥，但殺牛以禱……幸而不死，則歸德於巫。以巫爲醫，以牛爲藥。間有飲藥者，巫輒云：「神怒，病不可復治。」親戚皆爲卻藥，禁醫不得入門，人、牛皆死而後已。	(蘇軾)莫能救，書柳子厚《牛賦》以遺瓊州僧道贇，使以曉喻其鄉人之有知者。	蘇軾，〈書柳子厚牛賦後〉，《全宋文》，卷1933，〈蘇軾〉85，頁206。
12	萬安軍	病不服藥，信尚巫鬼。		《輿地紀勝》，卷126，〈廣南西路‧萬安軍‧風俗形勝〉，頁2。

　　事實上，要勸止民眾不再「信巫不信醫」，首先必須了解當地疫病頻生的背景，考察人們尚巫棄醫的原因，然後對症下藥。從表 2 中的資料可知，政府和官員認爲嶺南地區山林茂密，潮濕炎熱，瘴氣瀰漫，容易發生癘疫，百姓因此多病（表 2 事例 2、4、8），這其實是傳統視嶺南爲瘴鄉的看法：

> 南方凡病，皆謂之瘴，其實似中州傷寒。蓋天氣鬱蒸，陽多宣洩，冬不閉藏，草木水泉，皆稟惡氣。人生其間，日受其毒，元氣不固，發爲瘴病。輕者寒熱往來，正類痁瘧，謂之冷瘴。重者純熱無寒，更重者蘊熱沉沉，無晝無夜，如臥灰火，謂之熱瘴。最重者，一病則失音，莫知所以然，謂之瘂瘴。冷瘴未必死，熱瘴久必死，瘂瘴治得其道，間亦可生……痛哉深廣，不知醫藥，唯知設鬼，而坐致殂殞！[註67]

可見在這種環境下，加上南疆遠離中原，醫藥水平落後，甚至沒有醫生或方書，故民眾只有依賴巫覡，求神拜鬼，禳災去禍（表 2 例 2、4、9、11〔1〕）；而即使有藥，愚昧迷信者也多尚鬼佞巫，不肯求醫服藥（表 2 例 1、3、5～8、11）。

　　針對嶺南地區在物質文化和精神文明方面的落後而引致「信巫不信醫」，政府和官員即從給藥、刻方書和嚴厲打壓巫覡兩者下手。前者的情況，表 2 的例 2、4、5、7〔1〕、8、11〔1〕等都可窺見；據《宋史》所載，兩宋中央政府也因嶺南兵民苦於瘴毒而多次置醫施藥，[註68] 官修方書和其他的醫家著作也對瘴病進行研究，獲得一定成就。[註69] 從「他者」的視角而言，中央政府這種移風易俗的政策，固然是「一道德」彰顯其政治權力的內在；然

〔註67〕周去非，《嶺外代答校注》，卷 4，〈風土門・瘴〉，頁 152～153。關於嶺南瘴氣的問題，參閱范家偉，〈六朝時期人口遷移與嶺南地區瘴氣病〉，《漢學研究》，第 16 卷第 1 期，1998 年，頁 27～58。宋代的情況，見金強，《宋代嶺南謫宦》，頁 26～35；左鵬，〈宋元時期的瘴疾與文化變遷〉，《中國社會科學》，2004 年第 1 期，頁 194～204。艾婕媞則詳細討論時人對南方「疫病」(Epidemics)和「感染」(Contagion)的不同認識、觀點和爭論，參見 TJ Hinrichs, *The Medical Transforming of Governace and Southern Customs in Song Dynasty China (960-1279 C.E.)* , pp. 130-226.
〔註68〕《宋史》，卷 10，〈仁宗紀〉2，頁 201；卷 35，〈孝宗紀〉3，頁 672。
〔註69〕劉小斌、鄭洪、靳士英主編，《嶺南醫學史》，上冊，頁 186～204。左鵬前引文指出，文獻中瘴疾在各地分佈的變遷，反映了中原王朝的勢力在這些地區的進退盛衰；宋元時期，華夏漢文化在南方滲透、改造這些地區，「瘴乃稍輕」，到後來「絕無煙瘴，土風不異於中州」。見左鵬，〈宋元時期的瘴疾與文化變遷〉，頁 194。由此可見嶺南巫俗、醫療與中土文明推進間的關係。

而，統治菁英這種對「信巫不信醫」的改造，同時也可能是兼及出於自身「文明」的眞心關懷，朝廷編修的醫方一再顯露這種愛民惠政之目的：

> 昔神農嘗百草之味，以救萬民之疾；周官設疾醫之政，以掌萬
> 民之病。著在簡編，爲萬世法。我宋勃興，神聖相授，咸以至仁厚
> 德，涵養生類，且謂札瘥薦臻，四時代有，救恤之術，莫先方書。
> 故自開寶以來，早敕近臣讎校本草，厥後纂次《神醫普救》，刊行《太
> 平聖惠》，重定《針艾俞穴》，校正《千金》、《外臺》，又作《慶曆善
> 救》、《簡要濟眾》等方，以惠天下。〔註70〕

「尚醫士人」程迥（1163年進士）所著的《醫經正本書》，〔註71〕在討論傷寒疫病的傳染問題時，就痛陳了跟中州不同的這種南方風俗所造成的禍害：

> 迥及見中原之人，信醫不信巫，親人未嘗去其旁，故多全活。
> 江南俚俗，信巫不信醫，親人屏去，故多死……今乾道敕，同居親
> 疾病，輒相棄絕者杖一百。蓋其有此陋俗，故立法也。〔註72〕

對於朝廷和士大夫來說，抑巫、揚醫除了是南北問題外，其實也是「俚俗」與「文明」的碰撞，故宋太宗御制《太平聖惠方》，就是要「貴在救民，去除疾苦，……庶使天高地厚，明王道之化成。春秋往來，布群黎之大惠」，並強調「遍施華夷，凡而生靈，宜知朕意。」〔註73〕表2例5中的陳堯叟（961～1017）、例7〔1〕中的范旻和例8中的蔣國博，也是在這種「同風俗」的思想下，努力將上層的醫藥知識推展到兩廣華夷雜處的窮鄉僻壤裡去，結果令當地百姓「受到感化」。

然而，要更易嶺南自古以來根深柢固的迷信習俗，教化引導（表2例1、11〔2〕）、動之以情（表2例7、8）可能是更根本的做法，故范旻在採取強硬政策之餘，也出私俸去救濟病者，情理兼備。大儒張栻在桂林一方面禁巫覡

〔註70〕 太平惠民和劑局編，陳慶平、陳冰鷗校注，《太平惠民和劑局方》，北京：中國中醫藥出版社，1996年，頁1。

〔註71〕 關於「尚醫士人」的討論，參見陳元朋，《兩宋的「尚醫士人」與「儒醫」──兼論其在金元的流變》，臺北：國立臺灣大學文學院，1997年。

〔註72〕 宋·程迥，《醫經正本書》，《續修四庫全書》，上海：上海古籍出版社，1995年，頁5。

〔註73〕 宋·宋太宗，〈御制太平聖惠方序〉，收入宋·王懷隱等撰，《太平聖惠方》，卷171，載於中國文化研究會編纂，《中國本草全書》，北京：華夏出版社，1999年，頁121～122。

毀淫祀，卻又獨留境內的堯舜祠廟，〔註74〕就是要讓蠻荒異域的民俗，逐漸沾染中原的儒家禮樂文明；〔註75〕政府和官僚士大夫甚或可能利用佛、道等較爲符合道德名教的「制度化宗教」，排斥巫覡巫術。〔註76〕不過，文明推進的過程其實很是緩慢，客觀條件未必一定配合，哲宗時虞策（1158 年進士）就上言：

> 神農區辨百物，黃帝有內、外諸經，《周官》有醫師、疾醫、瘍醫之官，掌萬民疾病。蓋養人之事，凡可以致力者，聖王未嘗不爲之留意也。恭惟祖宗已來，廣袠方論，頒之天下。嘉祐詔書復開元故事，郡置醫生，熙寧已來，縣亦如之。然郡縣奉行未稱詔旨，有醫生之名，無醫生之實，講授無所，傳習未聞。今要藩大郡或罕良醫，偏州下邑，遐方遠俗，死生之命委之巫祝。縱有醫者，莫非強名，一切穿鑿，無所師法，夭枉之苦，何可勝言？〔註77〕

　　嶺南的情況，經過北宋一代的努力，再加上靖康之禍導致大量北人移居

〔註74〕　宋・劉昌詩，《蘆浦筆記》，卷4，〈堯廟〉，北京：中華書局，1986 年，頁 31。

〔註75〕　興學教化自然是「一道德，同風俗」的重要手段，表1例16記張栻在禁毀廣西的淫祠時就「新學校」。不過，由於這篇短文無法通論嶺南地區的移風易俗，只針對巫覡巫術的問題，故官僚和士大夫在南方興學的情況暫且按下不表。參見葛兆光，《中國思想史》，第 2 卷，頁 356～386；TJ Hinrichs, *The Medical Transforming of Governace and Southern Customs in Song Dynasty China（960-1279 C.E.）*, pp. 61-100.

〔註76〕　在宋代，「事鬼神者」絕非巫覡的專利事業，佛教僧侶、道士、法師以至其他宗教的祭司其實都扮演著相類的角色，互爲競爭。參見王章偉，《在國家與社會之間──宋代巫覡信仰研究》，頁 37。戴安德（Edward L. Davis）指出，宋代民間信仰的儀式市場裡，法師與道士和巫覡競爭很大，政府更以之打擊村落間的巫覡巫術。參見 Edward L. Davis, *Society and the Supernatural in Song China*, Honlulu: University of Hawaii Press, 2001, pp. 45-66。的確，宋朝政府的禁巫政策中，就曾利用佛教抵消巫醫的活動影響，轉換民眾的精神寄託；地方官甚至會利用道士的法術和符籙對付巫覡，如「收攝邪巫法」或「追邪巫符式」。關於佛教，參考楊倩描，〈宋朝禁巫述論〉，《中國史研究》，1993 年第 1 期，頁 80，及劉黎明，《宋代民間巫術研究》，成都：巴蜀書社，2004 年，頁 339～340；後者見 Judith Magee Boltz（鮑菊隱），"Not by the seal of office alone : New weapons in battles with the supernatural," in Patricia B. Ebrey & Peter N. Gregory（eds.）, *Religion and Society in Tang and Sung China*, Honolulu: University of Hawaii Press, 1993, pp. pp. 241-305。因此，有理由相信宋朝政府在嶺南「懲巫揚醫」時也可能這樣做；不過，現有的史料雖然有不少南方的例子，但筆者暫時未見有兩廣的記載，爲謹慎故，此說暫存疑。

〔註77〕　《長編》，卷 472，哲宗元祐 7 年 4 月丙子，頁 11272。

南方，將中原的禮教和醫學文明在兩廣推廣，情況才逐漸產生變化，紹興年間流寓嶺南瓊州的李光說：

> 予觀《千金》、《外臺秘要》諸方書，皆前古聖賢有意拯救生靈，
> 其功甚大，……最為有用。五十年來，中原士大夫家藏此書，其間
> 所居僻遠，一旦老少疾恙難致良醫，按方治療，無不愈者。……自
> 兵興以來，北人多流寓二廣，風俗漸變，有病稍知服藥，不專巫祝
> 之事。予謫居于瓊，偶與郡守論近世方術之妙無出此書，遂欲刊行。
> 〔註78〕

南徙的北方士大夫，在南方移植其起居生活的習慣和倫理價值，慢慢改變了當地「信巫不信醫」的風俗。〔註79〕

四、他者的想像──嶺南巫俗

宋朝統一嶺南後，北方人因為其路途遙遠，加上環境惡劣，遂以為是不適合居住的蠻荒野地，故兩廣的經濟發展也較其他地區落後，成為朝廷安置流人謫官之地。〔註80〕另一方面，南疆遠離中州，跟中原的儒家禮樂文明本就是南轅北轍，而兩廣之地又雜居了大量少數民族，域外風俗更顯得詭奇。對中原的士大夫來說，嶺南充滿了尚巫好鬼的傳說；對流寓的官紳而言，這裡也多奇風異俗。〔註81〕這方面，嶺外土著本身的怪談妖說中，施術者、受術者、觀眾和故事的傳播者等，都為這些南來的「他者」提供了豐富的材料去記述、書寫。然而，這種獵奇式的「社會想像」，當中自然夾雜了不少北人、官僚或儒家士大夫菁英階層等他者的構想。

理學大師陳淳（1159～1223）以為，「江淮以南，自古多淫祀。以其在蠻

〔註78〕 李光，《莊簡集》，卷17，〈跋再刊初虞世必用方〉，頁2～3。

〔註79〕 艾婕媞認為，南宋統治菁英地方化後，政府退出對南方揚醫懲巫的干涉，轉由地方菁英領導文明開化的政策。見 TJ Hinrichs, *The Medical Transforming of Governace and Southern Customs in Song Dynasty China（960-1279 C.E.）*, pp. 52～57。就「懲巫揚醫」一點所見，本文表2的史料或許尚與其論相符，但如就整個宋朝政府對巫風巫俗的態度，本文表1及表3的史料卻呈現不同情況。

〔註80〕 金強，《宋代嶺南謫官》，頁37～45。

〔註81〕 周去非在《嶺外代答校注》的〈序〉裡就說：「僕試尉桂林……荒忽誕漫之俗，瑰詭譎怪之產，耳目所治，與得諸學士大夫之緒談者，亦云廣矣。」見《嶺外代答校注》，頁1。而范成大在《桂海虞衡志》的〈序〉也提到「蠻陬絕徼見聞可紀者，亦附著之，以備土訓之圖。」見宋・范成大著、嚴沛校注，《桂海虞衡志校註》，南寧：廣西人民出版社，1986年，頁1。

夷之域，不沾中華禮義」，〔註82〕這是當代人的典型看法。兩廣接壤蠻荒，是少數民族聚居的地方，漢、夷的文化隔閡更爲複雜，周去非提到欽州之民有五種，除西北流民、射地而耕的福建人和以舟爲室的「蜑人」外，尚有：

> 一曰土人，自昔駱越種類也。居於村落，容貌鄙野，以脣舌雜爲音聲，殊不可曉，謂之蔞語。……三曰俚人，史稱俚僚者是也。此種自蠻峒出居，專事妖怪，若禽獸然，語音尤不可曉。〔註83〕

《夷堅志》即記載柳州宜章縣黃沙峒，「山勢險惡，盤紆百餘里，爲溪洞十八所，皆剛夷惡獠根株窟穴之處」，其間有一淫祀黃巢廟，前有怪樹，後有大黑蛇，多有異象。〔註84〕同書描述南安的「窮神」而嘖嘖稱奇時，也認爲是受兩廣影響，「嶺下風俗逼於蠻陬，故神怪如此」。〔註85〕廣州境內的大溪山有一神秘山洞，外人不識，每年五月五日山洞會打開，土人用紙張在石壁上印出咒語或藥方，無不效驗，記敘者以爲是土著的「南法」也。〔註86〕教人意外的是，連到嶺外欽州任官的林千之，亦「坐食人肉削籍隸海南。天下傳以爲異，謂載籍以來未之見。」〔註87〕陳淳是福建隆溪人、周去非是溫州永嘉人、洪邁（1123～1202）是饒州鄱陽人，雖都來自南方，但所謂「非我族類」，其著作中這種嶺南土著「專事妖怪」的看法，其來已久，卻也深入民心。

　　表 2 宋代兩廣「信巫不信醫」的事例中，反映的是中央政府及官員對南人這種風俗習慣的記錄與批評，當中雖有事實的基礎，敘述的基調卻可謂完全出於一種菁英式的「文明開化／野蠻愚昧」、「中原／邊疆」、「上層／下層」的二元思維。〔註88〕因此，他們只單單用「醫藥不足」或「民智落後」去解釋南方「信巫不信醫」的問題。的確，在醫學水平仍難以有效應付疫癘的宋代，特別是嶺南的條件特別差、特別不足的時候，當地民眾遇到嚴重的傳染

〔註82〕宋・陳淳，《北溪字義》，卷下，北京：中華書局，1983 年，頁 64。

〔註83〕周去非，《嶺外代答校注》，卷3，〈外國門下・五民〉，頁 144。

〔註84〕洪邁，《夷堅志》，支乙卷5，〈黃巢廟〉，頁 835。

〔註85〕洪邁，《夷堅志》，補卷15，〈南安窮神〉，頁 1694。

〔註86〕宋・龐元英，《談藪》，卷 31，收入明・陶宗儀等編，《說郛三種》，上海：上海古籍出版社，1988 年，頁 22。

〔註87〕宋・趙與時，《賓退錄》，卷 7，上海：上海古籍出版社，1983 年，頁 85。

〔註88〕試看表 2 例 11〔2〕蘇軾對柳州人的侫巫批判，何其理直氣壯。然而，蘇軾卻又曾經大談其在廣州所見女仙降神爲文的佳話。參見宋・蘇軾，〈子姑神記〉，收入《全宋文》，卷 1970，〈蘇軾〉122，頁 445；蘇軾，〈廣州女仙〉，收入《全宋文》，卷 1979，〈蘇軾〉131，頁 151～152。他所說的其實也只是一個比較知書識禮的野鬼，但其對兩事的看法卻差異如此。

病時，那種無奈是可想見的。不過，醫療資源較好的中原，情況卻未必有很大的差異。〔註89〕

　　根據研究，「信巫不信醫」其實是宋代各地的風俗，而時人在面對疾病威脅時，「巫醫並舉」的情況也不罕見；宋代不少巫覡實為掌握一定醫學知識的「治病巫」，〔註90〕其外表與替民眾療病的方法跟臺灣現代的童乩至為相似，是地方上的「土俗醫生」。而且，巫覡透過通靈，可以向病者解釋何以不幸降臨其身？何以是自己而不是其他人罹染惡疾？這種心理治療的「寬慰作用」（placebo effect），至為重要。〔註91〕其實，現代醫療人類學在「疾病理論體系」和「保健體系」方面的研究，讓讀者更能了解這種民間信仰與醫療的問題。張珣對臺灣鄉民的調查顯示，他們往往認為疾病是與鬼神等超自然力量有關，可分為始因、遠因和近因：

　　　　例如某人命中註定或八字輕（始因），因此容易碰到外界鬼神
　　等歹物（遠因），歹物再引起其人靈魂脆弱，抵抗力低而失去平衡，
　　吹到風（近因）才感冒。〔註92〕

為了治病，他們並不區分何種醫療體系，只要有效便行；不過，超自然致病因既然那麼重要，故鄉民為了防患，平日就會採取燒香拜神等預防保健的方法。〔註93〕可以想見，宋代嶺南地方「信巫不信醫」的情況，或許與這種民俗醫療體系和鄉民的醫療觀念有關，民眾平常會燒香祭拜祠神，求神靈保佑

〔註89〕宋代的醫療水平，比起前代來說，無論在理論或實踐方面都取得突出成就，見王章偉，《在國家與社會之間——宋代巫覡信仰研究》，頁147。不過，陳元朋指出，由於醫者技藝的精粗不齊和藥材的不易獲取，故民間「信巫不信醫」的情況仍然很嚴重，見陳元朋，《兩宋的「尚醫士人」與「儒醫」——兼論其在金元的流變》，頁85。

〔註90〕宋太宗，〈禁兩浙諸州治病巫詔〉，收入《全宋文》，卷76，〈宋太宗〉12，頁312；《宋會要輯稿》，〈刑法〉2之5，頁6498。

〔註91〕王章偉，《在國家與社會之間——宋代巫覡信仰研究》，頁139～195；木村明史，〈宋代の民間醫療と巫覡觀——地方官による巫覡取締の一側面——〉，頁89～104。關於「土俗醫生」的討論，參見醫療人類學方面的研究成果：張珣，《疾病與文化——臺灣民間醫療人類學研究論集》，臺北：稻鄉出版社，1994年，頁3～13。基思·湯瑪士（Keith Thomas）則認為，巫術醫學早已凸顯了現代醫學中有關心理治療的「寬慰作用」，巫覡是「通過病人的心理而不是通過其身體治癒他們」，故巫覡宣稱他們治不好那些不相信他們的人，見 Keith Thomas, *Religion and the Decline of Magic*, New York: Oxford University Press, 1999. pp. 204-211。

〔註92〕張珣，《疾病與文化——臺灣民間醫療人類學研究論集》，頁136。

〔註93〕張珣，《疾病與文化——臺灣民間醫療人類學研究論集》，頁137～139。

自己身體健康，遇有疾病時就會延巫禳災，自然不已。對於嶺南「愚民」這種「疾病理論體系」和「保健體系」，統治菁英未必明白箇中真諦，自然嗤之以鼻。

有趣的是，當時連一些流寓嶺南之士大夫在遇到惡疾纏身時，也多有延巫求醫者，如吳幵建炎年間謫居韶州（今廣東韶關），其子祖壽頸上突然生了個大瘤，母親劉夫人即「迎醫召巫」；〔註94〕朝請大夫黃民瞻知惠州，妻子也因其急病突發而「召醫巫療拯」；〔註95〕而陳子輝紹興年間待判南雄州，女兒罹病「氣雖絕而心微溫，醫巫拯療不效」。〔註96〕更直截的情況，官員在遇到妖鬼時，就立刻招巫禳災，如郝光嗣在紹興年間為廣州錄事參軍，「有魅撓其家，房闥庖湢，無不至也」，郝氏「始猶命巫考治」。〔註97〕不過，從國家和儒家士大夫的角度去看，巫醫巫術畢竟是如前引張栻的《諭俗文》所指「愚民無知」的舉動，也是如陳淳和周去非等人眼中的「蠻夷之俗」，故針對疫病問題，中央政府就編修如《太平聖惠方》等醫學方書著作，大力在全國特別是南方「信巫不信醫」的地域推廣傳播，希望在救民去疾之餘打擊巫醫，並以此改變社會風氣，達到宣揚儒家教化和實現國家權威統治之目的。〔註98〕由此可見，「揚醫」與「懲巫」，或許只是統治菁英對嶺南巫風巫俗的誤解和構想下之對策而已。

兩宋時代，巫風盛行，早在太宗太平興國六年（981），中央政府就第一次頒行禁巫的詔令，此後各朝均三令五申，我也將其內容詳細表列於下，以資討論。

〔註94〕洪邁，《夷堅志》，乙志卷19，〈吳祖壽〉，頁348。
〔註95〕洪邁，《夷堅志》，支戊卷2，〈黃惠州〉，頁1067～1068。
〔註96〕洪邁，《夷堅志》，丁志卷5，〈陳通判女〉，頁574～575。
〔註97〕洪邁，《夷堅志》，甲志卷19，〈郝氏魅〉，頁174。
〔註98〕韓毅，〈國家、醫學與社會──《太平聖惠方》在宋代的應用與傳播〉，收入姜錫東主編，《宋史研究論叢》，第11輯，保定：河北大學出版社，2010年，頁514～526。

表3 宋代中央政府禁巫詔令表

序號	時 間	禁令詳情及內容	禁制原因	施行地域	資 料 來 源
1	太宗 太平興國 6年（981） 4月	（1）禁西川諸州白衣巫師。 （2）禁東、西川諸州白衣巫師。		東、西川諸州	《宋史》，卷 4，〈太宗紀〉1，頁 66。 《長編》，卷 22，太宗太平興國6年 4月丙戌，頁 492。
2	太宗 淳化 3 年（992） 11月29日	（1）兩浙諸州，先有衣緋裙、中單、執刀吹角，稱治病巫者，并嚴加禁斷，吏謹捕之。犯者以造妖惑眾論，置于法。 （2）禁兩浙諸州巫師。	造妖惑眾。	兩浙諸州	《宋會要輯稿》，〈刑法〉2 之5，頁 6498；宋太宗，〈禁兩浙諸州治病巫詔〉，《全宋文》，卷 76，〈宋太宗〉12，頁 312。 《宋史》，卷5，〈太宗紀〉2，頁 90。
3	仁宗 天聖元年（1023） 11月	（1）禁兩浙、江南、荊湖、福建、廣南路巫覡。 （2）詔江南東西、荊湖南北、廣南東西、兩浙、福建路轉運司：「自今師巫以邪神爲名，屏去病人衣食、湯藥，斷絕親識，意涉陷害者，並比類咒咀律坐之。」	巫覡挾邪術害人。	兩浙、江南東西、荊湖南北、福建、廣南東西路	《宋史》，卷9，〈仁宗紀〉1，頁 179。 《長編》，卷 101，仁宗天聖元年 11月戊戌，頁 2340；宋仁宗，〈禁巫覡挾邪術害人詔〉，《全宋文》，卷 943，〈宋仁宗〉4，頁 31。
4	仁宗 天聖 3 年（1025） 4月23日	淮南江浙荊湖發運司言，昨高郵軍有師巫起張仗者廟…乞降敕依例止絕，從之。	扇惑人民。	淮南東路高郵軍	《宋會要輯稿》，〈禮〉20 之12，頁 770。
5	徽宗 政和 4 年（1114） 11月25日	臣僚言，竊見民間尚有師巫作爲淫祀……二廣之民信尚尤甚……乞申嚴法禁以止絕之。	作爲淫祀，假託神語，鼓惑愚民……恐非一道德、同風俗之意。	兩廣	《宋會要輯稿》，〈刑法〉2 之64，頁 6527。

6	徽宗 政和 7 年 （1117） 6 月	（1）詔禁巫覡。 （2）前提點刑獄周邦式奏，江南風俗，循楚人好巫之習……詔令監司守令禁止。		全國	《宋史》，卷 21，〈徽宗紀〉3，頁 398。 《宋會要輯稿》，〈刑法〉2 之 67，頁 6529。
7	高宗 紹興 12 年 （1142）5月	殺人祭鬼，必大巫所倡，治巫則止。	殺人祭鬼，必大巫所倡。	夔州路	《繫年要錄》，卷 145，紹興 12 年 2 月己未，頁 2328。
8	高宗 紹興 16 年 （1146） 2 月 3 日	臣僚言，近來淫祠稍行，江淛之間，此風尤熾，一有疾病，唯妖巫之言是聽…望申嚴律令，俾諸監司郡守，重行禁止。	不求治于醫藥，而屬羊牲畜以禱邪魅，罄竭家貲。	江淛之間	《宋會要輯稿》，〈刑法〉2 之 152，頁 6571。
9	高宗 紹興 23 年 （1153） 7 月 21 日	將作監主簿孫祖壽言…欲望申嚴法令，戒飭監司州縣之吏治之縱之…毀撤巫鬼淫祠，從之。	愚民無知，至於殺人以祭巫鬼。	全國	《宋會要輯稿》，〈禮〉20 之 14，頁 771；《繫年要錄》，卷 165，紹興 23 年 7 月戊申，頁 2693。
10	光宗 紹熙 2 年 （1191） 6 月 11 日	臣僚言…立社首以斂民財，做巫祝以誑惑僉眾…皆所當禁，乞謹飭有司申嚴厥令一，或有犯，必加以罪，從之。	誑惑僉眾。	浙西臨安府	《宋會要輯稿》，〈刑法〉2 之 125，頁 6558。
11	寧宗 慶元 4 年 （1198） 5 月 6 日	臣僚言…乞告誡湖北一路監司帥守，先嚴官吏收納師巫錢之禁，然後取其為巫者，並勒令易業，不帥者與傳習妖教同科，庶幾此俗漸革，從之。	鼓愚民… …遂至用人以祭。	荊湖北路	《宋會要輯稿》，〈刑法〉2 之 129～130，頁 6560。
12	寧宗 嘉泰 2 年 （1202） 12 月 9 日	權知萬州趙師作言，峽路……使巫得肆……乞行下本路，先禁師巫，俾之改業。	凡遇疾病，不事醫藥，聽命於巫……虛費家財	夔州路	《宋會要輯稿》，〈刑法〉2 之 133，頁 6562。

			，無益病人……凡得疾，十死八九。又其俗以不□千□，祀諸昏淫之鬼，往往用人□□作福流爲殘忍，不可備言。		
13	不詳	歸、峽信巫鬼，重淫祀，故嘗下令禁之。		荊湖南、北路	《宋史》，卷88，〈地理志〉4，頁2201～2202。

　　從這些資料可見，宋朝政府對兩廣和其他地區巫覡所造成的問題，觀點多有相似。官方都是以菁英的視角解讀地方巫俗，以爲乃愚民無知，讓妖巫有機可乘；而結果都是「殺人祭鬼」，崇拜邪神，影響社會安寧。不過，同中有異，徽宗政和四年針對兩廣的禁巫令，特別強調「一道德、同風俗」之目的（表3禁巫令5），反映政府打壓嶺南巫覡信仰之意圖：除了菁英／愚民之視角不同外，更添上了中央／邊陲、中原／化外的權力話語。〔註99〕

　　殺人祭鬼和崇拜邪神的問題也往往與巫覡扯上關係。「殺人祭鬼」即殺人祭邪神，宋代史料多有記載，這自然有一定的客觀事實，蓋在落後的原始社會裡，人祭人殉並不罕見；〔註100〕而宋代的京畿路和荊湖南、北路一帶，更曾經流行巫覡殺人祭「摩馱神」（摩馳神）、「稜騰神」和「稜睜神」（獰瞪神）等幾個著名的惡神妖鬼。〔註101〕據研究所得，北宋時期官方對殺人祭鬼和巫

〔註99〕艾婕媞認爲，宋朝政府對待北方和南方巫覡問題的分別是，北方針對的是一些偶發性的事件，多因爲其「夜聚曉散」危害管治而加以鎮壓；南方的情況則強調其地方社會風俗問題，且與地方性疫病根源相關，參見 TJ Hinrichs, *The Medical Transforming of Governace and Southern Customs in Song Dynasty China（960-1279 C.E.）*，p. 47。筆者不知其論點有何依據，但從過去研究所見，這種說法似乎不能成立。詳見王章偉，《在國家與社會之間──宋代巫覡信仰研究》，頁265～341。其實，正如這裡所說，南北巫風的問題是「同中有異」；況且，強調南方巫風的「中原／化外」說，跟鎮壓夜聚曉散的「菁英／愚民」觀，本就是一體兩面的管治問題。

〔註100〕周慶基，〈人祭與人殉〉，《世界宗教研究》，1984年第2期，頁96。

〔註101〕關於宋代的殺人祭鬼問題，參見日・河原正博，〈宋代の殺人祭鬼について〉，《法政史學》，第19期，東京，無出版年，頁1～18頁；日・宮崎市定，〈宋代における殺人祭鬼の習俗について〉，收入日・宮崎市定，《アジア史研究》，

覡關係的討論並不多，但南宋建立以後，地方上殺人祭鬼之巫風轉趨熾烈，按宮崎市定的說法，北宋的情況未必不及南宋般嚴重，只是官員交相隱瞞而已。〔註102〕我們或可換另一個角度去看，靖康之難後宋室南遷，新建立的中央政權無論從政治或文化上而言，也亟需要將南方的異域風俗加以統一，鞏固威權。皮慶生對一部巫史的評論，很有參考價值：

> 自中唐以來，中原地區陷入藩鎮混戰局面，南方各地相對安寧，且有大量北方人口南遷，由此帶來南方經濟文化水準的發展，而宋代一直處在北方少數族政權的巨大壓力之下，朝廷迫切希望加強統治區域內部的同一性，對南方各地拓展的步伐也隨之加大，南宋政治、文化中心的南遷更促進了這一過程。正是在這一過程中，南部各地的地方性傳統，如巫覡以及祠神與中原漢族文明、儒家文化的衝突才變得十分激烈，朝廷、地方官員打壓巫覡、淫祀的行為也就不難理解。〔註103〕

　　然而，卻從未見有官方資料詳析嶺南這個蠻夷雜處的落後社會裡「殺人祭鬼」的情況，史料亦僅提示一個概括的印象，即兩廣多有這種惡俗，（參考表1例1、4～6、8、18、24、40）卻未見具體內容，連邪神的名稱也闕如。我不禁懷疑，嶺南民間信仰中的所謂巫風妖俗，當中的實況究竟若何？部份敘述是否只為中原政權及士大夫對南方「落後社會」地方傳統的一種誤解甚至是「想像」而已？

第5冊，京都：同朋社，1978年，頁100～144；日・澤田瑞穂，《中國の民間信仰》，東京：工作舍，1982年，頁330～404；日・金井德幸，〈南宋荊湖南北路における鬼の信仰について──殺人祭鬼の周邊──〉，原載於《駒澤大學禪研究所年報》，5，1994年，頁49～64，今刊於《中國關係論說資料》，36.1上，1994年，頁567～575；金井德幸，〈宋代における妖神信仰と「喫菜事魔」、「殺人祭鬼」再考〉，原載於《立正大學東洋史論集》，8，1995年，頁1～14，今刊於《中國關係論說資料》，37.1〔增刊〕，1995年，頁388～395。最新的討論，參見王章偉，《在國家與社會之間──宋代巫覡信仰研究》，頁265～341。

〔註102〕宮崎市定，〈宋代における殺人祭鬼の習俗について〉，頁101～102。

〔註103〕皮慶生，〈評王章偉《在國家與社會之間──宋代巫覡信仰研究》〉，收入榮新江主編，《唐研究》，第12卷，北京：北京大學出版社，2006年，頁586；皮慶生，《宋代民眾祠神信仰研究》，上海：上海古籍出版社，2008年，頁315～316；王見川、皮慶生，《中國近世民間信仰──宋元明清》，上海：上海人民出版社，2010年，頁82。

巫覡興淫祠、祭邪神，這似乎是統治者和士大夫的常識，但何謂「淫祠」、
何謂「邪神」？這個問題相當複雜，近年來不少學者已有深入的討論。〔註104〕
簡單來說，政府和官僚士大夫認爲，淫祠就是「信眾以不恰當的方式祭祀不
合適的神靈」。〔註105〕宋代的統治者透過整飭《祀典》，將不受國家控制或歡
迎的神祠和巫覡排斥、打壓，故表 1 所見嶺南各地巫覡和民眾所崇拜者，全
是「淫祀」（表 1 例 1、2、9、12、16、19、21、25、26、28、29、35、36、
39、41）。當然，南人崇巫拜鬼是客觀存在的事實，但從「文明的他者」眼中，
兩廣地方民眾祭拜的卻都是一些跟中原迥然不同的神祇，「詰其鬼，無名氏十
常七六」（表 1 例 9），例如我們前節引李光見到瓊州淫祠中的神像（表 1 例
46），至爲神秘：「異域俗尚鬼，殊形耳垂肩」。在這個士大夫的腦海裡，他者
的形象不僅奇特，這種主觀語言的密碼也至爲清楚。

　　不過，「淫祀」與「正祀」的界線卻會因時、地、人而變化，論者以爲，
宋廷劃定淫祀界線時側重點在信仰活動、對社會秩序的影響，而非信仰的人
或被信仰的神；界定地方祠神信仰是否爲淫祀，包含著不同的政治利益、法
律制度、神靈祭祀權力等因素。〔註106〕森田憲司研究宋代四川「梓潼神」演
變爲全國的科舉神「文昌帝君」、〔註107〕華琛（James Watson）研究福建湄州
林巫女從地方神祇轉化爲全國倡導的天后信仰、〔註108〕康豹（Paul Katz）研

〔註104〕近年來中、日、美等地學者在這方面有很多傑出的研究成果，參見 Valerie
　　　　Hansen, *Changing Gods in Medieval China, 1127-1276*, Princeton: Princeton
　　　　University Press, 1990；皮慶生，《宋代民眾祠神信仰研究》；沈宗憲，〈國家
　　　　祀典與左道妖異——宋代信仰與政治關係之研究〉；王章偉，《在國家與社會
　　　　之間——宋代巫覡信仰研究》。
〔註105〕皮慶生，《宋代民眾祠神信仰研究》，頁 287；王見川、皮慶生，《中國近世民
　　　　間信仰——宋元明清》，頁 72。
〔註106〕皮慶生，《宋代民眾祠神信仰研究》，頁 272～317；王見川、皮慶生，《中國
　　　　近世民間信仰——宋元明清》，頁 68～83。
〔註107〕日・森田憲司，〈文昌帝君の成立—— 地方神から科舉の神へ〉，收入日・梅
　　　　原郁主編，《中國近世の都市と文化》，京都：京都大學人文科學研究所，1984
　　　　年，頁 389～418。關於文昌帝君信仰的發展，參見 Terry F. Kleeman, "The
　　　　expansion of the Wen-Ch'ang Cult", in Patricia B. Ebrey & Peter N. Gregory
　　　　（eds.），*Religion and Society in Tang and Sung China*, pp. 45-73。
〔註108〕James L. Watson, "Standardizing the Gods: The Promotion of T'ien Hou Along the
　　　　South China Coast, 960-1960," pp. 292-324。關於天后，最詳細的研究見李獻
　　　　章，《媽祖信仰の研究》，東京：泰山文物社，1979 年；李小紅最近則深入析
　　　　論湄州林巫女演爲海神媽祖的嬗變，參見李小紅，《宋代社會中的巫覡研究》，
　　　　頁 202～221。

究浙江瘟神信仰發展爲「溫元帥」、〔註109〕萬志英（Richard von Glahn）研究江南「五通神」從山魈惡鬼發展成國家和佛道護持的五路財神等眾多著名例子，〔註110〕除了反映不同利益集團的角力外，筆者認爲，也叫我們要重新思考中央政府統治菁英這種操控地方信仰的政策是否成功？

嶺南尙巫右鬼的情況，在強大的國家機器統制下，在兩宋三百年中原文明的洗禮中，自然有一定的成效，出現如前引李光所說的「自兵興以來，北人多流寓二廣，風俗漸變。」部分地方信仰更被士大夫改造「美容」，成爲正祀，例如桂林靜江府的猴妖淫祀，就被張孝祥（1132～1170）改建爲江西宜春仰山神的行祠：〔註111〕

> 靜江府疊綵巖下，昔日有猴，壽數百年，有神力，變化不可得制，多竊美婦人，歐陽都護之妻亦與焉。歐陽設方略殺之，取妻以歸，餘婦人悉爲尼。猴骨葬洞中，猶能爲妖。向城北民居，每人至，必飛石，惟姓歐陽人來，則寂然，是知爲猴也。張安國改爲仰山廟。相傳洞內猴骨宛然，人或見，眼忽微動，遂驚去矣。〔註112〕

因此，宋朝政府其實是以「淫祠」與「邪神」這兩個負面標籤重塑嶺南的巫鬼信仰，藉此打擊、約束當地民俗；〔註113〕也如論者所說，「是在一種虛構的關係中，象徵和暗示一種中央對地方、官方對民間、主流對邊緣的控制，以實現政治權力對世俗生活的整合。」〔註114〕不難想像，兩廣所謂的淫祀與殺人祭鬼問題，部分情況可能只是官方樹立威權的話語論述。然而，謫官惠州的唐庚（1070～1120），曾經挑戰「正祀」、「淫祀」的觀點，盛讚當地不在祀典的水東廟，教人意外：

> 故神江鐵步水東皆有廟，而水東廟爲特盛，然皆不在祀典，故

〔註109〕Paul R. Katz, *Demon Hordes and Burning Boats: The Cult of Marshal Wen in Late Imperial Chekiang*, Albany: State University of New York Press, 1995.

〔註110〕Richard von Glahn, "The Enchantment of Wealth: The God Wutong in the Social History of Jiangnan", *Harvard Journal of Asiatic Studies*, 51:2（1991）, pp.651-714; Richard von Glahn, *The Sinister Way: The Divine and the Demonic in Chinese Religious Culture*, Berkeley, Los Angeles & London: University Press, 2004, pp. 180-256.

〔註111〕這個「美容」的說法和例子，承匿名審稿人提點，謹此致謝。

〔註112〕周去非，《嶺外代答校注》，卷10，〈志異門・桂林猴妖〉，頁453。

〔註113〕王章偉，《在國家與社會之間——宋代巫現信仰研究》，頁320。

〔註114〕葛兆光，《中國思想史》，第2卷，頁361。

或者以爲疑。夫以祀典而論鬼神，猶以閥閱而論人物也，便謂之盡，
可乎？此亦無足疑者。〔註115〕

由此可知，中央政府要在嶺南移風易俗，並非易事。〔註116〕桂林猴妖
的例子中，民眾繼續祭祀猴骨和猴妖作祟的傳說，或能讓我們發現，嶺南地
方巫鬼信仰傳統在中原文明的話語支配下，披上符合這種他者想像的「正祀」
（仰山神）的外衣，〔註117〕被迫接受改造，其實可能只是如宋怡明（Michael
Szonyi）所說般，是神靈「標準化的幻覺」（the illusion of standardizing the
gods）、甚至是「僞標準化」（pseudo-standardization）而已。〔註118〕因此，
宋廷在兩廣的「去巫化」，建立「中國文明的同一性」的過程中，「他者」與
「我者」互相激盪，「想像」與「被想像」的事實互相依存並逐漸溶冶起來。

最後，在重塑兩廣巫覡巫術這種文化深層建構時，中央朝廷、統治菁英、
漢族文明等作爲「他者」，是如何進入、理解這種陌生迥異的、地方性的、「愚

〔註115〕宋·唐庚，《眉山集》，卷 2，〈水東廟記〉，《文淵閣四庫全書》，臺北：商務
印書館，1986 年，頁 11～12。
〔註116〕皮慶生對宋代祠神信仰研究的觀點，對這裡的討論可爲佐證：「官方對民眾祠
神信仰的政策是宋代文明推廣的重要組成部分，朝廷、地方官重點打擊殺人
祭、信巫不信醫、斂財害民等淫祀現象，樹立符合儒家禮制的神靈信仰，興
學校等等，在信仰之後滲透的是儒家那套社會秩序觀念。在空間上，打擊淫
祀的重心正在遠離中原文明中心的南部地區，特別是四川、兩湖、嶺南等地，
政治控制、經濟開發、風俗改變、中原『文明』的輸入相互關聯，儒家文化
的滲透力度、普及的廣度前所未有，以漢族爲主體的中國文明的同一性逐漸
建立起來。相同淫祀現象在同一地區累次提起，不斷打擊，朝廷禁令經常頒
布，這種不斷打擊同時也意味著累禁不止，既反映了此類行爲對國家支持下
的『文明』程序的頑強抵抗，也透露出宋代國家拓展政治區域，擴大儒家文
化過程的艱難曲折。」皮慶生，《宋代民眾祠神信仰研究》，頁 314；王見川、
皮慶生，《中國近世民間信仰——宋元明清》，頁 81。
〔註117〕仰山神信仰的傳播，參見皮慶生，《宋代民眾祠神信仰研究》，頁 224～254。
〔註118〕宋怡明（Michael A. Szonyi）針對華琛「神祇標準化」的論點，指出朝廷的標
準化政策往往在本質上未能觸及地方的淫祀，因爲當地人可以透過貼上另一
個神祇的標籤而在祀典的掩護下，繼續崇拜原來被列入淫祀的地方神。宋怡
明認爲，這種做法其實是「僞標準化」，故應該區分「正確行爲」（所有人都
按照同一方式行動）和「正確行爲的說辭」（所有人都聲稱自己按同一方式行
動）。事實上，在中國的日常生活裡，後者比前者更爲常見。參見 Michael A.
Szonyi，"The Illusion of Standardizing the Gods: The Cult of the Five Emperors
in Late Imperial China", *Journal of Asian Studies*, 56:1（1997），pp.113-135;
Michael A. Szonyi，"Making Claims about Standardization and Orthopraxy in
Late Imperial China: Rituals and Cults in the Fuzhou Region in Light of Watson's
Theories", *Modern China*, 33:1（2007）， pp. 47-71。

昧」的、「野蠻」的嶺南人文景觀？天聖元年，知洪州夏竦（985～1051）對其治內的巫覡妖俗作出了嚴厲批判，結果導致宋廷禁制包括兩廣在內的地方「師巫」，他對這些南方巫風巫俗的描述與攻擊，最能反映中央政府、官僚和士大夫的視角，茲詳引如下：

> 左道亂俗，妖言惑眾，在昔之法，皆殺無赦。蓋以姦臣逆節，狂賊沒規，多假鬼神，動搖耳目。漢、晉張角孫恩，偶失防閑，遂至屯聚。國家宜有嚴禁，以肅多方。當州東引七閩，南控百粵，編氓右鬼，舊俗尚巫。在漢欒巴，已嘗剪理。爰從近歲，傳習滋多。假託禨祥，愚弄黎庶，勦絕性命，規取貨財。所居畫魑魅，陳幡幟，鳴擊鼓角，謂之神壇。嬰孺襁褓，誘令寄育，字曰「壇留」、「壇保」之類，及其稍長，傳習妖法，驅為僮隸。民病，則門施符咒，禁絕往還，斥遠至親，屏法便物。家人營藥，則曰神不許服，病者欲飯，即云神未聽飧。率令疫人死於飢渴。洎至亡者服用，言餘崇所憑，人不當留，規以自入。若幸而獲免，家之所資，假神而言，無求不可。其間有孤子單族、首面幼妻，或絕戶以圖財，或害夫而納婦。浸淫既久，習熟為常，民被非辜，了不為訝。奉之愈謹，信之益深，從其言甚於典章，畏其威重於官吏。奇神異象，圖繪歲增；怪籙袄符，傳寫日異。小則雞豚致祀，斂以還家，大則歌舞聚人，餕其餘胙。婚葬出處，動必求師。劫盜鬥爭，行須作水。蠹耗衣食，眩惑里閭，設欲扇搖，不難連結。在於典憲，固亦靡容。其如法未勝姦，藥弗瘳疾，宜頒嚴禁，以革袄風。當州師巫一千九百餘戶，已勒改業歸農及攻習鍼灸方脈。首納到神像、符籙、神杖、魂巾、魄帽、鍾角、刀笏、沙羅一萬一千餘事，已令焚毀訖。伏乞朝廷嚴賜條約，所冀防萌杜漸，以右群生。〔註119〕

就政府禁巫的問題，這道奏疏提供了兩個重要訊息，第一、政府禁巫的原因：巫覡活動猖獗，裝神弄鬼，愚弄百姓，謀財害命；第二、禁巫的措施：緝補巫覡，予以杖罰黥隸他州、勒令改業歸農或攻習針灸辺脈等醫事。〔註120〕這跟前面提到張栻在桂州鎮壓巫覡的情況，最是相似，應該是當時

〔註119〕《長編》，卷101，仁宗天聖元年11月戊戌，頁2340～2341；徐松，《宋會要輯稿》，〈禮〉20之11，頁770；宋‧夏竦，〈洪州請斷袄巫奏〉，收入《全宋文》，卷347，〈夏竦〉15，頁76～77。

〔註120〕王章偉，《在國家與社會之間——宋代巫覡信仰研究》，頁79～80；李小紅，

嶺南巫風的實況。惟跟張栻的〈諭俗文〉相比，除了對巫覡禍害的傳統論述，夏竦眼中這些南方巫覡巫術不盡是一些「愚民無知」的鄙陋之俗，且有更為可怕的形象。這些巫覡除了虜人勒索禁止信徒服藥外，其住所、神壇、神像、儀式、符咒及器物至為詭譎，盡是一些魑魅蠱惑、怪籙妖符，而「魂巾」、「魄帽」之說，又容易令人想到叫魂攝魄、咀咒害人之術，叫人不寒而慄。更重要的是，這些都是源遠流長的閩、粵巫鬼舊俗。看來，文本的書寫除了基於事實外，也一如既往，充滿土著和他者的社會想像。

　　除了夏竦的奏文外，關於官僚和士大夫眼中兩廣巫覡巫術的細膩描述並不多見，只有前引陸起在英州打擊的蛇妖邪巫，和李光在瓊州目睹荒祠老巫祭拜的「殊形耳垂肩」域外鬼神兩例，能夠略窺一二。不過，筆記小說卻提供了一些有用的參考。其中，說到嶺南的巫覡妖術，不少都提到「南法」。從字面釋義，南法大抵指南方盛行的一些妖術，多與巫覡殺人祭鬼有關，未必專指嶺南一地，如《夷堅志》提到有蜀士因登科赴調而投宿失道，結果遇上殺人祭鬼之黨，幸得孤寺僧侶相救，並點示說：「此輩皆習南法，害人極多，每歲必擇日具禮祭神，而餕其胙。」〔註121〕另一則關於信州貴溪龍虎山的異事，又提及「後山巫祝所習，謂之南法，乃邪術也。」〔註122〕不過，同書〈莆田處子〉的故事卻清楚顯示，這種妖法其實來自嶺南的「採生」：

　　　　紹興二十九年，建州政和縣人往莆田買一處子，初云以為妾。既
　　　得，……置諸別室，不敢犯。在途旬日，飲食供承，反若事主。所攜
　　　唯一籠，扃鐍甚固，每日暮，必焚香啟鐍，拜跪惟謹。女頗慧點，竊
　　　異之，意其有詭謀。……黃昏時至籠前，陳設酒果，禱祀畢，明燈鎖
　　　戶而去。女危坐床上，誦呪愈力。甫半夜，籠中磔磔有聲，劃然自
　　　開，……良久，一大蟒自內出，蜿蜒遲迴望，若有所畏，既而不見。
　　　……鄰里素知其所為，相與伺其人至，執以赴縣。時長溪劉少慶季裴
　　　為令，窮治其姦，蓋傳嶺南妖法採生祭鬼者，前已殺數人矣。〔註123〕

周去非在介紹廣西的「南法」時，就詳述巫覡「禹步咒訣，鞭笞鬼神」的源流，可見巫覡與「南法」的關係。〔註124〕除了「採生」外，南法中又有所謂

《宋代社會中的巫覡研究》，頁158～160。
〔註121〕洪邁，《夷堅志》，補卷14，〈蜀士白傘蓋〉，頁1682～1683。
〔註122〕洪邁，《夷堅志》，補卷20，〈董氏子學法〉，頁1736～1737。
〔註123〕洪邁，《夷堅志》，補卷14，〈莆田處子〉，頁1683～1684。
〔註124〕周去非，《嶺外代答校注》，卷10，〈志異門・南法〉，頁445～446。

「挑生」，周去非說：

> 廣西挑生殺人。以魚肉延客，對之行厭勝法，魚肉能反生於人
> 腹中而人以死。相傳謂人死，陰役於其家。有一名士，嘗爲雷州推
> 官，親勘一挑生公事。置肉盤下，俾囚作法，以驗其術。有頃發視，
> 肉果生毛。何物淫鬼，乃能爾也？然解之亦甚易，但覺有物在胸膈，
> 則急服升麻以吐之；覺在腹中，急服鬱金以下之。此方亦雷州鏤板
> 印散者，蓋得之於囚也。〔註125〕

雷州這樁公案，有多部宋人筆記小說載錄，〔註126〕可見蠻荒異俗，廣爲
中原人士獵奇傳播；而謙稱「道聽塗說」的《夷堅志》又載錄了廣東和廣西
兩個跟巫覡相涉的相似例子，其中的一個施術者是蠻族巫覡林公榮，前文曾
簡略提及：

> 莆田人陳可大知肇慶府，肋下忽瘴起，如生癰癤，頃刻間大如
> 盌。識者云：「此中挑生毒也，俟五更以菉頭嚼試，若香甘則是已。」
> 果然。使搗川麻爲細末，取冷熟水調二大錢連服之，遂洞下，瀉出
> 蔥數莖，根鬚皆具，瘴即消。續煎平胃散調補，且食白粥，經旬復
> 常。雷州民康財妻，爲蠻巫林公榮用雞肉挑生，值商人楊一者善醫
> 療，與藥服之；食頃，吐積肉一塊，剖開，筋膜中有生肉存，已成
> 雞形，頭尾嘴翅悉肖似。康訴於州，州捕林置獄，而呼楊生令具疾
> 證及所用藥。〔註127〕

最典型的事例，是前面也簡略提到的「化州妖凶巫」，其呪生之術及惡行如
下：

> 邊察德明終於化州守，其子嵊縣主簿沂，從黃齊賢學。嘗談化
> 州之俗：妖民善呪生，逢人食肉而呪之，則滿腹皆成生肉；食果菜
> 而呪之，則皆生果菜，徐徐腹塞必死，雖守貳或不免。故一歲之中，
> 公會絕少，動輒折送，然懼其禍者亦可解。
>
> 及呪婦人生產，則無法可防。儻食牛肉而就蓐，則生牛兒。有

〔註125〕周去非，《嶺外代答校注》，卷10，〈志異門・挑生〉，頁448；范成大，《桂海
　　　　虞衡志校註》，〈佚文〉，頁139也有類似的簡述。
〔註126〕宋・江少虞，《宋朝事實類苑》，卷68，〈神異幽怪・呪肉復生〉，上海：上海
　　　　古籍出版社，1981年，頁912；宋・沈括撰、胡道靜校注，《新校正夢溪筆談》，
　　　　香港：中華書局，1978年，頁212；宋・彭乘，《墨客揮犀》，卷6，《筆記小
　　　　說大觀》，揚州：江蘇廣陵古籍刻印社，1984年，頁2。
〔註127〕洪邁，《夷堅志》，丁志卷1，〈治挑生法〉，頁541～542。

持訟於州,指名某凶所爲,邊命捕逮禁鞫,凶子答款曰:「人不應生牛,是其家不積陰德,爲惡神所譴爾!」遂妄供數家,獄官知其爲而無可奈何。邊憤甚,會其病卒。又墟落一巫,能禁人生魂,使之即病。適與鄰人爭田,石龍縣宰知其名,將殺之。既捕入獄,即覺頭痛甚,疑而思之。宰固健吏,不爲沮止,帕首坐獄户自鞫訊,不勝痛,始承伏云:「囚來時已收係知縣生魂於法院,盛之以缶,煮之以湯,申之以符,見在法坐。」宰即押巫出城三十里,抵其居,視之而信。下著姓名、生年日月,因給之曰:「汝速解之,吾釋汝。」巫禹步雷聲,俄頃,宰脱然,所患如失。就估其貲貨,了不以屑意。畢事將反,吏白言:「彼處一小室,婦人以死守之,意必有物。」宰翻然再入,破其鎖,中才容膝,秉燭四照,所畫鬼神怪絕,世所未睹,蓋所謂法院也。婦人又捐舟(身)遮障,爭一小籃,吏奪而取之,正其祕法,宰畀諸火。巫死於獄,一邑之人,更相喜賀云。〔註 128〕

　　筆記小說雖能反映一定的客觀現實,但故事自身的具體情節,卻往往包含一些修飾或虛構。〔註 129〕然而,這種修飾或虛構卻又提供另一種客觀信息,即創作者或傳話者自身的主觀看法或想像。〔註 130〕「化州妖凶巫」這則故事,

---

〔註 128〕洪邁,《夷堅志》,三志壬卷 4,〈化州妖凶巫〉,頁 1498～1499。

〔註 129〕洪邁強調《夷堅志》裡的故事都出自耳目相接,非常可靠;韓森也認爲《夷堅志》蒐集的道聽塗説來自不同階層,而且有準確的時、地、人等資料,對了解宋代不同階層民眾的心態與想法,特別有用。Valerie Hansen, *Changing Gods in Medieval China, 1127-1276*, pp. 17-23. 李劍國也特別指出《夷堅志》關注來自下層市井之説,存實的意圖強烈。參見李劍國,《宋代志怪傳奇敘錄》,天津:南開大學出版社,1997 年,頁 352～353。

〔註 130〕當然,筆者並不否認宋代嶺南客觀存在不少巫風陋俗,雖然自本文附錄的三個事例表略窺一二,但也不欲推論太過。伊格力斯(Alister D. Inglis)一方面肯定《夷堅志》存實的努力和成就,但也指出洪邁記述的故事,在紀錄書寫爲文前,曾經過不少的口頭傳播。參見 Alister D. Inglis, *Hong Mai's Record of the Listener and its Song Dynasty Context*, Albany: State University of New York Press, 2006, pp. 148-154。但應該如何詮釋這種「客觀」的巫俗?正如本文引論所説,文本的記述往往受到這些成分複雜的記錄者自身所經歷的儀式或經驗所影響,並可能受其認知上的制約,以一個「他者」所習用的思想、觀念、詞彙來形容、描寫、説明、解釋這種南方的地方民俗與信仰。更令人難於辨明的是,這種歷史悠久的南方巫俗,其乖異荒誕的内容,參與「想像」的敘述者,也如前面提到般,包括了南方土著中的施術者、受術者、觀眾和傳播者,是一個共有的「社會想像」。事實上,這種情況並不限於南、北的分野,在菁英與民眾間早已存有這種「文明」與「野蠻」的分歧,筆者研究宋代菁

當中即有兩個大問題：第一，對化州妖巫技藝的描述太清晰；第二，故事太完整。

　　就第一點問題分析，這則故事在詳細解釋過廣東化州一帶的「呪生」邪術後，接著就提到巫覡施法過程中有幾個重點：其一，巫覡能禁人生魂施術，受害者立即生病，捕治他的縣宰也同樣受咀咒；其二，生魂禁於巫覡的巢穴「法院」，有符咒鎮壓，上書受害者的姓名四柱八字等；其三，巫覡施法時「禹步雷聲」。讀者可以見到，說故事者似乎有意先引導聽眾回憶一下嶺南的「呪生」邪術習俗，然後就用人們一般所理解的巫術情況解釋化州妖巫施術的經過，其中，禁人的四柱八字、施法時禹步雷聲等情節，正是中原人士熟悉的巫覡巫術。〔註131〕畢竟，說故事者及聽故事的人都必先依賴自己熟悉的語言，從中才能「傳播」及「接收」異國風情的奇特內容。當然，嶺南域外蠻荒，其巫法應該跟中原不同，於是說故事者就詳細解說：「法院」裡的情況陰森可怖，所祀拜的鬼神「怪絕」、「世所未睹」，最後還有法力高強的一小篋「秘法」，這跟前引夏竦的描述，何其相似。據此，我將這則故事的情節析如下圖：

圖1

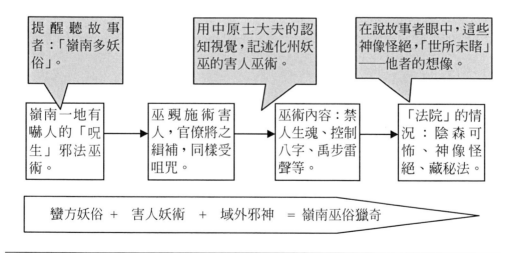

當然，嶺南域外蠻荒

由此可見，這個故事仿如一齣電影，說故事者和觀眾共歷每項細部；這也是前文提到的第二個問題，讀者是否相信這是一個完全建基於嶺南巫覡巫術實況的可信故事？故事的結尾：「秘法」燒掉，妖巫死了，完美的結局，更來個「死無對證」，讀者縱有懷疑，也難作深究。不過，這些富有異域獵奇情調的文本，又如何能令人相信那完全是「事實」呢？其中化州善呪的妖民能使人腹中生肉生菜而死、甚至使孕婦生牛，妖巫詛咒和解除石龍縣宰頭痛等事，自然不能當眞。可見，怪談妖說的背後，除了嶺南土著文化和異事的基礎外，也滲雜中原文明、官僚士大夫對嶺南化外民眾信仰的「想像」和「歷史記憶」。

五、結　語

談到嶺南地區的巫風巫俗，人們最容易想起「蠱毒」，宋代有很多這方面的記載，曾敏行說：「南粵俗尚蠱毒詛咒，可以殺人，亦可以救人。」[註132]而熟悉廣西風俗的周去非，就詳細記述了當地的蠱毒，並指出與峒人的關係：

> 廣西蠱毒有二種：有急殺人者，有慢殺人者，急著頃刻死，慢者半年死。人有不快於己者，則陽敬而陰圖之，毒發在半年之後，賊不可得，藥不可解，蠱莫慘焉。乾道庚辰，欽州城東有賣漿者，蓄蠱毒敗而伏辜。云其家造毒，婦人倮形披髮夜祭，作糜粥一盤，蝗蟲、蛺蝶、百蟲自屋上來食，遺矢乃藥也。欲知蠱毒之家，入其門，上下無纖埃者是矣。今黎峒溪峒人置酒延客，主必先嘗者，示客以不疑也。[註133]

連自稱「惓惓于桂林」，「不鄙夷其民」的范成大（1126～1193），[註134]也有相類的說法。[註135]這似乎是到過嶺南的中原士大夫的普遍認識，時人深受影響，《宋刑統》內即有針對「造畜蠱毒」的條文，[註136]宋慈（1183～1246）的驗屍手冊裡也教人辨認中了「金蠶蠱毒」屍體的特徵，[註137]當時或以爲

〔註132〕曾敏行，《獨醒雜志》，卷9，頁83。

〔註133〕周去非，《嶺外代答校注》，卷10，〈志異門·蠱毒〉，頁449。

〔註134〕范成大，《桂海虞衡志校註》，〈序〉，頁1。

〔註135〕范成大，《桂海虞衡志校註》，〈佚文〉，頁139。

〔註136〕宋·竇儀，《宋刑統》，北京：中華書局，1984年，頁281～285。

〔註137〕宋·宋慈著，羅時潤、田一民、關信譯釋，《洗冤錄譯釋》，福州：福建科學技術出版社，1992年，頁167。

這種厲害的妖術就是源自廣東和福建一帶。〔註138〕今天不會再有人相信蠱毒這種傳說，〔註139〕但宋朝政府的刑律、提刑司官員、兩廣牧民官和士大夫等，都言之鑿鑿。其實，嶺南地區的「蠱」，只是漢民族作為「他者」的一種「想像」而已。〔註140〕

同理，宋人以為嶺南自古以來好巫尚鬼、兩廣民眾最是迷信，其實只是部分中原人士、官僚和士大夫的偏見和印象而已。自嶺南併入宋土後，國家在政治上已完全控制南漢舊地，集權措施令地方割據力量消失，不足為懼，南北渾成一家。然而，基於自然環境差異和文化傳統不同，南疆與中州間的文化畛域，卻不易泯除；政府及士大夫階層認為偏遠的嶺南，華夷雜處，風俗落後詭異，民眾好鬼尚巫。隨著國土擴張，統治者當然不能容許嶺南地區繼續背離中原的儒家禮樂文化，於是中土文明就從中心向邊緣推進，移風易俗，懲巫揚醫，開化兩廣。

在這個過程中，宋朝政府和士大夫一方面以一個陌生外來者的角度，在原有的歷史傳統及土著的「社會想像」中，了解、描述、塑造想像中的嶺南「異文化」；另一方面，為了將嶺外的蠻荒世界逐漸納入中原的禮樂文明裡，政府和士大夫又透過高壓和勸誘兩種手段，逐漸消滅原地的土著文化，「一道德，同風俗」。透過本文對嶺南巫覡巫術的考察和反省，可知「文明開化／野蠻落後」、「中心／邊緣」、「中州／南疆」的推進和融合，當中有塑造建立、有鎮壓消滅，有真實、有想像，互相激盪。由北宋發展到南宋，朝廷的政策和南遷的北人逐漸「開化」嶺南；然而，民間故事裡仍然不乏尚巫右鬼之例，無論是「我者」與「他者」，似乎還是彼此共有的「社會記憶」，即使到明清時代，兩廣還是「過癩」傳說流播最廣的地域。〔註141〕可惜，由於當代史料

〔註138〕宋・方回，《虛谷閒抄》，收入陶宗儀等編，《說郛三種》，頁1524。

〔註139〕詳見鄧啟耀，《巫蠱考察──中國巫蠱的文化心態》，臺北：中華發展基金管理委員會、漢忠文化事業股份有限公司，1998年。

〔註140〕關於嶺南漢文化視野下的「蠱」問題，參見張詠維，〈漢文化視野下的蠱──以清代嶺南為例〉，《中正歷史學刊》，2006年第8期，頁291～328。艾婕媞亦引蘇堂棟（Donald S. Sutton）的研究指出，「蠱」其實源於漢人對南方文化的陌生和恐懼而產生之「想像」而已，參見 TJ Hinrichs, *The Medical Transforming of Governace and Southern Customs in Song Dynasty China (960-1279 C.E.)*, p.72。

〔註141〕參見蔣竹山，〈性、蠱與過癩──明清中國有關麻瘋病的社會想像〉，「中國日常生活的論述與實踐」國際學術研討會，紐約：哥倫比亞大學，2002年10月27日；蔣竹山，〈過癩──明清中國有關麻瘋病的社會想像〉，載於蔣竹山，

不足，本文無法完整交待宋代嶺南「去巫化」的全貌，也未能針砭當中的各個成敗原因。從歷史發展的長時段角度而言，中原文明重構本我的價值，將異己的南疆土著文化逐步吞噬消融，最終，儒家理學改變了嶺南社會，兩廣文化也融入了「華南」，沒有「我者」、也沒有了「他者」。當然，這個過程相當緩慢，宋代只是一個重要的開端而已。〔註142〕

*本文初稿宣讀於 2010 年 11 月 6 日廣州暨南大學主辦之「十到十三世紀中國邊疆和對外關係問題（以南疆問題為重心）學術研討會暨嶺南宋史研究會成立大會」，蒙張其凡教授、曹家齊教授的鼓勵；修訂稿又得林富士教授、李廣健教授及何冠環教授等師友諸多提點及建議，在此並誌謝忱。摯友溫偉國先生及范芷欣小姐先後提供各種協助和支持，筆者銘記。此外，十分感謝兩位匿名審稿人的指正和寬容，文中所有舛誤均係筆者學力淺陋。最後謹以此文紀念先父王文松先生（1923～2009）。

**原刊於《新史學》，第 23 卷第 2 期，2012 年 6 月，臺北，頁 1～55。

《裸體抗砲──你所不知道的暗黑明清史讀本》，臺北：蔚藍文化，2016 年，頁 51～85。

〔註142〕要討論宋代在統一全國後將嶺南文化整合到帝國的疆域裡，單憑「去巫化」這個角度，除了史料的限制外，似乎也無法完全論述、交代、代表這個複雜的政治與文化問題。事實上，單從「文明開化」的著眼點去看，宋朝政府在嶺南興辦學校，將理學傳播到兩廣，或許更能收移風易俗的果效，但這已超出本文的範圍，無法詳究。此外，似乎要到明清兩代，才有充足的史料詳論這個問題，科大衛（David Faure）指出，隨著中原王朝在華南的軍事征討、行政規劃，一套關於權力的文化語言也滲透到華南，影響著當地的禮節、身分、地位、財產權、商業習慣、社會流動和社會構建。透過這一正統紐帶，華南社會就被整合到國家裡去，變成安分守己的良民。參閱 David Faure, *Emperor and Ancestor: State and Lineage in South China*, Stanford: Stanford University Press, 2007。科大衛這部鉅著所揭示的，亦有助我們對本文的反思：「去巫揚醫」作為宋朝政府開化嶺南的一個權力話語，朝廷對這個問題的了解、想像與對策，嶺南土著文化因此而受到的鎮壓、改造及反彈，期間的碰撞、激盪、磨合以至消融，或許能部分地反映宋朝整合兩廣建立統一文化的努力與情況？礙於史料、篇幅及個人的才識所限，這裡就無法對科教授這部體大思精的著作進行比較和深入評論，請讀者原諒。

妖與靈——宋代邪神信仰初探

一、殺人祭鬼——問題的提出

　　對於研究宋朝民間信仰歷史的學者而言，時人頻繁不絕的「殺人祭鬼」記錄，實在是一個令人既震撼卻又不解的問題。所謂「殺人祭鬼」，即「殺人祭邪神」。〔註1〕撇除官員的大量評論及眾多案例，單從兩宋時代政府三申五令禁制邪神崇拜的措施（參見表一），讀者已可見其情況之普遍與嚴重。我們不禁要問，何以在儒學復興的宋代，民眾竟然會奉拜如此有乖人倫的邪神，幹出駭人聽聞的「殺人祭鬼」勾當？〔註2〕

〔註1〕　研究中國民間信仰者均同意，中國人對「鬼」與「神」的意義並無嚴格分辨，人死後爲「鬼」，受祀則被視爲「神」，其中的要害是「靈驗」與否。武雅士（A. Wolf）的經典研究就指出，一個靈魂被視爲是鬼或祖先神靈，完全要看當事人是誰，一個人的祖先即別人的鬼。參看 Arthur P. Wolf, "Gods, Ghosts, and Ancestors", in Arthur P. Wolf（ed.），*Religion and Ritual in Chinese Society*, Stanford & California: Stanford University Press, 1974, p.146。事實上，宋人即同時有稱家宅內庇護子孫的神明爲「鬼」或「神」，見宋・何薳，《春渚紀聞》，卷2，〈雜記・中霤神〉，北京：中華書局，1983年，頁31；宋・劉斧，《青瑣高議》，別集卷6，〈大眼師〉，上海：上海古籍出版社，1983年，頁242。因此，宋代的「殺人祭鬼」即「殺人祭邪神」，讀者亦可從〈表一〉中的資料窺見。至於「邪神」之定義，後文會有討論。

〔註2〕　「殺人祭鬼」自然並非始於宋代，這可說是傳統中國社會自古即有的一種祭祀儀式，也普遍存在於古代世界，見黃展岳，《古代人牲人殉通論》，北京：文物出版社，2004年；周慶基，〈人祭與人殉〉，《世界宗教研究》，1984年第2期，頁89～96。不過，進入文明時代以後，宋代「殺人祭鬼」的情況似乎特別厲害和凸出，筆者曾經利用電子版《文淵閣四庫全書》檢索「殺人祭鬼」條目，得出匹配的資料有16筆，其中有13筆資料爲宋代史事，只有3筆資

表一：兩宋政府禁制邪神的詔令

序號	時　間	禁　令　內　容	地　域	資　料　出　處
1	太宗 雍熙2年 （985） 閏9月	嶺嶠之外，封域且殊，蓋久隔于華風，乃染成于污俗……應邕、容、桂、廣諸州，婚嫁喪葬、衣服制度，并殺人以祭鬼、疾病不求醫藥及僧置妻孥等事，并委本屬長吏多方化導，漸以治之，無宜峻法，以致煩擾。	廣南東路廣州，廣南西路邕、容、桂州	《宋會要輯稿》，〈刑法〉2之3，頁6497；〔註3〕宋·宋太宗，〈令嶺南長吏多方化導污俗詔〉，《全宋文》，卷69，〈宋太宗〉7，頁179。〔註4〕
2	眞宗 咸平元年 （998）	禁峽州民殺人祭鬼。	荊湖北路峽州	《宋會要輯稿》，〈刑法〉2之6，頁6498。
3	眞宗 大中祥符3年 （1010） 2月	禁荊南界殺人祭稜騰邪神。	荊湖南路	《續資治通鑑長編》，卷73，太宗祥符3年乙巳，頁1656；〔註5〕《宋會要輯稿》，〈刑法〉2之10，頁6500。
4	眞宗 天禧3年 （1019） 4月	如聞金、商州等州，頗有邪神之祭，或緣妖妄，輒害生靈……所犯頭首及豪強者并處死。	京西南路金州、永興軍路商州	《長編》，卷93，眞宗天禧3年夏4月戊申，頁2145；宋·宋眞宗，〈禁金商等州祭邪神詔〉，《全宋文》，卷258，〈宋眞宗〉47，頁44。
5	仁宗 天聖9年 （1031） 5月	如聞荊湖殺人以祭鬼，自今首謀若加功者，凌遲斬之。募告者，悉畀以罪人家貲。官吏捕獲者，其賞與獲全伙劫盜同。	荊湖南、北路	《長編》，卷110，仁宗天聖9年5月壬子，頁2558；宋·宋仁宗，〈嚴禁荊湖殺人祭鬼詔〉，《全宋文》，卷952，〈宋仁宗〉13，頁226。

料爲前代者。這雖然不是一個完整的統計，也不科學，但似乎多少也可反映宋代「殺人祭鬼」較前代嚴重的情況。

〔註3〕清·徐松，《宋會要輯稿》，北京：中華書局，1987年。

〔註4〕曾棗莊、劉琳主編，《全宋文》，上海：上海辭書出版社，2006年。

〔註5〕宋·李燾，《續資治通鑑長編》，北京：中華書局，1979～1995年。以下簡稱《長編》。

6	仁宗 康定元年 （1040） 11月	知萬州馬元穎言，乞下川陝、廣南、福建、荊湖、江淮，禁民畜蛇毒蠱、殺人祭妖神。其已殺人者，許人陳告賞錢……從之。	川陝、廣南、福建、荊湖、江淮	《宋會要輯稿》，〈刑法〉2之25，頁6508。
7	徽宗 政和8年 （1118） 3月	訪聞江東路饒州管下鄉落之間，信用師巫，蔽溺流俗，多以紙帛畫三清上眞與邪神同祀，以祈禳爲事，葷茹雜進，殊不嚴潔……自今仰本路提點刑獄行下所屬州縣嚴行禁止，後有犯者，以違制論……。	江南東路饒州	《宋會要輯稿》，〈刑法〉2之70，頁6530；宋·宋徽宗，〈禁三清上眞與邪神同祀詔〉，《全宋文》，〈宋徽宗〉58，卷3600，頁266。
8	高宗 紹興12年 （1142） 5月	言者論夔路有殺人祭鬼之事，乞嚴禁之。上謂宰執曰，此必有大巫倡之，治巫則此自止，西門豹投巫於河，以救河伯娶婦，蓋知此道也。	夔州路	《建炎以來繫年要錄》，卷145，紹興12年5月己未，頁2328。〔註6〕
9	高宗 紹興19年 （1149） 2月	禁湖北溪洞用人祭鬼及造蠱毒，犯者保甲同坐。 湖北溪峒醞造蠱毒，以害往來之人。又夷人以人釁鬼，安復、荊門、鼎、豐獨行之人，或罹此禍，望令巡尉覺察…可取當行之。	荊湖北路	《宋史》，卷30，〈高宗紀〉7，頁569。〔註7〕 《繫年要錄》，卷159，紹興19年2月丁丑，頁2576。
10	高宗 紹興21年 （1151） 閏4月	湖南北之俗，遇閏歲則盜殺小兒，以祭淫祠，謂之採生。望令逐路監司帥臣嚴責巡尉，如一任之內，糾察採生七人，依獲強盜法推賞，因事發覺，則巡尉坐失捕之罪，庶幾其弊可革。從之。	荊湖南、北路	《繫年要錄》，卷162，紹興21年閏4月丙戌，頁2636；《宋會要輯稿》，〈刑法〉2之152，頁6571。
11	高宗 紹興23年 （1153）	乞嚴禁殺人祭鬼神奏：明王之制，祭祀非忠勞於國、功德及民者，不與祀典。聞近者禁止淫祠不爲不至，而愚	湖、廣、浙東、四川	《宋會要輯稿》，〈禮〉20之14，頁771。

〔註6〕 宋·李心傳，《建炎以來繫年要錄》，北京：中華書局，1988年。以下簡稱《繫年要錄》。
〔註7〕 元·脫脫等，《宋史》，北京：中華書局，1977年。

	7 月	民無知，至於殺人以祭巫鬼，篤信不疑。湖、廣之風，自昔爲甚。近歲此風又寖行於他路，往往私遣其徒，越境千里，營致生人。以販奴婢爲名，及至歲閏，屠害益繁，雖同姓至親，亦不遑恤。今浙東又有殺人而祭海神者，四川又有殺人而祭鹽井者。守令不嚴禁之，生人實被其害。今歲閏在多季，良民罹其非橫者必多，若不早爲之禁，緩則弗及矣。欲望申嚴法令，戒飭監司、州縣之吏，治之縱之，明示賞罰，增入課令格，加之鄉保連坐，誥誡禁止，明於革心，毀撤巫鬼淫祠。從之。		
12	孝宗 隆興2年 （1164） 正月	湖南北多有殺人祭鬼者，耳目玩習，遂成風俗。乞委兩路監司嚴行禁戢，如捕獲犯人，依法重作行道。	荊湖南路、 荊湖北路	《宋會要輯稿》，〈刑法〉2 之 156，頁6573；宋·黃祖舜，〈乞嚴禁湖南北殺人祭鬼奏〉，《全宋文》，卷 4090，頁155。
13	孝宗 淳熙12年 （1185） 3月	前發遣筠州趙謐言，湖外風俗，用人祭鬼，每以小兒婦女生剔眼目，截取耳鼻，埋之陷穽，汰以沸湯，糜爛肌膚，靡所不至……乞行下諸路州軍……嚴立賞罰……從之。	荊湖	《宋會要輯稿》，〈刑法〉2 之 122，頁6556。
14	孝宗 乾道3年 （1167） 11月	勘會民間多有殺人祭鬼，及貧乏下戶往往生子不舉，甚傷風俗。可令逐路州軍檢舉見行條法，令于縣鎮鄉村曉喻，嚴行覺察，許人陳告。	全國	《宋會要輯稿》，〈刑法〉2 之 158，頁 6574；宋·宋孝宗，〈南郊赦文〉，《全宋文》，卷 5228，〈宋孝宗〉23，頁 319。
15	寧宗 紹熙5年 （1194） 9月	訪聞湖廣等處州縣殺人祭鬼，及略賣人口，并貧乏下戶往往生子不舉。條法禁約非不嚴切，習以爲常，人不	荊湖南、北路，廣南東、西路	《宋會要輯稿》，〈刑法〉2 之 126，頁6558；宋·宋寧宗，〈明堂赦文〉，《全宋文》

		知畏。可令守令檢舉見行條法，鏤板於鄉村道店、關津渡口曉諭，許諸色人告捉，依條施行。仍仰監司嚴行覺察，毋致違戾。		，卷 6889，〈宋寧宗〉1，頁 79。
16	寧宗慶元 4 年（1198）4 月	臣僚言，楚俗淫祠其來尙矣，惟是戕人以賽鬼，不宜有聞於聖世。俗尙師巫，能以禍福證兆，簧鼓愚民……浸淫妖幻詛厭益廣，遂至用人以祭。遇閏歲，此風猶熾。乞告戒湖北一路監司帥守……庶幾此俗漸革。從之。	荊湖北路	《宋會要輯稿》，〈刑法〉2 之 129，頁 6560。
17	寧宗嘉泰 2 年（1202）12 月	權知萬州趙師作言，峽路民居險遠，素習夷風，易惑以詐，易煽以惡，致使淫巫得肆簧鼓。凡遇疾病，不事醫藥，聽命於巫，決卜求神，殺牲爲祭，虛費家財無益，病人雖或抵死，猶謂事神之未至故，凡得疾十死八九。又其俗以不道，千富祀諸昏淫之鬼，往往用人，僥倖作福，流爲殘忍，不可備言。乞行下本路先禁師巫，俾之改業。	夔州路	《宋會要輯稿》，〈刑法〉2 之 133，頁 6562。

　　宮崎市定、澤田瑞穗、河原正博、金井德幸及臺靜農等幾位前輩史家，多年前曾著有數篇短文，初步爬梳宋代「殺人祭鬼」的史料；〔註8〕而過去二

〔註8〕　參見下列諸文：日・宮崎市定，〈宋代における殺人祭鬼の習俗について〉，載於日・宮崎市定，《アジア史研究》，京都：同朋社，1978 年，第 5 冊，頁 100～144；日・澤田瑞穗，〈殺人祭鬼〉、〈殺人祭鬼・証補〉、〈殺人祭鬼・再補〉、〈メタモルフォーシスと變鬼譚〉、〈メタモルフォーシスと變鬼譚再補〉，載於澤田瑞穗，《中國の民間信仰》，東京：工作舍，1982 年，頁 330～404；日・河原正博，〈宋代の殺人祭鬼について〉，《法政史學》，第 19 卷（無出版年份），頁 1～18；日・金井德幸，〈南宋荊湖南北路における鬼の信仰について——殺人祭鬼の周邊——〉，《駒澤大學禪研究所年報》，卷 5，1994 年，頁 49～64；金井德幸，〈宋代における妖神信仰と「喫菜事魔」、「殺人祭鬼」再考〉，《立正大學東洋史論集》，卷 8，1995 年，頁 1～14；臺靜農，〈南宋人體犧牲祭〉，載於宋史座談會編，《宋史研究集》，第 2 輯，臺北：國立編譯館，

十多年，關於宋代民間宗教和祠神信仰的研究更有長足發展，其中美國學者韓森（Valerie Hansen）的 *Changing Gods in Medieval China, 1127-1276* 一書，〔註9〕更引起了廣泛的回響和討論。〔註10〕「宋代民間信仰」成爲一個炙手可熱的跨學科研究課題，中、日、美、歐等地的學者運用人類學、宗教學、社會學和民族學等不同學科的理論和視角，深入研究兩宋時代民間信仰的歷史。其中，「淫祀」和「淫祠」〔註11〕是不少學者研究和討論的交叉點，重要又優秀的著作汗牛充棟；〔註12〕然而，與此相關卻又不盡相同的「邪神信仰」，

1964 年，頁 327～342。

〔註 9〕 Valerie Hansen, *Changing Gods in Medieval China, 1127-1276*, Princeton: Princeton University Press, 1990.

〔註 10〕 詳見下列著作的回顧與討論：蔣竹山，〈宋至清代的國家與祠神信仰研究的回顧與討論〉，《新史學》，第 8 卷第 2 期，1997 年，頁 187～220；Stephen F. Teiser, "Chinese Religions: Popular Religion", *The Journal of Asian Studies*, vol.54, no.2（1995），pp.378-395；皮慶生，《宋代民眾祠神信仰研究》，上海：上海古籍出版社，2008 年，頁 7～17。

〔註 11〕 關於「淫祀」與「淫祠」二詞，宋代史料都有將兩者混合，但如欲強分，「淫祀」即是「非所當祭而祭之」，由此而「私自立廟者」即爲「淫祠」。本文跟大部分研究宋代民間信仰的著作一樣，都將這兩個詞語交替互用。見沈宗憲，〈國家祀典與左道妖異——宋代信仰與政治關係之研究〉，臺北：國立臺灣師範大學歷史研究所博士論文，2000 年，頁 69。

〔註 12〕 這類著作很多，不能盡引，除了上引皮慶生及 Hansen 的著作外，下列著作亦必須參考：宋代史研究會編，《宋代の社會と宗教》，東京：汲古書院，1985 年；日・松本浩一，〈宋代の賜額・賜號について——主として『宋會要輯稿』にみえて史料から〉，載於日・野口鐵郎編，《中國史における中央政治と地方社會》，昭和 60 年科學研究費補助金綜合研究〔A〕研究成果報告書，東京：文部省，1986 年，頁 282～294；日・小島毅，〈正祠と淫祠——福建の地方志における記述と理論——〉，《東洋文化研究所紀要》，第 114 冊，1991 年，頁 87～213；日・須江隆，〈唐宋期における祠廟の廟額、封號の下賜について〉，《中國——社會と文化》，卷 9，1994 年，頁 96～119；須江隆，〈「熙寧七年の詔」——北宋神宗朝期の賜額・賜號——〉，《東北洋大學東洋史論集》，卷 8，2001 年，頁 54～93；日・水越知，〈宋代社會と祠廟信仰の展開——地域核としての祠廟の出現——〉，《東洋史研究》，第 60 卷第 4 號，2002 年，頁 629～666；沈宗憲，〈國家祀典與左道妖異——宋代信仰與政治關係之研究〉；Patricia B. Ebrey and Peter N. Gregory（eds.），*Religion and Society in Tang and Sung China*, Honolulu: University of Hawaii Press, 1993；Robert P. Hymes, *Way and Byway: Taoism, Local Religion, and Models of Divinity in Sung and Modern China,* Berkeley, Los Angeles & London: University of California Press, 2002；Richard von Glahn, *The Sinister Way: The Divine and the Demonic in Chinese Religious Culture,* Berkeley, Los Angeles & London: University of California Press, 2004。

除了個別專著中的少部分篇章外，〔註13〕自宮崎市定等日本學者的開創性研究後，卻始終未見再有深入討論。

　　對於政府和執法的官員而言，要審定「邪神信仰」這類宗教犯罪，必須界定一些普遍標準，〔註14〕例如破壞社會教化這類邪風敗俗（妖異壞化）；但從民眾的視角去看，雖難辨清神鬼之邪正本質，惟其害人駭俗的強大靈力，則教人膽戰心寒，印象深刻。本文即以宋代邪神信仰為題，從「妖異」與「靈力」兩方面、透過政府與民眾的視角，重新思考宋代邪神信仰的本質與流行原因，初步探討這種「踰越於正統」以外的信仰崇拜，何以能夠存在於國家和社會之間的夾縫裡。

二、妖異壞化——官方話語中的「邪神」

　　要研究宋代邪神信仰和討論其本質，除了史料分散等問題外，還會遇到一個更大的困難：究竟「邪神」所指若何？中國人以為，人有邪、正，鬼神似乎也沒有例外，朱熹（1130～1200）的門人即以為「道理有正則有邪，有是則有非。鬼神之事亦然。世間有不正之鬼神，謂其無此理則不可。」〔註15〕可是「邪神」既為日常生活慣用的詞彙，宋代以至今天，似乎無須、實在也沒有人會為其本義詳加解釋；而所謂的正、邪，確實也無可能有「權威」的解釋。對宋代鬼神及淫祠有深入批判的陳淳（1159～1223）曾經說過：「『敬鬼神而遠之』，此一語極說得圓而盡。如正神，能知敬矣，又易失之不能遠；邪神，能知遠矣，又易失之不能敬。」〔註16〕他是少數點出了對待正神、邪神不同態度的人，可惜其對邪神之義也無深究。

　　宋代以前有關「邪神」一詞的史料並不多見，多是佛教徒攻擊祀拜其他神祇者之貶語而已。〔註17〕不過，邪神崇拜往往涉及妖異之事，故有關「妖

〔註13〕王章偉，《在國家與社會之間——宋代巫覡信仰研究》，第6章，〈淫祠與邪神〉，香港：中華書局，2005年，頁265～341。

〔註14〕據柳立言的研究，宋朝政府界定宗教犯罪的普遍標準有七項：淫祠、淫風、淫神、誑惑（即以妄言或妖言惑眾）、淫祀、異行、妖術。見柳立言，〈從《名公書判清明集》看南宋審判宗教犯罪的範例〉，載於柳立言編，《性別、宗教、種族、階級與中國傳統司法》，臺北：中央研究院歷史語言研究所，2013年，頁102～106。此文承蒙柳立言兄賜閱，謹此致謝。

〔註15〕宋・黎靖德編，《朱子語類》，卷3，〈鬼神〉，北京：中華書局，1986年，頁55。

〔註16〕宋・陳淳，《北溪字義》，卷下〈鬼神〉，北京：中華書局，1983年，頁67。

〔註17〕唐・釋道宣，《廣弘明集》，卷9，〈周・甄鸞・笑道論〉，《文淵閣四庫全書》，

神」的記載卻不少，例如吳主孫權（182～252）「禮羅陽妖神以求福助」；
〔註18〕唐代蘇州有漁人拜祀湖中妖神，「禱之必豐其獲」。〔註19〕元稹（779
～831）有〈賽神〉詩云「村落事妖神，林木大如村」，〔註20〕對妖神在村
落間造成的影響，嚴加批評：「楚俗不事事，巫風事妖神，事妖結妖社，不
問疏與親。」〔註21〕其送白居易（772～846）到巴蜀的詩作，又說到當地
「獷俗誠堪憚，妖神甚可虞。」〔註22〕唐高祖武德九年（626）即曾下詔「私
家不得輒立妖神，妄設淫祀，非禮祈禱，一皆禁絕。」〔註23〕不過，這些
「妖神」的實質內涵，我們所知也不多。幸運地，《左傳》〈僖公十九年〉有
一條重要的記載：

> 宋公使邾文公，用鄫子于睢之社，欲以屬東夷。注：「睢水……此
> 水次有妖神，東夷皆社祠之，蓋殺人而用祭。」〔註24〕

這裡以活人祭祀社廟裡的「妖神」，宋代的朱翌（1098～1167）即認為，「今遠
方猶殺人祭鬼，實二子啓之也，哀哉！」〔註25〕可見「殺人祭鬼」是從古以
來祭拜邪神最顯見的特徵，而「妖神」也就是「邪神」。

現代學者對宋代民間信仰與國家政權之間關係的討論，亦有助我們重新
思考宋代邪神本質的問題。大量優秀的研究顯示，宋朝政府透過賜額和封號
等政策，建立起一套成熟的國家祭祀體系，承認、吸納、控制民間各色各樣
的祠神，將「合法正當」的國家意識與儒教文化推展到民間社會裡；同時利
用「淫祠」、「淫祀」等標籤，禁毀不符合正統價值的民間信仰，以維護國家
政權的一統與威權。〔註26〕不符合正統的「邪神」或「妖神」，自然不可能是

　　臺北：商務印書館，1986年，頁23～24；卷27下，〈戒法攝生門二十〉，頁
　　31～32。
〔註18〕梁·沈約，《宋書》，卷33，〈五行志〉，北京：中華書局，1974年，頁950。
〔註19〕元·袁桷，《延祐四明志》，卷17，〈唐心鏡大師碑〉，《文淵閣四庫全書》，臺
　　北：商務印書館，1986年，頁11～12。
〔註20〕唐·元稹，《元氏長慶集》，卷1，〈賽神〉，《文淵閣四庫全書》，臺北：商務印
　　書館，1986年，頁7～8。
〔註21〕《元氏長慶集》，卷3，〈賽神〉，頁4。
〔註22〕《元氏長慶集》，卷12，〈酬樂天東南行詩一百韻并序〉，頁4。
〔註23〕五代·王溥，《唐會要》，卷44，北京，中華書局，1955年，頁797。
〔註24〕晉·杜預注、唐·陸德明音義、孔穎達疏，《春秋左傳注疏》，卷13，楊伯峻
　　編著，《春秋左傳注（修訂本）》，北京：中華書局，1990年，頁381。
〔註25〕宋·朱翌，《猗覺寮雜記》，卷下，《筆記小說大觀》，揚州：江蘇廣陵古籍刻
　　印社，1983～1984年，頁6。
〔註26〕詳見註11及註12各篇論著；又請參閱 James L Watson. "Standardizing the Gods:

國家〈祀典〉的一員，與「淫祀」有很大關係；然而，兩者其實並不完全等同，陳淳就這樣解釋：

> 古人祀典，品節一定，不容紊亂。在諸侯，不敢僭天子而祭天地；在大夫，亦不敢僭諸侯而祭社稷山川。如季氏旅泰山便不是禮。《曲禮》謂：「非所當祭而祭之，名曰淫祀。淫祀無福。」淫祀不必皆是不正之鬼。假如正當鬼神，自家不應祀而祀他，便是淫祀。如諸侯祭天地，大夫祭社稷，季氏旅泰山，便是淫祀了。〔註27〕

不過，政府和官員這種對民間信仰的統制措施與神祇性質的分類，正可反映民間祠神的邪、正性格，官方話語的形塑舉足輕重，〔註28〕也是我們理解宋代邪神之義的適當切入點。〔註29〕

　　政府既然試圖操控民間信仰發展的軌跡，對那些踰越於正統以外、甚或威脅到名教禮法的妖鬼，自必大加鎮壓。萬志英（Richard von Glahn）在其宋代邪神「五通」的經典研究基礎上，已開始注意對中國民間信仰中「左道」（the sinister way）與「惡魔」這種「惡」的一面傳統。〔註30〕事實上，宋朝統治者對這種「左道」最是忌憚，真宗的禁令謂：

> 先王立法，在妖邪而必誅……顧小民之多僻，習左道而相傳，苟用常科，難逃極斷，屈茲彝憲，投置遠方……各令著業，自今不

The Promotion of T'ien Hou Along the South China Coast, 960-1960," in Johnson, Nathan and Rawski（eds.）, *Popular Culture in Late Imperial China*, Berkeley, Los Angeles & London: University of California Press, 1985, pp. 292-324。

〔註27〕陳淳，《北溪字義》，卷下，〈鬼神〉，頁60～61。

〔註28〕蔡竺君最近的研究卻認為，國家力量並非宋代祠神正當性的唯一權力來源和標準，各種宗教傳統的重要性不容忽視。見蔡竺君，〈在正統與異端之間：從《夷堅志》看江西地區祠廟信仰與儒道關係，998～1224〉，臺北：國立政治大學宗教研究所碩士論文，2009年。筆者要感謝竺君小姐賜閱本文。

〔註29〕筆者過去研究宋代民間信仰時，一再強調應該「回到當代人的世界」，從宋人的視角去看問題，不能僅以今人的目光、語言去詮釋史料。見王章偉，《在國家與社會之間──宋代巫覡信仰研究》，頁29～37；王章偉，〈溝通古今的薩滿──研究宋代巫覡信仰的幾個看法〉，載於復旦大學文史研究院編，《「民間」何在，誰之「信仰」》，北京：中華書局，2009年，頁140～154。這裡談論宋代「邪神」之本義時指出可從當時官方之話語去了解，其實仍是基於「從宋人的立場出發」的這個原則。

〔註30〕Richard von Glahn, "The Enchantment of Wealth: The God Wutong in the Social History of Jiangnan," *Harvard Journal of Asiatic Studies*, 51:2（1991）, pp.651-714；Richard von Glahn, *The Sinister Way: The Divine and the Demonic in Chinese Religious Culture*。

　　得傳習。〔註31〕

英宗時又再彈舊調：

　　　　夫左道亂法，淫祀敗俗，與夫賊殺善良之人，皆前古之所甚禁，
　　　　而在上者所同疾也。朝廷比設防制，以糾奸違，厚賞以明告之科，
　　　　嚴罰以重縱出之坐。〔註32〕

鎮壓的手段至爲嚴厲，「詔有司察所部左道、淫祀及賊殺善良不奉令者，罪毋
赦」，〔註33〕刑法上爲死罪「十惡」之一。〔註34〕《宋史・刑法志》即云：

　　　　左道亂法，妖言惑眾，先王之所不赦，至宋尤重其禁。凡傳習
　　　　妖教，夜聚曉散，與夫殺人祭祀之類，皆著于法，訂察甚嚴。故姦
　　　　軌逞之民，無以動搖愚俗。間有爲之，隨輒報敗。〔註35〕

官員如李覯（1009～1059）等更認爲是重要的「富國之策」。〔註36〕

　　對這種亂法左道的聲討，宋仁宗天聖元年（1023）知洪州夏竦（985～
1051）要求禁制江西村落間妖巫害人之奏，說得最是明白：

　　　　臣聞左道亂俗，祅言惑眾，在昔之法，皆殺無赦。蓋以姦臣
　　　　逆節，狂賊亂規，多假鬼神，搖動耳目。漢之張角，晉之孫恩，偶
　　　　失防閑，遂至屯聚。國家宜有嚴制，以肅多方。竊以當州東引七閩，
　　　　南控百粵，編氓右鬼，舊俗尚巫。在漢欒巴，已嘗翦理，爰從近歲，
　　　　傳習滋多。……所居畫魑魅，陳幡幟，鳴擊鼓角，謂之神壇。……
　　　　奇神異象，圖繪歲增；怪籙妖符，傳寫日異。小則雞豚致祀，斂以
　　　　還家，大則歌舞聚人，餕其餘胙。〔註37〕

不過，這裡提到被迷惑的民眾、張角（？～184）和孫恩（？～402）等前代
民間宗教領袖、其假託的妖鬼邪神等，卻道出了宋代史料中的「妖民」、「妖
（邪）教」及「邪（妖）神」等均爲官方所謂的「左道」，互相混雜，往往難

〔註31〕　宋・宋眞宗，〈妖人谷隱干連人等放罪詔〉，《全宋文》，卷250，〈宋眞宗〉39，
　　　　　頁321。
〔註32〕　宋・宋英宗，〈禁結集社會詔〉，《全宋文》，卷1732，〈宋英宗〉3，頁302。
〔註33〕　《宋史》，卷13，〈英宗紀〉，頁259。
〔註34〕　《長編》，卷92，眞宗天禧2年壬申，頁2119；卷95，眞宗天禧4年4月丙
　　　　　寅，頁2193。《宋史》，卷199，〈刑法〉1，頁4974。
〔註35〕　《宋史》，卷199，〈刑法〉1，頁4981～4982。
〔註36〕　宋・李覯，〈富國策第四〉，《全宋文》，卷905，〈李覯〉14，頁167。
〔註37〕　《長編》，卷101，仁宗天聖元年11月戊戌，頁2340～2341。宋・夏竦，〈洪
　　　　　州請斷祅巫奏〉，《全宋文》，卷347，〈夏竦〉15，頁76。

以分辨。因此，一般人很容易會將這些資料混淆，將這些現象和問題簡單地混爲一談；事實上，記載史事者也未必很清楚其中的分別，故當我們探討宋代邪神信仰並依賴這些史料做研究時，很多時亦無法分辨當中的異同。不過，要了解問題的眞相，似仍須試加析論。

1、妖人與妖兵

爲了維護國家信仰的正當性和穩定政權，宋朝政府對一些民間妖異之事，最爲敏感與警惕。例如仁宗慶曆年間，夏竦「言博州軍人趙宗者，夜寐有蛇出入口鼻，恐以妖惑眾，請度爲僧，令居京師，毋得出外，從之。」〔註38〕皇祐時仁宗又對輔臣曰：「開封奏婦人阿齊爲祈雨斷右臂，恐惑眾，不可以留京師，其令徙居曹州。」〔註39〕而程琳（988～1056）判大名府時，「府兵有肉生於背，蜿蜒若龍伏者，文簡（程琳）收禁之。」〔註40〕至於民間所謂「畜蠱毒」者，或徙移其家於窮鄉僻處，不得復齒於鄉；〔註41〕或直截了當擒治伏罪，杜絕這種害人的風俗。〔註42〕國家甚至對研究天文、陰陽等都有嚴格限制，〔註43〕所謂「本朝自祖宗禁星緯之學」。〔註44〕一些與宗教信仰相關以至容易引起民眾不安的思想或活動，官員更是嚴加取締：

> 南劍尤溪林績，仁宗時，爲吉州安福令。時有張嗣宗者，挾妖術作符錄，自稱漢師君三十三代孫。率其徒自龍虎山至，謂能卻禍邀福。百姓翕然以從。績視其印文，曰：「嘻，乃賊物耳。昔張道陵再傳至魯，魯以鬼道教民，自號師君，遂據漢。垂三十年，方敗于

〔註38〕《長編》，卷160，仁宗慶曆7年2月庚午，頁3864。

〔註39〕《長編》，卷172，仁宗皇祐4年3月戊辰，頁4140。

〔註40〕宋·邵伯溫，《邵氏聞見錄》，卷2，北京：中華書局，1983年，頁12。

〔註41〕《長編》，卷5，太祖乾德2年4月己巳，頁126；《宋史》，卷1〈太祖紀〉1，頁17。

〔註42〕《長編》，卷187，仁宗嘉祐3年7月癸酉，頁4516。《宋史》，卷303，〈陳貫傳〉，頁10047～10048；卷426，〈循吏傳〉，頁12702～12703。宋·歐陽修，〈端明殿學士蔡公墓誌銘〉，《全宋文》，卷756，〈歐陽修〉94，頁378。宋·范祖禹，〈集賢院學士致仕高公墓誌銘〉，《全宋文》，卷2154，〈范祖禹〉40，頁26。

〔註43〕《長編》，卷18，太宗太平興國2年10月丙子，頁414；卷56，眞宗景德元年正月辛丑，頁1226～1227；卷62，眞宗景德3年4月己亥，頁1396。又請參閱沈宗憲，〈國家祀典與左道妖異——宋代信仰與政治關係之研究〉，頁117～158；馮錦榮，〈宋代皇家天文學與民間天文學〉，載於法國漢學叢書編輯委員會編，《法國漢學》，第6輯，北京：中華書局，2002年，頁234～268。

〔註44〕《繫年要錄》，卷28，建炎3年9月庚戌，頁553。

曹操……今有道之世，詎容妖賊苗裔，公肆誑罔，以害吾治耶！」

于是收治之。聞于朝，毀印。而江左妖學遂息。〔註45〕

政府的憂慮並非無的放矢，翻開史料，宋代不少涉及民眾叛亂的事件都與民間的妖異信仰有關。在官方眼中，一些破壞社會禮法秩序、宣揚妖異者都是「妖人」或「妖民」，必須嚴加取締。我們將蒐集到的資料表列於下：

表二：宋朝政府及官員擒捕「妖人」、「妖民」事錄

序號	時　間	情　　況	地　域	資　料　出　處
1	太祖乾德4年（966）	妖人張龍兒等二十四人伏誅，夷龍兒、李玉、楊密、晶贇族。		《宋史》，卷2，〈太祖紀〉2，頁25。
2	眞宗大中祥符5年（1012）	訪聞闤闠門內，有人眾目爲先生，每夕身有光，能于隙竅出入無礙。是必妖妄惑眾，其令開封府速擒捕禁止之。	開封府	宋眞宗，〈令開封府擒捕妖妄人詔〉，《全宋文》，卷241，〈宋眞宗〉30，頁109。
3	眞宗大中祥符8年（1015）	妖人谷隱黥面配瓊州牢城，遇赦不還……隱先生罪編管解州，因用妖惑眾。		《長編》，卷84，眞宗大中祥符8年5月甲辰，頁1930。
4	眞宗天禧2年（1018）	近者詔捕妖人，許陳告酬賞。		《長編》，卷92，眞宗天禧2年7月癸未，頁2120。
5	眞宗天禧2年（1018）	訛言帽妖至京師，民夜叫譟達曙，詔捕嘗爲邪法人耿概等棄市	開封府	《宋史》，卷8，〈眞宗紀〉3，頁165。
6	仁宗康定元年（1040）	梓州妖人白彥歡者，依鬼神以詛殺人，獄具，以不傷讞。（梁）適曰：「殺人以刃或可拒，而詛不可拒，是甚于刃也。」卒以死論。	梓州路	《長編》，卷127，仁宗康定元年4月丁亥，頁3003；宋·王珪，〈梁莊蕭公適墓誌銘〉，《全宋文》，卷1161，〈王珪〉42，頁308。
7	仁宗朝	妖人李浩挾術惑眾，（吳充）逐之。	京西路	宋·李清臣，〈吳正憲公充墓誌銘〉，《全宋文》，卷1718，〈李清臣〉10，頁56。

〔註45〕宋·吳曾，《能改齋漫錄》，卷13，〈記事·林績毀張嗣宗妖術印〉，上海：上海古籍出版社，1984年，頁381。

8	仁宗朝	天禧中西京河陽妖怪大起……許人告首，庶獲妖人……自後捉到夜聚曉散人張子元數百人……其張惠眞探其群議，死必有餘……。		宋・劉隨，〈上仁宗乞逐去妖人張惠眞〉，《全宋文》，卷 276，〈劉隨〉，頁 38～39。
9	仁宗朝	時京師有告妖人千數聚確山者，詔遣中使往召捕者十人。	開封府	《宋史》，卷 291，〈吳育傳〉，頁 9730。
10	英宗朝	舟卒六十餘人習妖術，君得其罪首送所部，詿誤者皆削其名。	江南東路	宋・范純仁，〈內殿承制閤門祗侯衛君墓表〉，《全宋文》，卷 1559，〈范純仁〉15，頁 375。
11	神宗元豐 2 年（1079）	遣大理少卿蹇周輔往徐州鞫妖人郭進獄。	京東西路徐州	《長編》，卷 298，神宗元豐 2 年 6 月戊申，頁 7256。
12	高宗紹興 3 年（1133）	詔守、令、尉、佐，境內妖民聚集不能覺察致亂者，並坐罪。		《宋史》，卷 27，〈高宗紀〉4，頁 505。
13	高宗紹興 23 年（1153）	命大理鞫妖人張士道獄。		《宋史》，卷 31，〈高宗紀〉8，頁 578。
14	孝宗朝	妖人吳興居屬邑，有詔命捕，公求得善捕盜者唐青……俄獲興以獻。	京湖北路	《陸放翁全集》，卷 37，〈朝議大夫張公墓誌銘〉，頁 227。〔註46〕
15	度宗朝	有女妖以左道惑眾，鄰郡愚民十百成群，踵門徼福，公（方逢辰）杖而流之，由是遂息。	江西	《蛟峯文集》，外集卷 3，〈蛟峯先生阡表〉，頁 27。〔註47〕

　　表二中的妖民，部分人的妖行並不清楚（〈表二〉例 4、5、7、11、13、14），甚至所謂的「妖」究竟是否涉及妖異邪行也未可知（〈表二〉例 4、11、13、14），或可能只是精英官員對「愚俗」的一種貶稱而已，部分則似與地方治安亂事相關（〈表二〉例 1、2、3、8、9、10、11）。然而其壞風害俗之妖術究竟是否涉及祀拜一些踰越於正統以外的邪神，因史料自身的限制而無

〔註46〕宋・陸游，《陸放翁全集》，北京：中國書店，1986 年。
〔註47〕宋・方逢辰，《蛟峯文集》，《文淵閣四庫全書》，臺北：商務印書館，1986 年。

法得知,爲求精確故,筆者認爲暫不宜將這類資料列入邪神信仰的範圍內。職是之故,宋朝政府或官員所謂的「妖人」或「妖兵」,只能算是官方對一些壞俗「左道」的批判,未必是我們所謂的邪神信仰。

政府對這些妖人如此嚴厲,是因爲在民間宗教或具救世、末世信仰的唆使下,妖民很容易就被組織成反政府的「妖兵」、「魔賊」,危害國家安全。我們亦將蒐集到的資料表列於下:

表三:兩宋時代妖兵叛亂事例

序號	時　間	情　　況	地　域	資　料　出　處
1	太祖 開寶 5 年 (972)	斬徐州妖賊李緒等七人。	徐州	《宋史》,卷 4,〈太宗紀〉1,頁 164。
2	開寶年間	會渠州妖賊李仙眾萬人,劫掠軍界,(朱)昂設策禽之。自餘果、合、渝、涪四州民連結爲妖者,置不問,蜀民遂安。	渠州、果州、合州、渝州、涪州	《宋史》,卷 439,〈朱昂傳〉,頁 13007。
3	太宗朝	又急移餘杭剪左道僧紹倫妖蠱之叛,至則平定。	江南東道杭州餘杭	《湘山野錄》,卷上,頁 4。〔註48〕
4	仁宗 慶曆 5 年 (1045)	初,徐州人告(孔)直溫等挾妖法誘軍士爲變……直溫等既受誅,濮州復有謀叛者,民相搖驚潰。(呂)居簡馳往,得其首惡,誅之。	京東路徐州、濮州	《長編》,卷 157,仁宗慶曆 5 年 11 月辛卯,頁 3806。
5	高宗 建炎 3 年 (1129)	嚴州妖賊繆羅據白馬源,殺王官,(楊)存中討平之。	兩浙西路嚴州	《宋史》,卷 367,〈楊存中傳〉,頁 1435。
6	高宗 建炎 4 年 (1130)	(1)時有妖人王念經者,聚眾數萬,反於信州之貴溪……茲乃社稷存亡至危之機也。 (2)大理寺奏魔賊王宗石等款狀……先是,浙西江東制置使張俊以全軍討饒、信妖盜……獲王念經(宗石),(王)德等凡屠兩縣,所殺不可勝計。	江南東路饒州、信州	《繫年要錄》,卷 31,建炎 4 年 4 月甲申,頁 631。 《繫年要錄》,卷 34,建炎 4 年 6 月辛卯,頁 667。

〔註48〕 宋・文瑩,《湘山野錄》,北京:中華書局,1983 年。

7	高宗 紹興 10 年 （1140）	命殿前司前軍統制王滋捕東陽縣魔賊。上命大臣諭滋，毋多殺。未幾賊平。	兩浙東路婺州東陽縣	《繫年要錄》，卷138，紹興 10 年 12 月丁酉，頁 2224。
8	高宗 紹興 14 年 （1144）	宣州涇縣妖賊俞一作亂，守臣捕滅之。	江南東路宣州涇縣	《宋史》，卷 30，〈高宗紀〉7，頁 561。
9	高宗 紹興 20 年 （1150）	（1）適貴溪魔賊竊發，守臣左朝散大夫李椲檄橫統弓兵以備策應……旋至撲滅。 （2）信州妖賊黃曾等作亂，陷貴溪縣，江西兵馬鈐轄李橫等討平之。	江南東路信州貴溪縣	《繫年要錄》，卷161，紹興 20 年 5 月戊申，頁 2615。 《宋史》，卷 30，〈高宗紀〉7，頁 571。
10	高宗 紹興年間	妖人朱瑞明、崔先生挾左道與軍中不逞輩謀不軌，其約以春大閱日起事。（王）佐得其陰謀，一日坐帳中決事，命捕爲首者，至前略詰數語即責短狀，判斬之而流徙數人於嶺外，餘置不問。	江南東路建康府	《嘉泰會稽志》，卷15〈相輔〉，頁 24。〔註 49〕
11	理宗朝	德清有妖人扇民爲亂，民蜂起附之，至數萬人，遣帥討之。盜聞其來，眾立歸散。	兩浙路湖州德清縣	《宋史》，卷 450，〈忠義傳〉5，頁 13255。

可惜，表三事例同樣礙於史事不詳的限制，我們所知亦不多。據此，本文認爲從「妖賊」、「魔賊」等官方話語猜量，儘管其中極可能涉及一些妖術或祠神崇拜，但因爲未見涉及殺人祭鬼或有乖倫常之事，暫也不宜將這些史料視爲宋代的邪神信仰。事實上，仁宗朝著名的「王則之亂」就是一個重要例子：

> 貝州宣毅卒王則據城反。則本涿州人，歲饑，流至貝州，自賣爲人牧羊，後隸宣毅軍爲小校。貝、冀妖幻，相與習《五龍滴淚》等經及圖讖者，言釋迦佛衰謝，彌勒佛當持世。初，則去涿，母與之訣別，刺「福」字於其背以爲記，妖人因妄傳「福」之隱起，爭信事之。而州吏張巒、卜吉主其謀，黨連德、齊諸州，約以明年正旦斷澶州浮梁，亂河北。〔註 50〕

〔註 49〕 宋・沈作賓修、施宿等纂，《嘉泰會稽志》，《宋元方志叢刊》，北京：中華書局，1990 年。

〔註 50〕 《長編》，卷 161，仁宗慶曆 7 年 11 月戊戌，頁 3890。《宋史》，卷 292，〈明

王則起事的背景和條件裡，雖然涉及民間的妖風幻俗，但其託稱的宗教末世思想卻明顯是淨土佛教的彌勒宗，是中國由來已久的秘密宗教叛亂傳統，〔註51〕雖然是政府務必除去的「左道」，卻與民間殺人祭鬼的邪神崇拜關係不大。至如南宋高宗朝洞庭湖賊鍾相（？～1130）、楊么之亂，雖也有假託巫鬼神靈，以能救人疾患等妖術惑民，〔註52〕但其所謂之妖異，也未見殺人祭鬼或其他有違人倫的惡行。

同樣發生在仁宗年間，名臣程琳知西川的益州時亦敉平了一次妖人作亂的事件：

> 蜀民歲爲社，祠灌口神，有妖人自名李冰神子，置官屬吏卒，
>
> 聚徒百餘，琳捕其首斬之，而配其社人於內地，或以爲冤。〔註53〕

這次民變的領袖自稱是水神李冰之子，藉民間信仰策動起事，對政府來說，自然是破壞教化的左道；只是「灌口神」是傳統蜀地的社神，故地方官員在鎮壓爲首者之餘，遂斥其乃僞託之妖人，未有禍及李冰爲妖神、邪神之說。〔註54〕總之，這類「妖人」、「妖兵」利用民間信仰作亂的左道，跟我們所認識的邪神崇拜，似乎還有一段距離。

2、「夜聚曉散」與「喫菜事魔」

「夜聚曉散」與「喫菜事魔」這兩個政治社會問題，對宋朝政府來說，最是頭痛；對後世的研究者而言，自不陌生，有關的著作很多，本文亦無法詳引。而談到邪神信仰的問題，我們在史料上更須釐清兩者之間的分別。

宋代以前中國的傳統社會，老百姓日出而作，日落而息，井然有序。政

鎬傳〉，頁 9770。

〔註51〕 關於彌勒淨土宗、彌陀淨土宗等與秘密宗教叛亂的傳統，參考戴玄之，《中國秘密宗教與秘密社會》，臺北：商務印書館，1990 年，頁 84～103。

〔註52〕 《繫年要錄》，卷31，建炎 4 年 2 月甲午，頁 613。宋・李綱，《梁谿集》，卷73，〈乞發遣水軍吳全等付本司招捉楊么奏狀〉，《文淵閣四庫全書》，臺北：商務印書館，1986 年，頁 6～9。

〔註53〕 《長編》，卷 109，仁宗天聖 4 年 10 月癸卯，頁 2546～2547。歐陽修，〈鎮安軍節度使同中書門下平章事贈中書令諡文簡程公墓誌銘〉，《全宋文》，卷 753，〈歐陽修〉91，頁 330。

〔註54〕 南宋時，朱熹跟弟子的討論中，也指出祭祀李冰子的「灌口二郎」有點靈怪，謂：「蜀中灌口二郎廟，當初是李冰因開離堆有功，立廟。今來現許多靈怪，乃是他第二兒子出來。」見《朱子語類》，卷3，〈鬼神〉，頁 53～54。政府自然不會承認這裡的「李冰神子」是正祀「灌口神」之子，故程琳遂斥之爲「妖人」。

府因此厲行「夜禁」的政策，民眾如果違反規定，即是挑戰這種日常的社會生活秩序。所謂「月黑風高殺人夜」，夜不歸宿本身就是道德不軌的表徵。〔註55〕前引的《宋史‧刑法志》就將「左道亂法」、「妖言惑眾」跟「夜聚曉散」、「傳習妖教」及「殺人祭祀」聯繫起來，夜聚曉散、妖教、邪神三者糾纏不清。我們先看看宋朝政府如何看待夜聚曉散跟妖術之間的關係，這裡也依照前面的做法，將一些史例表列於下：

表四：兩宋時代「夜聚曉散」與妖術傳播之詔令與事例

序號	時 間	情 況	地 域	資 料 出 處
1	眞宗 大中祥符 6 年（1013）	令審刑院、大理寺、三司詳定配隸法。既而……夜聚爲妖等十二條，悉減從輕焉。		《長編》，卷 80，眞宗大中祥符 6 年正月庚子，頁 1814。
2	仁宗 天聖 5 年 （1027）	京東群民間有拜嶽大會，率斂財物，千百爲群，造作帝王儀仗，及有眞假兵器，結束人物，私自推補，僭侈相尚，播率民戶……若不嚴行禁制，深慮別長奸兇……且夜聚曉散之徒，爲其虧損風教，已有條制，頭首及強梁者處死。	京東路	劉隨，〈上仁宗乞禁夜聚曉散及造儀仗事神〉，《全宋文》，卷 276，〈劉隨〉，頁 37～38。
3	仁宗 景祐 2 年 （1035）	益、梓、利、夔路夜聚曉散，傳習妖法，能反告者賞錢五萬，以犯者家財充。	益州、梓州、利州、夔州路	宋仁宗，〈募益梓利夔路民告傳習妖法者詔〉，《全宋文》，卷 958，〈宋仁宗〉19，頁 357。
4	仁宗 寶元年間 （1038～1040）	澠池人有告其仇衛九思者，傳張角之術，善以妖幻惑人。夜集鄉里，男女同堂居寢，逮明而罷，號爲講法。率嘗往來旁郡，數百千家相與爲囊橐。州縣吏更調情狀，且捕之。	京西路河南府澠池縣	宋‧蔡襄，〈耿諫議傳〉，《全宋文》，卷 1020，〈蔡襄〉27，頁 225。
5	仁宗 景祐、寶元年間	鄧州有僧某誘民男女數百人，以昏夜聚爲妖，積六七年不發，公（謝絳）至，立殺其首，弛其餘不問。	京西路鄧州	宋‧王安石，〈尚書兵部員外郎知制誥謝公行狀〉，《全宋文》，卷 1409，〈王安石〉47，頁 75。

〔註55〕 參閱葛兆光，〈嚴昏曉之節——古代關於白天與夜晚觀念的思想史分析〉，《臺大歷史學報》，第 32 期，2003 年，頁 33～55。

6	仁宗 至和元年 （1054）	有信州龍虎山道士王守和，見在壽星觀內寄居，昨秋中曾糾集京師官員百姓婦女等一二百人，以授符籙神兵爲名，夜聚曉散……聚眾作法，希求金帛，惑亂風俗。豈宜輦轂之下，容庇妖妄之人……免致動民生事。	開封府	宋・趙抃，〈乞勘斷道士王守和授籙惑眾狀〉，《全宋文》，卷882，〈趙抃〉1，頁151。
7	仁宗 至和2年 （1055）	近日京城中有遊惰不逞之輩百姓李清等，私自結集，至二三百人，夜聚曉散，以誦佛爲名，民間號曰「鄉社」。此風既盛，則惑眾生事，如昔金剛禪、二會子之類。伏乞聖旨指揮下開封府，嚴行禁斷，以杜絕妖妄。	開封府	趙抃，〈乞禁斷李清等經社狀〉，《全宋文》，卷883，〈趙抃〉2，頁169。
8	徽宗 大觀4年 （1110）	詔諸路提刑司常行覺察夜聚曉散徒眾及督責，仍每年具部內委無夜聚曉散徒眾，申尚書省。	全國	《宋會要輯稿》，〈刑法〉2之63，頁6527。
9	徽宗 宣和元年 （1119）	詔滄州清池縣饒安鎮市戶張遠、無隸縣新豐村張用、清州乾寧縣齊玘等，各爲燒香受戒夜聚曉散男女雜處作過，見今根勘，仰承勘官子細研窮，不得漏失。	河北路滄州清池縣、無隸縣、乾寧縣	《宋會要輯稿》，〈刑法〉2之74，頁6532。

　　法制上，官方都認定「夜聚曉散」就是跟傳播妖術圖謀不軌相連（〈表四〉例1），黑夜裡男女混雜，幹的自然是傷風敗俗的勾當；但我們重視的是，其中的「妖術」有否與邪神信仰拉上關係？事實上，除了一些情況不明者外（〈表四〉例3、8、9），涉及的往往都是一些民間教派或結社，如〈表四〉例4和例6應是一些道士、廟祝之流，借符籙等法術興妖煽民，〈表四〉例5和例7則是一些佛教僧侶與結社的末法邪行，〔註56〕而〈表四〉例2更是簡單，民間一些祭拜山川的組織，自身本就容易爲野心者所利用。因此，雖然

〔註56〕 這些道士、僧侶，不一定是玄門正宗，其可以是佛道二教在民間傳播後的世俗化流裔或結社，或只是些對原始教義一知半解的依附者，更乾脆可能就是冒牌貨。重要的是，他們既依託於佛道二教之典籍或儀式，又沒有殺人祭鬼等有乖人倫之事，似乎不能算是邪神信仰。

同是妖異壞化，我們卻不能簡單地將「夜聚曉散」的「妖民」直接視爲祀奉
邪神者。

　　進一步分析，宋代史料多有直接將「夜聚曉散」視爲「傳習妖教」者，
其中所謂的「妖教」，多指「喫菜事魔」。例如《宋會要輯稿》載：

　　　　（紹興三年〔1133〕）十月二十九日樞密院言，宣和間溫台村
　　　民多學妖法，號喫菜事魔，鼓惑眾聽，刦持州縣…夜聚曉散，傳習
　　　妖教。〔註57〕

又記：

　　　　淳熙元年（1174）四月二十八日勑令所言喫菜事魔，或夜聚曉
　　　散，因而傳習妖教，州縣不行覺察，自當坐罪。〔註58〕

地方官的判詞更精簡，蔡久軒審訊「蓮堂傳習妖教」的案件時即引用朝廷敕
令說：

　　　　按勑：喫菜事魔，夜聚曉散，傳習妖教者，絞，從者配三千里，
　　　不以赦降原減二等。又勑：諸夜聚曉散，以誦經行道爲名，男女雜
　　　處者，徒三年；被誘之人杖一百。〔註59〕

眾所周知，所謂「喫菜事魔」，是指一些素食（喫菜）的民間教派或結社，由
於當中多涉及反政府的民變，故被官方稱爲「魔教」。這些教派與結社的成分
很複雜，包括彌勒教、彌陀教、白雲菜、白蓮菜、摩尼教及其他種種民間信
仰，〔註60〕過去學者已做了很多研究。〔註61〕這些民間教派或外來宗教被視

〔註57〕　《宋會要輯稿》，〈刑法〉2之111，頁6551。
〔註58〕　《宋會要輯稿》，〈刑法〉1之49，頁6486。
〔註59〕　中國社會科學院歷史研究所宋遼金元史研究室點校，《名公書判清明集》，卷
　　　　24，〈妖教・蓮堂傳習妖教〉，北京：中華書局，1987年，頁535。
〔註60〕　這類史料極多，無法盡錄，最具代表的討論，見陸游，〈條對狀〉：「自古盜賊
　　　　之興……惟是妖幻邪人，平時誑惑良民，結連素定，待時而發，則其爲害，
　　　　未易可測。伏緣此色人處處皆有，淮南謂之二襘子，兩浙謂之牟尼教，江東
　　　　謂之四果，江西謂之金剛禪，福建謂之明教、揭諦齋之類，名號不一，明教
　　　　尤甚。有秀才、吏人、軍兵亦相傳習。其神號曰明使，又有肉佛、骨佛、血
　　　　佛等號，白衣爲帽，所在成社。僞經妖像，至於刻版流布，假借政和中道官
　　　　程若清等爲校勘，福州知州黃裳爲監雕。以祖考爲引鬼，永絕血食，以溺爲
　　　　法水，用以沐浴。其他妖濫，未易概舉，燒乳香，則乳香爲之貴；食菌蕈，
　　　　則菌蕈爲之貴。更相結習，有同膠漆，萬一竊發，可爲寒心。漢之張角、晉
　　　　之孫恩，近歲之方臘，皆是類也。」陸游，《陸放翁全集・渭南文集》，卷5，
　　　　〈條對狀〉，頁27～28。
〔註61〕　除了前引戴玄之、金井德幸和沈宗憲等研究外，可參考下列各文：陳垣，〈摩

爲「妖教」、「魔教」，部分是因爲異教徒的誤會、誣蔑（如佛教徒因摩尼教假託佛教傳播，遂將其名稱中的「摩」改爲「魔」，稱其教爲「魔教」），又或是由於反政府而受到禁制貶斥。〔註62〕不過，時人稱方臘「託左道以惑眾」時，也不得不承認：

> 凡魔拜必北嚮，以張角實起於北方，觀其拜，足以知其所宗。
>
> 原其平時不飲酒食肉，甘枯槁，趨靜默，若有志於爲善者。〔註63〕

莊綽的評論亦說：

> 又始投其黨，有甚貧者，率眾財以助，積微以至於小康矣。凡出入經過，雖不識，黨人皆館穀焉。人物用之無間，謂爲一家，故有無礙被之說。以是誘惑其眾。〔註64〕

高宗紹興年間起居舍人王居正的奏論更見事魔者的「古風」：

> 方臘以前，法禁尚寬，而事魔之俗，猶未至於甚熾；方臘之後，法禁愈嚴，而事魔之俗，愈不可勝禁⋯⋯臣聞事魔者，每鄉或村，有一二桀黠，謂之魔頭。盡錄其鄉村之人姓氏名字，相與誼盟，爲事魔之黨。凡事魔者不肉食，而一家有事，同黨之人，皆出力以相

尼教入中國考〉，《陳垣學術論文集》，北京：中華書局，1980 年，頁 329～397。楊訥，〈元代的白蓮教〉，載於元史研究會編，《元史論叢》，第 2 輯，北京：中華書局，1983 年，頁 189～216。牟潤孫，〈宋代之摩尼教〉，《注史齋叢稿》，北京：中華書局，1987 年，頁 94～116。林悟殊，《摩尼教及其東漸》，北京：中華書局，1987 年。王見川，《從摩尼教到明教》，臺北：新文豐出版社，1992年。日・竺沙雅章著、許洋主譯，〈關於喫菜事魔〉，載於劉俊文主編，《日本學者研究中國論著選譯》，第 7 卷，北京：中華書局，1993 年，頁 361～385。林悟殊，《中古三夷教辯證》，北京：中華書局，2005 年。馬小鶴，《摩尼教與古代西域史研究》，北京：中國人民大學出版社，2008 年。芮傳明，《東方摩尼教研究》，上海：上海人民出版社，2009 年。王媛媛，《從波斯到中國——摩尼教在中亞和中國的傳播》，北京，中華書局，2012 年。馬小鶴，《摩尼與摩尼教》，蘭州：蘭州大學出版社，2013 年。

〔註62〕 內地有些學者在研究今日中國的「邪教」問題時，往往溯源中國古代的民間信仰，即道教、佛教、摩尼教、基督教和民間信仰的結社，因而認爲宋元時代的摩尼教及白蓮教等都是「邪教」。見劉平，〈關於中國邪教史研究的幾個問題〉，載於社會問題研究叢書編輯委員會編，《宗教、教派與邪教——國際研討會論文集》，南寧：廣西人民出版社，2004 年，頁 196～203。筆者要強調，我們不應望文生義，以爲「妖」既然即是「邪」，故將現代所謂的「邪教邪神」的內涵附會爲宋代的邪神信仰，忽略了古今語義不同及文化環境迥異的歷史。事實上，將摩尼教等外來宗教視爲邪教，並不合理。

〔註63〕 宋・方勺，《泊宅編》，卷 5，北京：中華書局，1983 年，頁 30。

〔註64〕 宋・莊綽，《雞肋編》，卷上，北京：中華書局，1983 年，頁 11～12。

賑卹。蓋不肉食則費省，故易足。同黨則相親，相親故相卹而事易
濟。臣以謂此先王道其民使相親相友相助之意；而甘淡薄，務節儉，
有古淳樸之風。今民之師帥，既不能以是爲政，乃爲魔頭者，竊取
以瞽惑其黨。〔註65〕

很明顯，這些教派的信仰儀式及教徒的行徑容或有違官方認可的禮法價值，
甚至挑戰國家政治權威，影響統治，故謂其「左道壞化」是合適的；但「事
魔」信眾勉行素食、鄰里間守望相助等等習尚，跟邪神信仰之絕滅人性則似
乎是南轅北轍，未必有很大關係。〔註66〕

3、採牲──邪神崇拜的實際內涵

祠廟是信眾祭拜神靈的地方，考察宋代邪神信仰，也可以從此開展討論。
眞宗大中祥符3年（1010）下詔：「太康縣民有起妖祠以聚眾者，令開封府禁
之。」〔註67〕英宗治平元年（1064）趙抃知成都府時，也因蜀民「有聚爲妖
祀者，治以峻法。」〔註68〕這些「妖祠」、「妖祀」，其祀奉神靈所謂的「妖」，
實際的內涵也並不清楚，未知其與「邪神」是否有關係。不過，從文意推估，
或只是一般的淫祀而已。

前文提及陳淳認爲「淫祠」不等於「不正之鬼」，的確，宋朝政府和官僚士
大夫認爲，淫祠其實是指「信眾以不恰當的方式祭祀不合適的神靈」，〔註69〕

〔註65〕《繫年要錄》，卷76，建炎4年5月癸丑，頁1248～1249。
〔註66〕金井德幸曾研究宋代「妖神」、「殺人祭鬼」、「喫菜事魔」等問題，成果驕人。
不過，他未有將這些史料釐清，往往據之綜合討論，產生混淆，致有時推演太
過。例如他指出「殺人祭鬼」與「喫菜事魔」都是建基於相同的「鬼信仰」。
金井這種說法很容易令人誤以爲「喫菜事魔」即是妖神崇拜，事魔者會殺人祭
鬼。見金井德幸，〈南宋荊湖南北路における鬼の信仰について──殺人祭鬼
の周邊──〉，頁49～64；金井德幸，〈宋代における妖神信仰と「喫菜事魔」、
「殺人祭鬼」再考〉，頁1～14。的確，對喫菜事魔有深入認識和批判的陸游，
其子陸子遹知溧陽縣事時，對縣內百姓奉「白雲菜」者多加批判，斥其爲「喫
菜事魔」之徒，並說：「魔教之人之奉鬼者也，屬鬼殤鬼之妖鬼之害人者也……」
然而，其所謂的這些不正之鬼，除了有違朝廷之正統信仰和儒家之禮教價值
外，似乎仍未見有如殺人祭鬼等之極端邪行。因此，單憑「喫菜事魔」建基於
「鬼信仰」而謂其乃邪神或妖神信仰，似欠謹慎。有關陸子遹鎮壓「白雲菜」
的情況，見元‧張鉉纂修，《至正金陵新志》，卷18，〈民俗‧風俗〉，《宋元方
志叢刊》，頁15～16；卷13下之上，〈人物志‧列傳‧治行〉，頁12～13。
〔註67〕《長編》，卷73，眞宗大中祥符3年3月丁酉，頁1659。
〔註68〕《長編》，卷203，英宗治平元年12月癸丑，頁4927～4928；《宋史》，卷316，
〈趙抃傳〉，頁10323。
〔註69〕皮慶生，《宋代民眾祠神信仰研究》，頁287。

故理論上地方的祠廟除了得到官方列入〈祀典〉授予賜額和封號外，都是淫祠。〔註70〕因此，祀拜邪惡的神祇而不可能收入於〈祀典〉的邪神、妖神，自然也是淫祀，〈表一〉例11就提到兩者的關係：「聞近者禁止淫祠不爲不至，而愚民無知，至於殺人以祭巫鬼，篤信不疑」；但我們一定要分辨清楚，大部分淫祠都只是祭拜「不合適的神靈」而已，跟邪神關係不大，我們不能將兩者完全等同。

不過，容易引起人混淆的是，在不少士大夫眼中，這些淫祠中所祭拜的神靈，很多都是妖精邪怪，應加擯斥，其中王嗣宗（944～1021）搗毀狐王廟的例子最著名：

> 王嗣宗，眞宗朝守邠州。舊有狐王廟，相傳能與人爲禍福，州人畏事之，歲時祭祀祈禱，不敢少怠，至不敢道胡字。嗣宗至郡，集諸邑獵戶，得百餘人，以甲兵圍其廟，薰灌其穴，殺百餘狐。或云有大狐從白光中逸去，其妖遂息。〔註71〕

與狐精相比，祀拜妖蛇的廟宇同樣遭殃，儒宗名臣孔道輔（1086～1139）的激烈手段，跟王嗣宗如出一轍：

> 孔中丞道輔爲州橡太守，到官三日謁廟。廟有蛇，以爲神，每祝之則蛇自神像鼻中直出飲酒。孔方讀祝，蛇出飲，孔屬聲曰：「明則有禮樂，幽則有鬼神。蛇何爲哉！」以笏擊蛇死，遂揮象壞其廟而去。〔註72〕

而這類淫祠往往受巫覡操控，祭拜一些不知名的偶像，例如湖州「女巫遊仙夫人者，誑惑寓公」，知州黃犖（1151～1212）以「淫祠不毀，蠹民益甚，迺杖其人而盡取其土木偶投洪流中，及其他挾邪術惑民者，一切蕩刷無遺。」〔註73〕更嚴重者，廟中的祭祀儀式執戈操兵，聚眾爲妖，易生亂事，朱熹就

〔註70〕 關於宋代淫祠的問題，近年來中、日、美、歐等學者有很多出色的討論，詳見下列各書的綜合討論：皮慶生，《宋代民眾祠神信仰研究》。沈宗憲，〈國家祀典與左道妖異——宋代信仰與政治關係之研究〉。王章偉，《在國家與社會之間——宋代巫覡信仰研究》。Valerie Hansen, *Changing Gods in Medieval China, 1127～1276*。

〔註71〕 宋・呂希哲，《呂氏雜記》，卷下，《宋代筆記小說》，石家莊：河北教育出版社，1995年，頁553～554。宋・司馬光，《涑水記聞》，卷3，北京：中華書局，1989年，頁47。

〔註72〕 宋・王鞏，《聞見近錄》，載於明・陶宗儀等編，《說郭三種》，卷50，上海：上海古籍出版社，1989年，頁2316。

〔註73〕 宋・袁燮，《絜齋集》，卷14，〈秘閣修撰黃公行狀〉，《文淵閣四庫全書》，臺北：商務印書館，1986年，頁4～5。

提到長沙和錢塘兩個淫祠的情況：

> 楚俗尚巫鬼，窮山中有叢祠，號影株神，愚民千百輩操兵會祭，
> 且欲為亂……往悉禽其魁桀以送州，而散其黨與。因撤其廟，禁勿
> 復祠。〔註74〕

又：

> 楚俗右鬼，其淫祀有曰潘仙翁者，歲時集會，撾金鼓、執戈矛，
> 迎而祭之。公命尉杜師顏撤屋毀像，收其兵刃，罪其倡之者，眾然
> 後定。〔註75〕

對於國家來說，民間這種妄託神靈隨意建廟的情況並不理想，須加彈壓，仁宗時豐稷（1022～1107）就曾上奏乞禁妄立祠廟祭神：

> 近見京城內外士庶與軍營子弟轉相告言「今日神見某處」、「明
> 日神降某處」，恢詭譎怪，無所不道，傾動風俗……小人緣此，易生
> 姦心，神民異業久矣，不可不禁。〔註76〕

夏侯或亦曾上書謂：

> 潭州妖妄小民許應於街市求化，呼召鬼神，建五瘟廟。已令毀
> 拆……乞下本州止絕。〔註77〕

張方平更指出，人民信奉妖術，各處村落都遍佈這類有問題的祠廟神堂，必須禁毀：

> 又京東西之民，多信妖術，凡小村落，輒立神祠，蚩蚩之氓，
> 惑於禍福，往往奔湊，相從聚散，遞相蔽匿……漢中平元年，黃
> 巾賊天下同日起，凡三十六萬眾，各有部率，由積妖而成也。晉
> 盧循輩，乃歷代常有此事，此其亂階三也……村落神堂，令所在
> 毀拆，密加察捕民之習妖者。此亦思想患豫防之大略，伏冀採納
> 施行。〔註78〕

的確，影株神、潘仙翁等都是一些神格不明的淫祠；而五瘟廟祭拜的，已是

〔註74〕　宋・朱熹，《朱熹集》，卷89，〈中奉大夫直煥章閣王公神道碑銘〉，成都：四
　　　　　川教育出版社，1996年，頁4573。
〔註75〕　《朱熹集》，卷90，〈朝奉劉公墓表〉，頁4591。
〔註76〕　宋・豐稷，〈乞禁妄立廟貌以祀神奏〉，《全宋文》，卷1764，〈豐稷〉，頁71。
〔註77〕　《宋會要輯稿》，〈禮〉20之12，頁770。宋・夏侯或，〈乞止絕妖妄小民濫建
　　　　　神廟奏〉，《全宋文》，卷392，〈夏侯或〉，頁102。
〔註78〕　《長編》，卷159，仁宗慶曆6年10月甲戌，頁3849～3850。

亦正亦邪的瘟鬼了，黃震（1213～1280）就曾在江西撫州「拆毀邪廟，禁絕瘟神」〔註79〕，我們在後文還會論及。

雖然如此，我們必須注意，無論官僚或士大夫對這些淫祀中的神靈如何痛詆，但在政府正式取締這些祠廟前，其在民間社會中普遍存在卻是鐵一般的事實，之所以如此，或乃因爲「正祀」與「淫祀」的分野並不清晰。研究顯示，「正祀」與「淫祀」的界線會因時、地、人而變化，宋廷給淫祀劃定界線時側重點在信仰活動、對社會秩序的影響，而非信仰的人或被信仰的神；界定地方祠神信仰是否爲淫祀，包含著不同的政治利益、法律制度、神靈祭祀權力等因素。〔註80〕

筆者要強調，一些具有妖性神靈的淫祠，即如崇拜狐妖、蛇精者，只要其未見有「殺人祭鬼」這類有乖人倫的惡行，從官方的法律語言來說，就不能算是「邪神」崇拜；〔註81〕即使日後這些祠廟因危害地方管治秩序而受到掃蕩，它也只是「淫祀」；更嚴重者，若有關的祠廟涉及反政府等民間叛亂，它還是前面所提到的妖兵、魔賊而已，卻不是「邪神」。〔註82〕總之，一般的淫祠都存在於「光天化日」之下，並不神秘。

讓我們回到〈表一〉的資料去重新分析，跟前面詳述過的妖人、妖兵、妖教、喫菜事魔及淫祠比較，政府禁令對「邪神信仰」的描述重點最是清楚：採牲──殺人祭鬼，這是其他壞化「左道」所未見的。我們不禁要問，這種可怖的祭祀儀式中，信徒所禮拜的究竟是甚麼樣的神靈？除了〈表一〉例3荊湖南路的「稜騰邪神」外，其餘各地祀拜的邪神連名稱也闕如（或如〈表一〉例11的，只是泛論祭海神或鹽井）。可以想見，「邪神信仰」都是一些非主流的祠神，即使載有神號，但其神格除了「邪」（殺人祭鬼）這一特點

〔註79〕 宋・黃震，《黃氏日抄》，卷79，〈禁划船迎會榜〉，《文淵閣四庫全書》，臺北：商務印書館，1986年，頁21。

〔註80〕 皮慶生，《宋代民眾祠神信仰研究》，頁272～317。

〔註81〕 宋人祭拜精怪祠廟，標準是其靈驗與否，官府一般也都很重視，只要其沒有妨礙官方統治，也不危及地方善良的風俗，政府對這些祠廟的存在則仍是很寬鬆的。見徐尚豪，〈宋代的精怪世界──從傳說表述到信仰生活的探討〉，新北市：淡江大學碩士論文，2007年。因此，精怪祠廟並不違法，也不盡是淫祠。

〔註82〕 不過，叫人懊惱的是，由於「邪神」也是不合法的祠神信仰，是「淫祠」的一員，故記述者也多有將拜祭邪神的廟宇稱爲「淫祠」，令人無法識別。這類史料俯拾皆是，例見〈表一〉的例10和16。其實，民間信仰本來就極之雜亂，記事者又非專家（事實上也不會有「專家」），這種情況必然出現，治史者只有盡力嘗試辨識。

外，其他都欠清楚。南宋時代廖剛（1070～1143）要求禁制宣州邪神崇拜的奏言就這樣說：

> 臣訪聞宣州涇縣六十里內地名同公坑，有女巫奉邪神「丁先生」，不知所起之因。一、二年來，邪道甚盛，一方之人爲所誑惑，焚香施財，略無虛日。〔註83〕

無論是「丁先生」、抑或「稜騰邪神」，都是一些名不見經傳的神祇，跟淫祠中的狐精蛇妖不盡相同；另一方面，當中的祭神儀式既以活人爲犧牲，這些祠廟和殺人祭鬼的勾當自然見不得光，其行跡最是神秘：

> （鮑粹然）知常德府，湖陰俗有妖祠，用人於淫昏之鬼，蹤跡詭秘不可詰。公（鮑粹然）閱他訟，見民有橫死者，爲祭鬼，即命審覈。伏其辜，焚祠毀像，由是訖息。〔註84〕

從資料可知，這些地方上的邪神崇拜，有時連負責掃蕩鎮壓的官員對其所知也不多，部分更混雜在道教「三清上眞」的祠廟裡（〈表一〉例7），故官方記錄也多只是三言兩語而已。不過，政府也聰明地能從祠廟的擁有者和經營角度審視問題，了解到巫覡與祠廟、邪神之間的關係，除了廖剛提到的女巫推動「丁先生」的邪神崇拜外，晁公遡（1138年進士）也有相似的記述：

> 硤中之郡十有三皆尚鬼而淫祀，若施與黔，其尤焉。而涪於二邦爲近，故其俗延及於外之屬邑樂溫亦然⋯⋯召巫師刲羊豕，以請於神，甚者用人爲牲以祭。〔註85〕

大儒眞德秀（1178～1235）在勸化民眾時也說：

> 巫覡與妖本以自利爾，顧惑之可謂不智。禁汝醫藥以戕爾軀，誘汝祭賽以空爾廬，甚至采牲，以人爲畜，陷汝于刑，隕身覆族。
> 〔註86〕

擒賊先擒王，故〈表一〉例8的宋高宗即說：「殺人祭鬼之事⋯⋯此必有大巫倡之。治巫則此自止，西門豹投巫於河，以救河伯娶婦，蓋知此道也。」關

〔註83〕宋‧廖剛，《高峯文集》，卷2，〈乞禁奉邪神箚子〉，《文淵閣四庫全書》，臺北：商務印書館，1986年，頁23。
〔註84〕宋‧眞德秀，《西山文集》，卷46，〈朝散大夫知常德府鮑公墓誌銘〉，《文淵閣四庫全書》，臺北：商務印書館，1986年，頁29。
〔註85〕宋‧晁公遡，《嵩山集》，卷50，〈定慧院記〉，《文淵閣四庫全書》，臺北：商務印書館，1986年，頁1。
〔註86〕眞德秀，《西山文集》，卷40，〈勸民文〉，頁35。

於巫覡與邪神的關係，我們在後文還會論及，暫且從略。

邪神崇拜與一般淫祠不同，祀奉邪神的信眾必須暗地裡擄人祭鬼，躲避官府耳目，故有派人越境千里拐帶人口者，又或以販賣奴婢作掩飾（〈表一〉例11），而幼孺的婦孺往往就成爲犧牲品（〈表一〉例10、13）。此外，從〈表一〉例10及11可見，殺人祭鬼者似乎與歲時節俗相關，遇上歲閏時情況會更熾烈。地方上有此惡俗，朝廷和士大夫多認爲有幾個重要的源頭，一是少數民族的奇風怪俗（〈表一〉例9），或是習染了「夷風」的偏遠之地的落後惡行（〈表一〉例1、17），此外就是窮鄉僻壤裡的「蔽溺流俗」（〈表一〉例7、14、15）。除了〈表一〉的例子外，關於少數民族的問題，陸游提到荊湖北路秭歸一帶的「蠻族殺人供鬼祭」；〔註87〕韓元吉（1118～1187）也認爲靖州等地的「溪洞蠻詐爲漢官士子，帶家屬止鋪驛，以誘市吾人，一爲奴婢，用以祭鬼」；〔註88〕而王中行（1158～1210）出任湖北提刑司查辦澧州的殺人祭鬼案件裡，更訪得「其土俗，咸以爲設此祭者，必以兩目手足先登于俎」。〔註89〕此外，廣西的情形更是嚴重：

> （廣西民）掠良家子，鬻西南夷，以易翠羽。十翠一人，殺以祭鬼。歲數千人，無罪就死。天子惻然，焚羽通衢，亟詔廣西，嚴掠民誅。〔註90〕

至於偏遠之地或窮鄉僻壤裡的陋俗，范純仁（1027～1101）就提到「梁山介於川陝，民俗乖戾，至有父子異居、而殺人以祭鬼者。」〔註91〕但更常見的，就是指斥其乃荊湖南北路自古以來信奉巫鬼的「楚風」遺俗（〈表一〉例10、11、12、13、16）。關於後者，似乎有一定的根據，熙寧10年（1077）李舜舉就「面奏姚兕捕獲賀富殺人祭鬼，證佐甚明，潭州推治滅裂，全出其罪。」〔註92〕南宋紹定年間出任京湖總領財賦的胡穎，他是湖南潭州湘潭人，《清

〔註87〕 陸游，〈秭歸醉中都下諸公示坐客〉，《陸放翁全集·劍南詩稿》，卷2，頁30。

〔註88〕 宋·韓元吉，〈中奉大夫提舉武夷山沖佑觀王公墓誌銘〉，《全宋文》，卷4805，〈韓元吉〉23，頁316。

〔註89〕 袁燮，〈朝奉郎王君墓誌銘〉，《全宋文》，卷6387，〈袁燮〉23，頁414。

〔註90〕 宋·胡銓，〈靖州太守李承議墓誌銘〉，《全宋文》，卷4330，〈胡銓〉32，頁146。又見宋·周必大，〈靖州太守李君發墓誌銘〉，《全宋文》，卷5175，〈周必大〉162，頁266。

〔註91〕 范純仁，〈太中大夫充集英殿修撰張公行狀〉，《全宋文》，卷1555，〈范純仁〉13，頁305。

〔註92〕 《長編》，卷281，神宗熙寧10年4月癸卯，頁6894～6895。

明集》就記有他深入批評這種楚俗遺毒：

> 某楚產也，楚之俗實深知之……其俗信鬼而好祀，不知幾千百
> 年……女巫男覡，乘釁興妖，自此湖湘之民，益將聽於神而不聽於
> 人矣……民神雜揉，疵厲薦臻，用人於次睢者有之。〔註93〕

末句所謂的「用人於次睢者有之」，就是引用我們前面提過《左傳》記用「人
牲」祭妖神的典故，嚴批宋代湖湘殺人祭鬼之風。荊湖一帶這類妖神祭祀的
習俗，《清明集》中官員的判詞有比較詳細的描述，最是珍貴：

> 近有白箚子，指言寧鄉段七八因劫墓事發，禱神得免，竭力為
> 祠，奉于水濱，謂之東沙文皇帝。此何神也？……據本縣體究回申，
> 朱書年命，埋狀屋下，更相詛咒，專行巫蠱之事……用人於亳社，
> 必有周公之所不享者……行下尉司，一切焚毀……。〔註94〕

又：

> 觀其所犯，皆祀典之所不載，有所謂通天三娘，有所謂孟公
> 使，有所謂黃三郎，有所謂太白公，名稱怪誕，無非魑魅魍魎之物，
> 厭勝咀咒，作孽興妖，若此者，真所謂執左道，假鬼神，亂政疑眾
> 者矣……妖訛者甚，埋桐人以造蠱，用生人以代犧，何所不至哉！
>
> 〔註95〕

無論是東沙文皇帝、通天三娘、孟公使、黃三郎、太白公等，都仍是一些不
知名的「**魑魅魍魎**」邪神；而在官方眼中，其「用人於亳社」、「用生人以代
犧」等，足見邪神與殺人為牲的關係，愈見清晰。這類妖神除了遍佈於民間
祠廟外，甚至有雜入到先賢的祭祀所裡，正祀、淫祀、邪神崇拜混淆不清。
〔註96〕在另一篇判詞裡，對邪神信眾秘密進行的人祭情況，有更詳細的討論：

> 訪聞本路所在鄉村，多有殺人祭鬼之家，平時分遣徒黨，販賣
> 生口，誘略平民，或無所得，則用奴僕，或不得已，則用親生男女
> 充代，臠割烹炮，備極慘酷，湘陰尤甚。今仰諸縣巡、尉，常切跟

〔註93〕《名公書判清明集》，卷14，〈淫祠‧不為劉舍人廟保奏加封〉，頁540。
〔註94〕《名公書判清明集》，卷14，〈淫祀‧寧鄉段七八起立怪祠〉，頁545～546。
〔註95〕《名公書判清明集》，卷14，〈巫覡‧巫覡以左道疑者當治士人惑於異者亦可
　　　　責〉，頁548。
〔註96〕《名公書判清明集》，卷14，〈淫詞‧非勅額者並仰焚毀〉，頁541；同卷，〈先
　　　　賢不當與妖神屬鬼錯雜〉，頁542～543。關於南宋湖湘一帶巫鬼與邪神之風，
　　　　可參考王章偉，〈《清明集》中所見的巫覡信仰問題〉，《九州學林》，第32期，
　　　　2013年，頁131～152。

緝，知縣尤當加意。應有淫祠去處，並行拆毀，奉事邪鬼之家，並
行籍記，四路採生之人，並行收捉……如有違法，不分首從，並行
凌遲處斬，家屬斷配，家業抄籍充賞。如官容縱，本司體探得知，
定將知縣并巡、尉按劾，當行人吏決配，鄰人、保正隱蔽，一體施
行。仍鏤榜曉示。〔註97〕

　　殺人祭邪神涉及糾黨擄人、誘拐良民、販賣人口等，嚴重威脅社會安寧；
而當捕捉不到無辜「人牲」時，信徒竟然以奴僕、甚至親生兒女烹割充祭，
其乖戾至極，完全違反倫常禮教，難怪辦理這椿案件的官員對主謀、家屬從
犯、失職包庇的官員、隱匿真相的保正和鄰居等，一律處以嚴刑（又見〈表
一〉例11）。〈表一〉例13的情況更叫人毛骨悚然，被擄拐用於祭鬼的小兒和
婦女，竟然被活活的挖眼、割鼻，然後埋在深坑裡，再經淘洗後以沸湯煮至
肌膚糜爛，活像洪荒時代的食人惡俗。這些案例讓我們清楚見到殺人祭邪神
的詳細情況，而官員用刑之狠，也側面反映在官方的話語裡，同是「妖異壞
化」的「左道」，一般的淫祀或妖術與此卻有很大距離，我們或可據此認識清
楚邪神崇拜的實際內涵。

　　總結本節，「邪神」或「妖神」雖無法給予很嚴格的定義，且容易與其他
「左道」混淆，但「邪神崇拜」確實是宋代嚴重的政治和社會問題，地方上
的牧民官最是注意，遇有所謂「壞化亂法」的邪神、妖神，必定立即捕誅其
首。〔註98〕因此，無論在觀念上和史料方面如何混亂，「邪神信仰」仍是宋代
客觀存在的現象，不容逃避、又或只簡單地將其與淫祠或其他妖鬼信仰等同。
我們嘗試對妖民、妖兵、魔賊和淫祀等史料進行辨識，層層遞進，將不相關
者逐一剔去，然後重新探討邪神崇拜的核心現象「採牲祭鬼」，祈能更了解「邪
神信仰」的妖異和破壞社會風俗教化的內涵。

　　由於「邪神」本來就沒有一個精確的定義，故當民間一些妖異壞化的信
仰有違人倫至威脅到名教秩序時，官員就可以「殺人祭鬼」這種最明顯的惡
俗為標誌，予以鎮壓，如神宗朝王回（1049～1101）為江陵府松滋縣令，時
「荊、沔俗用人祭鬼，回捕治甚嚴，其風遂革。」〔註99〕他們都一再強調「在

〔註97〕　《名公書判清明集》，卷14，〈淫祀・行下本路禁約殺人祭鬼〉，頁545。
〔註98〕　宋・沈遘，《西溪集》，卷10，〈尚書職方郎中致仕劉公墓誌銘并序〉，《文淵閣
　　　　　四庫全書》，臺北：商務印書館，1986年，頁10。
〔註99〕　《宋史》，卷345，〈鄒浩傳〉，頁10959。

律法，事邪神言禍福，自有常刑。」〔註100〕在勸化民間風俗習慣時，士大夫亦諄諄告誡老百姓說「敬天不祭邪神，災害不生……又祭邪神，則所謂敬天者有名無實，有始無終。」〔註101〕所謂律法上的「常刑」，指的就是〈刑法志〉裡對「殺人祭鬼」的嚴刑峻罰。

　　「殺人祭鬼」雖然是探討「邪神信仰」的關鍵，但其自身只是以「人牲」獻祭邪神的儀式而已，是官方進行掃蕩時能夠認出的標記罷了，我們如要更清楚了解「邪神信仰」的眞相，只著重維護統治權威和禮教習俗的政府詔令或官員們的禁制措施，能夠提供的訊息實在不多。我們可以肯定，民間生活的眾生相，才是更有用的分析棱鏡。

三、靈異駭俗──民眾的視角與邪神信仰的基礎

　　對民眾來說，神明只有「靈驗」與否，神格之邪、正根本難於分辨，李覯的個人經驗最是有趣：

> 江南地熱濕，四時多癘疾……當其氣盛而病革，禳祈不可解，則皆謂神曰「五通」者能有力於其間。故牲毛酒淬，狼戾於「五通」之室矣。建昌治城北有民邵氏，世奉「五通」，禱祠之人，日累什百。景祐元年（1034）冬，里中大疫，而吾家與焉，乃使人請命於「五通」。神不能言，決之以竹杯校。時老母病不識人，妻子暨予相繼困甚，唯「五通」諗以無害。疾之解去，皆約日時，雖寶龜、秦筮，弗是過已。噫！「五通」之爲神，不名於舊文，不次於典祀，正人君子未之嘗言，而有功於予，其可以廢？嚴嚴者石，可伐可磨，惟德之報，焉知其他。〔註102〕

「五通」是宋代著名的邪神，時人多有批評，我們在後面還會詳細討論。然而，李覯因爲祀拜五通神而令母親、妻子和自己熬過疫病死裡逃生，遂反對廢黜五通神。連大儒都說「可伐可磨」，那麼神格就眞的沒有邪、正之別嗎？事實又不盡如是。

　　撇除一些教派或信仰之間的互相攻擊、〔註103〕或是醫學上的用語外，

〔註100〕宋‧王師愈，〈乞禁止師巫疏〉，《全宋文》，卷4890，〈王師愈〉2，頁328。
〔註101〕黃震，《黃氏日抄》，卷78，〈咸淳九年正旦再諭敬天說〉，頁46。
〔註102〕李覯，〈邵氏神祠記〉，《全宋文》，卷915，〈李覯〉24，頁326。
〔註103〕例如道教徒對其他神祇的批評，南宋道士黃一炫即曾提到北陰聖母說：「世有

〔註104〕如前所述,在官方話語的形塑和主導下,「殺人祭鬼」仍是民間邪神信仰中最顯而易見的特徵,惟其形貌及內涵則更爲豐富,我們也同樣由此切入討論。

1、神秘的殺人祭鬼世界

前面曾提及眞德秀的說法,「採牲」就是「以人爲畜」,但他並沒有解釋何以不用「畜牲」而改以「人牲」。有研究指出,若從獻祭的角度而言,這可能和傳統祭祀儀式中「同類相祭」的思想與習慣有關,也就是殺羊以祭羊神,殺馬以祭馬神,而殺人就是以祭「人鬼」;另一方面,自六朝開始,「殺人祭鬼」的另一個功能,就是貢獻鬼魂供神明充當部屬或家人,以強大其力量。〔註105〕

的確,宋代福建一帶就有人以身殉祭祠神,其他人乃視之爲神,〔註106〕安徽和浙江一帶的情況更嚇人:

> (嘉泰元年〔1201〕)九月十九日臣僚言:臣昨試郡吳興,首問獄囚,自當年正月至終,境由已殺四十九人,而鄰里掩蓋不以聞者不預焉。臣甚駭之,力詢其故,皆淫祠有以啓之。所謂淫祠者,始因愚民無知,以謂殺人而死可得爲神,其家父子兄弟與夫鄉黨鄰里又憚聞官之擾,相與從臾,使之自經,於是立廟以祠,稱之爲神。故後之凡欲殺人者三五爲群,酹酒割牲謂之「起傷」,起傷之廟蓋遍於四境之內矣。生不正典刑,死乃得立廟,逮相仿效,皆以殺人爲喜……廣德愚民殺人之風,漸入吳興。〔註107〕

民眾既認爲「人祭」的力量如此大,民間殺人祭鬼的情況就很是嚴重,這在

不忠不孝、不義不仁,造諸罪惡,好樂邪神,以致魔精魃害,邪鬼縈纏。」見宋·黃一炫,〈太乙火府五雷大法法源事蹟〉,《全宋文》,卷 8027,〈黃一炫〉,頁 297。

〔註104〕承接著中醫的傳統,宋代的醫學著作也會將侵害人體的疾病或不正之氣稱爲「邪神」,如宋·陳師文等,《太平惠民和劑局方》,卷 3,〈蘇合香圓〉:「老人小兒可用一丸,溫酒化服……一切邪神不敢近。」見宋·陳承等原撰、許洪增廣,日·橘親顯等校正,《增廣太平惠民和劑局方》,海口:海南出版社,2002 年,頁 83。

〔註105〕林富士,〈「舊俗」與「新風」:試論宋代巫覡信仰的特色〉,《新史學》,第 24 卷第 4 期,頁 29。本文承林富士教授賜閱,謹此致謝。

〔註106〕宋·王應麟,《四明文獻書》,卷 5,〈故觀文殿學士正奉大夫墓誌銘〉,《文淵閣四庫全書》,臺北:商務印書館,1986 年,頁 43。

〔註107〕《宋會要輯稿》,〈刑法〉2 之 131-132,頁 6561。

前章〈表一〉已見其況。此外，宋代有很多誣告他人「殺人祭鬼」的案件，例如仁宗年間：

> 澧州逃卒匿民家，傭人以自給。一日，誣告民家事摩馳神，歲殺十二人以祭。州逮其族三百人繫獄，久不決。詔遣御史臺推直官方偕就劾，偕令卒疏所殺主名，按驗皆亡狀，事遂辨。〔註108〕

南宋時代，周必大（1126～1204）亦提到「衡陽民有被誣以淫祠殺人者，更三歲不決」，後賴陳從古替其申冤。〔註109〕劉克莊（1187～1269）所記的更值得我們深思：

> 民有失其孺子者，踰月父遇諸塗，曰：「水東巫家匿我，將殺以祭鬼。」又指一市人曰：「此匿我者。」府付縣，改左獄，鞫之皆不成。公（趙必健）以孺子抵水東，詰巫家所在，則詞勞。公取果啖，問孺子輒妄對，乃佯設械器恐之，始吐實：「我持父錢取質於博，不敢歸，有鑷工郭者誘我寓之城外僧舍。」〔註110〕

讀者可以想見，這些雖非真實的殺人祭鬼事件，但信拜「摩馳神」者「歲殺十二人以祭」、巫家與邪神崇拜的關係至深等，這些似乎都是人所熟悉之事，否則捏造者就難以說服和欺騙別人。那麼，宋代民眾眼中的邪神崇拜究竟是甚麼模樣的？較之官方資料，《夷堅志》及其他筆記小說為我們提供了更詳細的描述，必須細看。〔註111〕為了方便討論，我將幾個重要的例子表列於下：

〔註108〕《長編》，卷120，仁宗景祐4年5月丁卯，頁2832。這個例子在宋代很著名，因為其實唐介早已為受誣告者辨明，只是被上官阻撓，後來論者不明，以此歸功方偕而已。詳見：宋・王珪，〈推忠佐理功臣正奉大夫行給事中參知政事上護軍魯國郡開國公食邑二千三百戶食實封四百戶賜紫金魚袋贈禮部尚書謚質肅唐公墓誌銘〉，《全宋文》，卷1161，〈王珪〉42，頁301～302。《宋史》，卷316，〈唐介傳〉，頁10326。

〔註109〕宋・周必大，《文忠集》，卷34，〈朝散大夫直祕閣陳從古墓誌銘〉，《文淵閣四庫全書》，臺北：商務印書館，1986年，頁14。

〔註110〕宋・劉克莊，〈英德趙使君墓誌銘〉，《全宋文》，卷7637，〈劉克莊〉151，頁30。

〔註111〕洪邁強調《夷堅志》裡的故事都出自耳目相接，非常可靠；韓森也認為《夷堅志》蒐集的道聽塗說來自不同階層，而且有準確的時、地、人等資料，對了解宋代不同階層民眾的心態與想法，特別有用。見 Valerie Hansen, *Changing Gods in Medieval China, 1127-1276*, pp. 17-23. 李劍國也特別指出《夷堅志》關注來自下層市井之說，存實的意圖強烈。參見李劍國，《宋代志怪傳奇敘錄》，天津：南開大學出版社，1997年，頁352～353。美國學者 Alister D. Inglis 一方面肯定《夷堅志》存實的努力和成就，也指出洪邁記述的故事，在他紀錄書寫為文前，曾經過不少的口頭傳播。參見 Alister D. Inglis, *Hong Mai's*

表五：宋代民間「殺人祭鬼」事例表

序號	內　　　容	流行地界	資料出處
1	祁門汪氏子，自番陽如池州（今安徽貴池市），欲宿建德縣（今安徽東至縣）。未至一舍間，遇親故居，留與飲。行李已先發，飲罷，獨乘馬行，遂迷失道，與從者不復相值。深入支徑榛莽中，日且曛黑，數人突出執之。行十里許，至深山古廟中，反縛于柱。數人皆焚香酌酒，拜神像前，有自得之色，禱曰：「請大王自取。」乃局廟門而去。汪始知其殺人祭鬼，悲懼不自勝。平時習大悲呪，至是但默誦乞靈而已。中夜大風雨，林木振動，聲如雷吼，門軋然豁開，有物從外入，目光如炬，照映廊廡。視之，大蟒也，奮迅張口，欲趨就汪。汪戰栗誦呪愈苦。蛇相去丈餘，若有礙其前，退而復進者三，弭首徑出。天欲曉，外人鼓簫以來，欲飲神胙，見汪依然，大駭。問故，具以事語之。相顧曰：「此官人有福，我輩不當得獻也。」解縛謝之，送出官道，戒勿敢言。汪既脫，竟不能窮其盜。	江南東路 池州 建德縣	《夷堅志》，甲志卷14，〈建德妖鬼〉，頁126。〔註112〕
2	秦楚材，政和（1111～1117）間自建康貢入京師，宿汴河上客邸。既寢，聞外人喧呼甚屬，盡鎖諸房，起穴壁窺之。壯夫十數輩皆錦衣花帽，拜跪于神像前，稱秦姓名，投盃珓以請。前設大鑊，煎膏油正沸。秦悸栗不知所為，屢告其僕李福，欲為自盡計。夜將四鼓，壯夫者連禱不獲，遂覆油于地而去。明旦，主人啓門謝秦曰：「秀才前程未可量，不然吾輩當悉坐獄。」乃為言：「京畿惡少子數十成群，或三年或五年輒捕人漬諸油中，烹以祭鬼。其鬼曰獰瞪神，每祭須取男子貌美者，君垂死而脫，吁其危哉！」顧邸中眾客，各率錢為獻。秦始憶自過宿州即遇此十餘寇，或先或後亦迹之矣。	京畿路 東京 開封府	《夷堅志》，丁志卷10，〈秦楚材〉，頁620。
3	沅靖州巡轄遞鋪官成忠郎李俟，滿罷後赴調，留家於沅。一子年十歲，從郡士覃先生學，相去一里，朝出歸。每月飯食果殽，專遣僕蔡宣傳送。蔡好博，多倩市人汪二持往。凡數日久，覃視汪已稔熟，或來處此子還舍，則亦付之，浸以無間。嘗與子在半途遇一人，言蔡僕射不得功夫，使我請小郎君。汪不問為誰，令抱去。是夜，俟妻望子不至，以扣蔡	荊湖北路 沅州	《夷堅志》，支庚卷4，〈李成忠子〉，頁1166～1167。

Record of the Listener and its Song Dynasty Context, Albany: State University of New York Press, 2006, pp. 148-154。

〔註112〕宋·洪邁，《夷堅志》，北京：中華書局，1981年。

	宣，蔡急詣學訪之，覃云：「汪二取歸久矣。」蔡慌窘，繞城叫尋竟夕。遲明，出城外物色。到五里僻處，林木蓊蔚，烏鳶噪聚。試穿小徑入觀，見兒橫尸地上，腹以遭剖，肺肝皆空，而實以米餌，蓋為惡徒殺以祭鬼也。奔告优妻，視之而信，慟哭隕絕。訴于州，州牧係覃先生、蔡、汪三人，而立賞捕賊，竟不可得。汪二遂死獄中，時淳熙七年春也。		
4	吉水縣（今江西吉水縣）人張誠，以乾道元年（1165）八月往潭州省親故，次醴陵界，投宿村墟，客店主人一見如素交，延接加禮，夜具酒殽對席。張謂無由而得此，疑有它意，辭以不能飲。且長塗倦困，遂就寢。良久，堂上燈照耀，起而窺。竊見主人具衣冠設茶酒，拜禱於畫像前。聽其詞，屢言張生，知其必以己祭鬼，不敢復睡。主人既退，望神像，一神眼睛如盞大。張料已墮惡境，而無由可脫。嘗聞大悲呪能辟邪，平時誦習，於是發心持念。及數過。睹大眼者自軸而下，盤旋几上。須臾，有聲剝剝，進作小眼無數，其狀可畏。乃閉目於床，誦呪愈力。時聞敲戶擊搏，欲入不能，已而鴉噪，天且明。張亟走出，不暇取囊篋。但聆店家聚哭，無追逐者。行二里少歇，聞塗中來人則云：「彼店主翁，中夜暴卒。」徐扣其實，蓋因三世事妖鬼，歲以一人祭之。往過遭害，不可勝舉。其法若無外人，則禍及家長，斯其險也。湘中風俗，大抵皆然。	荊湖南路潭州醴陵縣	《夷堅志》，支癸卷4，〈醴陵店主人〉，頁1247。
5	殺人祭祀之姦，湖北最甚，其鬼名曰稜睜神。得官員士秀，謂之聰明人，一可當三；師僧道士，謂之修行人，一可當二；此外婦人及小兒，則一而已……福州一士人，少年登科，未娶。鄉人為湖北憲使，多齎持金帛，就臨安為婿……入境之日，午炊於村店，忽語其家僕曰：「此處山水之美，吾鄉里安得有之！」因縱步游行，見古木陰森之下，元設片石，若以憩行人者，即坐其上。瞻觀咨嘆，喜其氣象殊絕，不忍捨去，又顧僕曰：「我在歇涼正愜適，爾且先反，候飯熟而來。」僕還至店，飯已熟，急趣之，已失所在，叫呼良久，無應者。走報轎兵，仍挽店主人以俱。主人變色搔首，急往冥搜，得諸深山灌莽之間，縻之以索，既剖其肝矣。八卒兼程報憲，憲驚痛，下令捕凶盜，杳無端由。自店主人及鄉里，皆送獄訊掠，多有至死者，獄不竟。未忍白其父母，累月後始知之，同日自縊死。此風浸淫被于江西撫州，村	荊湖北路江南西路撫州	《夷堅志》，三志壬卷4，〈湖北稜睜鬼〉，頁1497～1498。

	居人遣妻歸寧，以所饋微薄，不欲偕行，而相去不過百步。道深山然後出田間，出則望見婦家矣，夫俟之久而不出，心疑其與男子姦。疾走物色，見岐徑鮮血點滴，新殺一婦人，斷其頭，去其肝，衣服皆非所著者。又趨而進，遇兩婦人，面色蒼惶，正著己妻之衣。執而索之，得妻頭於籠內，告於官。鞫之，其詞曰：「本欲得其肝爾，首非所用也，將棄之無人過之地而滅跡焉。」遂窮其黨，悉伏誅。此類不勝紀。今湖北鬼區官司盡已除蕩，不容有廟食。木陰石片，蓋其祀所也。		
6	紹興二十九年（1159），建州政和縣（今福建政和縣）人往莆田買一處子，初云以為妾。既得，為湯沐塗膏澤，鮮衣艷裝，置諸別室，不敢犯。在途旬日，飲食供承，反若事主。所攜唯一籠，扃鑰甚固，每日暮，必焚香啓鑰，拜跪惟謹。女頗慧黠，竊異之，意其有詭謀，禍且不測，遂絕不茹葷，冥心誦大悲呪不少輟。既至縣，其人不歸家，但別僦空屋，納女並囊篋于室中。過數日，用黃昏時至籠前，陳設酒果，禱祀畢，明燈鎖戶而去。女危坐床上，誦呪愈力。甫半夜，籠中磔磔有聲，劃然自開。女知死在漏刻，恐慄萬狀，無可奈何！但默祈神力，願冤家解免，諸佛護持而已。良久，一大蟒自內出，蜿延遲迴望，若有所畏，既而不見。女度已脫，始下床，視籠中所貯，獨紙錢在。天未明，破壁走告鄰里，鄰里素知其所為，相與伺其人至，執以赴縣。時長溪劉少慶季裴為令，窮治其姦，蓋傳嶺南妖法採生祭鬼者，前已殺數人矣！獄成坐死，而遣女還鄉。	福建路建寧府政和縣	《夷堅志》補，卷14，〈莆田處子〉，頁1683～1684。
	賴省幹之卜，天下知名，建甯人，挾妖術殺人祭鬼，常於浙中尋求十餘歲童女，養之以充用。其母喜誦佛書，女習念心經，後此女次當供祭，沐浴裝飾，寘空室中鐍其戶而去。女自分必死，夜且半，覺有物自天窗下光曄曄然，不勝怖。急念揭諦呪，忽口中亦有光出，此物逡巡欲進，復卻。女誦呪益急，良久口中光漸大，直射此物，物仆床下，鏗然有聲，不復起。其室近街，俄而譽夜，卒過焉，女大叫殺人，卒報所屬，率眾破壁取女。出視壁下物，乃大白蟒，死矣。捕賴及家人鞫問，具伏黥配海外，籍其家。		《談藪》，頁10。〔註113〕

〔註113〕宋・龐元英，《談藪》，《宋代筆記小說》，石家莊：河北教育出版社，1995年，頁10。

7	揚州僧士慧，素持戒律，出外雲游。未至江州一程，值日暮，不逢寺舍，適在孤村林薄間，無邸舍可投歇。棲棲逮暗，得路左小廟，乃入宿。過夜半，見惡少年數昇一人來，就殺之以祭，旋捨去。僧惴恐不敢喘息。才曉即行，甫數里，望一廟甚雄，榜曰「護界五郎」，引首視其中，堆積白骨無數，蓋非往來所屆通道也。僧知為妖鬼，持錫拄杖擊偶像，碎其頭。是夕，遂為五人索命，挽衣甚急，默誦大悲呪自衛，雖不敢相逼，而未嘗時刻捨置。到江州，寓普賢寺，見五物並立於門楣下，高與楣齊。以杖量度之，正滿二丈，因為寺言所睹。監寺使持念火輪呪，其呪才七字，每念百十遍，神輒露現形狀，比初時小低　寸許。自是日削，至於僅盈一寸，泣而瀝懇曰：「更從諷誦不已，弟子當化為灰塵，願慈悲如釋，他日永不敢據祠宇，及與人為禍祟。」僧不答，閉目默誦愈精苦。俄旋風欻起，掃空無遺。	江南東路 江州	《夷堅志》，三補，〈護界五郎〉，頁1803。
8	退傳相公，光化軍人，少時薄遊武當。邸舍主人將殺以祀鬼，安臥室中，誦六天北帝呪。巫者見星宿覆其上，怖而卻走。退傳孫壻呂晦太傅云。	京西路 均州 武當縣	《醴泉筆錄》，卷下，頁4。 〔註114〕
9	湖南之俗，好事妖神，殺人以祭之。凡得儒生為上祀，僧為次，餘人為下。有儒生行郴連道中，日將暮，遇耕者，問秀才欲何往。生告之故，耕者曰：「前有猛獸為暴，不宜夜行，此村下有民居，可以託宿。」生信之，趨而前，始入一荒逕，詰屈，行者甚少。忽見高門大第，主人出，見客甚喜，延入一室，供帳赫然，肴饌豐美。既夕，有婦人出，問生所。閱其色甚妍，生戲一言挑之，欣然而就，生由是留連數日。婦人亦比夜而至，情意欵昵，乃私謂生曰：「是家將謀殺子以祭鬼，宜早自為計，我亦良家子，為其所刧至此，所以遣妾侍君者，欲以綴君留耳。」生聞大駭，乃夜穴壁，與婦人同出。比明，行四十里，投近縣，縣遣吏卒捕之，盡得姦狀，前後被殺者數十人。前所見指途耕者，亦其黨也，於是一家盡抵極法。生用賞得官，遂與婦人偕老焉。	荊湖南路 郴州 至 廣南東路 連州	《墨客揮犀》，卷2，頁2； 〔註115〕 《邇齋閒覽》，頁27。 〔註116〕

〔註114〕宋·江休復，《醴泉筆錄》，《宋代筆記小說》，石家莊：河北教育出版社，1995年。

〔註115〕宋·彭乘，《墨客揮犀》，《筆記小說大觀》，揚州：江蘇廣陵古籍刻印社，1983～1984年。

〔註116〕宋·曾慥，《邇齋閒覽》，《文淵閣四庫全書》，臺北：商務印書館，1986年。

10	當塗當水陸之衝，素無城壁，建炎三年八月，得旨剏築……四年正月旦，賊盧進領兵據蕪湖縣。二月，邵青、張琪踵至……至紹興元年五月十六日，青領單德忠、魏羲、閭在驅眾數萬……一日與城平，下瞰城中，射火箭燒樓櫓，執孕婦十有二人，至城下，剖腹取胎以卜……驅強壯無殘疾鄉人，衣以錦繡巾裹，擁至江口，剖腹取心，欲祭轉西風，反燒樓櫓。	江南東路太平州當塗縣、蕪湖縣	《雲麓漫鈔》，卷7，頁122～123。〔註117〕
11	安吉縣（今浙江安吉縣）村落間有孕婦，日餉其夫於田間，每取道自叢祠之側以往。祠前有野人以卜為業，日見其往，因扣之，情浸洽。一日，婦過之，卜者招之曰：「今日作餛飩，可來共食。」婦人就之，同入廟中一僻靜處，笑曰：「汝腹甚大，必雙生子也。」婦曰：「汝何從知之？」曰：「可伸舌出看，可驗男女。」婦即吐舌，為其人以物鈎之，遂不可作聲。遂刳其腹，果有孿子，因分其尸，烹以祀神。且以孿子炙作臘，為鳴童預報之神。至晚，婦家尋覓不見，偶有村翁云：「其每日與卜者有往來之跡。」疑其為姦，遂入廟捕之，悉得其尸，並獲其人，解之縣中。蓋左道者以雙子胎為靈丹，乃所不及也。	兩浙西路湖州安吉縣	《癸辛雜識》，續集下，〈孕婦雙胎〉，頁183～184。〔註118〕

　　跟官方的詔令比較，〈表五〉所列筆記小說提到的宋代邪神名稱較多，計有例2的「獰瞪神」、例5的「稜睜神」、例7的「護界五郎」等。據研究所得，這裡的「獰瞪神」和「稜睜神」，跟〈表一〉例3的「稜騰邪神」及前引方偕複審澧州逃卒誣告民家所侍奉的「摩馳神」，應是同一個邪神。〔註119〕我們因此可以肯定，「稜騰神」應該是宋代一個很著名的邪神，而民間的敘述在這裡為我們提供了這些邪神的豐富內涵，值得我們稍作討論。

　　先談邪神的形象，除了有供信眾禮拜的神像外（〈表五〉例1、2、4、7），邪神的「真身」往往很是獰獰恐怖、妖異嚇人（〈表五〉例4、6、），其中有些是不明的妖怪，有些是蛇妖（〈表五〉例1、6），但有些則是祭風而已（〈表

〔註117〕 宋・趙彥衛，《雲麓漫鈔》，北京：中華書局，1996年。此條又見於《繫年要錄》，卷44，紹興元年5月壬戌，頁805。

〔註118〕 宋・周密，《癸辛雜識》，北京：中華書局，1988年。

〔註119〕 金井德幸引王瑞來的提示，從讀音猜測其為同一邪神的機會很高，見金井德幸，〈宋代における妖神信仰と「喫菜事魔」、「殺人祭鬼」再考〉，頁14，註20。而筆者過去則從其流行地界相同的角度，支持這個看法，見王章偉，《在國家與社會之間——宋代巫覡信仰研究》，頁309、335。

五〉例 10）。按韓森指出，宋人認爲神祇是實際居停於神像之內，神像其實爲信徒提供了鑒別神祇的唯一可靠手段。〔註 120〕因此，邪神之嚇人形象，已見其與一般淫祠之分別，而「獰瞪神」之名，本身就可見其神格之猙獰怪怖。不過，邪神之所以「邪」，更是由於其以「人牲」祭獻，且通常都有一些特殊儀式，除了一般的穿上盛裝焚香、酌酒和禮拜神像外（〈表五〉例 1、2、4、6），也會以盃珓詢問神意（〈表五〉例 2）、祈禱唸咒指稱「人牲」的名字（〈表五〉例 4），祭祀完畢後甚或伴以簫鼓樂隊，分飲神胙（〈表五〉例 1）。當然，最震撼人心的是「採牲」的經過和「殺人祭鬼」的情況。

從資料可見，邪神崇拜的信眾往往都是地方社會裡的民眾（〈表五〉例 1、3、4、5、6、8、9），間或有地痞流氓（〈表五〉例 2、7、11），〔註 121〕他們居住在城市和鄉村裡，有些秘密地祀拜邪神（〈表五〉例 1、3、7），有些則似乎人所共知（〈表五〉例 2、4、5、6），故當遇到官府揖捕時，前者多是徒勞無功（〈表五〉例 3），後者則輕易就擒（〈表五〉例 5、6、9、11）。邪神信眾要「殺人祭鬼」，首先必須擄掠獵物，進行「採牲」。爲了方便行事及減少麻煩，一般的對象都是從外地來的異鄉人，有商旅、僧侶、士人甚至是官僚（〈表五〉例 1、2、4、5、7、8、9）；但間或有同鄉者（〈表五〉例 3、11），又或是買回來的妾婢（〈表五〉例 6）。下手犯案的地點，差異很大，有在山道林蔭等人跡罕至的偏僻處（〈表五〉例 1、5、7、9、11），方便犯案；但亦有在村墟民居、邸店旅館等繁華之地（〈表五〉例 2、4、8），相信是因爲較易找到獵物，也可反映其明目張膽。

不同邪神的信眾，採牲時有不同的目標，包括美男子（〈表五〉例 2）、無疾的鄉民（〈表五〉例 10）、處女（〈表五〉例 6）、小孩（〈表五〉例 3）、孕婦和嬰胎（〈表五〉例 10、11）等，箇中的原因，惜未見著錄。不過，從民眾祈求神靈降福的角度而言，我們或可試作估量。祭神之目的自然是乞求神靈垂聽禱告，用作祭品的「人牲」就必須挑選最好的，故貢獻美男子、處女和無疾鄉民，就是希望討好神靈，乞取神恩。不過，以美男子和處女作犧牲，這種「神格」似乎有點「淫邪」之味，我們在後面還會討論，暫且從略。至於

〔註 120〕 Valerie Hansen, *Changing Gods in Medieval China, 1127-1276*, pp.52-57。

〔註 121〕 例 7「護界五郎」中的「惡少年數昇一人來，就殺之以祭，旋捨去。」極有可能是地方「社火」中的無賴輩，與邪神和淫祠的關係至深，破壞地方教化風俗，一直是宋朝政府打擊的目標。見王章偉，《在國家與社會之間──宋代巫覡信仰研究》，頁 284～296。

謀殺孕婦以取其嬰胎祭神，則似乎是相信「新生命」的力量，故〈表五〉例
10「執孕婦十有二人，至城下，剖腹取胎以卜」；而〈表五〉例 11 更是因爲「左
道者以雙子胎爲靈丹」，跟說部中關於妖人盜取孕婦嬰胎紫河車的故事相類，
其除了殺人祭鬼外，更以孿生的嬰胎「炙作臘，爲鳴童預報之神」，即反映祭
拜者相信其神力。〔註 122〕〈表五〉例 5 及例 9 的情況更是奇特，荊湖一帶信
奉稜騰神及其他邪神者認爲，官員士人是「聰明人」、師僧道士是「修行人」，
而婦人及小兒力量最弱，故「人牲」就以此分爲三等，「聰明人」一可當三，
「修行人」一可當二。信眾似乎相信，「人牲」的社會地位或知識修養影響著
禱祭的效力，更能討好邪神，祭品與靈力之關係至深。〔註 123〕

　　至於祭祀的情況，除了妖神現身吞噬「祭品」叫人抹一額汗外（〈表五〉
例 1、4、6），信眾祭獻「人牲」的情況也很恐怖，有以大鑊沸油烹以祭鬼者
（〈表五〉例 2），但更多的是活活地將「人牲」剖腹取肝（〈表五〉例 3、5〔兩
例〕）。關於「取肝」祭神，〈表五〉例 5 的第二個故事尤值得注意，邪神信徒
在獵殺「人牲」後被官府擒捕時招供說：「本欲得其肝爾，首非所用也，將棄
之無人過之地而滅跡焉。」祭鬼者何以只攫取人肝而已？人肝何以還較頭顱
重要？資料未有交代，但宋代流行割肉療親的風俗，民眾相信「人肉癒疾」
的心理，割肝的例子很多，〔註 124〕祭鬼者以此爲重，筆者認爲或與這種信仰
有關。而〈表五〉例 11 的惡徒竟將懷有孿生胎兒的孕婦活生生地剖腹取子、
分屍祭神，令人毛骨悚然；〈表五〉例 4 的信徒，更因爲「人牲」逃脫而禍及
己身。這些神祇神格之可怕與信眾的邪行妖徑，都足見邪神信仰與一般淫祠
祭神的分別。

　　礙於史料闕如，我們不知道何以邪神的信徒敢於干犯極刑去殺人祭鬼。
同樣乞求神恩，跟其他祠神相比，邪神信仰卻需要以人爲祭，神格的妖異和

〔註 122〕欒保群認爲，這種「鳴童」之神，與民間流行的樟柳神、耳報神、靈哥靈姐、
　　　　靈童、肚仙等「預報」之神相似，他稱爲「鬼仙」。見欒保群，《捫虱談鬼錄》，
　　　　上海：上海文藝出版社，2013 年，頁 297～315。

〔註 123〕林富士認爲，這可「反映出巫者對於儒家士大夫（官員士秀）和佛、道二教
　　　　人士的憎恨，表面上雖然給予較高的評價，可以以一當三或以一當二，其實
　　　　無異於鼓勵其信徒捕殺儒、釋、道三教之士，事實上，三者也是巫者在宋代
　　　　社會最強大的敵對者和宗教市場的競爭者。」見林富士，〈「舊俗」與「新風」：
　　　　試論宋代巫覡信仰的特色〉，頁 29～30。這個觀點很有意思，也是宋代巫者
　　　　跟儒、釋、道之矛盾；不過，就這個例子本身跟邪神信仰的關係，我比較重
　　　　視其所凸顯的「人牲」社會地位與「靈力」的關係。

〔註 124〕方燕，〈宋代女性割股療親問題試析〉，《求索》，2007 年第 11 期，頁 214～216。

威靈自是更大，祀拜者所祈禱的，相信應該是一些很難達到的願望吧，否則又何須干冒這種大不違呢？《夷堅志》記載一個鄱陽人王公，「居魏家井側，好事邪神以求媚，至奉五侯泥像於室，香火甚謹。」〔註 125〕所謂「求媚」，或可反映邪神信徒殺人祭鬼的動機？總之，採牲祭神這種駭人的風俗，基於的就是相信邪神的靈力至大。

　　有趣的是，在祭鬼的過程中，「人牲」還有一個有用的逃命方法——誦唸《大悲咒》（〈表五〉例 1、4、6、7）。案《大悲咒》的靈力源於密宗的千手千眼觀音信仰，宋代是觀音信仰在中國本土化的重要發展階段，宋人認為《大悲咒》具有驅鬼的威力，一般人似乎都知道如何持誦《大悲咒》。〔註 126〕以《大悲咒》對抗殺人祭鬼，除了有宣揚觀音信仰的味道外，對比於「大慈大悲」的觀世音菩薩，邪神神格中的「邪」就更凸出。

2、淫邪好色——邪神的另一個面相

　　與官方鎮壓邪神信仰時只以「殺人祭鬼」為標誌的情況不同，宋代邪神在民間裡所呈現的面相更多、更豐富，也更能顯露其妖邪與靈異的本質。其中，「五通」就是表表者，〈表五〉例 7 的「護界五郎」亦是「五通」的另一個變形。五通神的原形為中國古代的山魈信仰，這種惱人的精怪在宋代仍然廣為流播，學者已有深入的討論，無須我們再詳述。〔註 127〕這裡要談的，只

〔註 125〕《夷堅志》，支甲卷 8，〈王公家怪〉，頁 773。

〔註 126〕見于君方的經典著作，Yu Chun-Fang, *Kuan-yin: The Chinese Transformation of Avalokitesvara*, New York: Columbia University Press, 2001, pp.263-291。澤田穗瑞研究《夷堅志》中的咒語問題，也有稍稍討論《大悲咒》，見日・澤田穗瑞，〈宋代の神咒信仰——《夷堅志》の說話を中心として——〉，原刊於《東方宗教》，56，頁 1～30，今載於《中國關係論說資料》，第 22 號第 1 分冊上，1980 年，頁 451～466。

〔註 127〕五通邪神因《聊齋志異》的故事而聞名於世，其本自中國江南的山魈信仰，後與佛教的五通鬼說法結合，於宋代大為流播，所謂「北狐仙、南五通」。其神格至為邪異，雖能令人致富，卻淫人妻女，被統治者目為鎮壓之主要邪神；然而，其於民間的廣泛流傳，最終因其令人致富之特性而演為五顯靈官大帝及五路財神，神格由邪而正，至為有趣。關於五通神的研究，西方學者的研究最深入和精彩，參考下列各文：Richard von Glahn, "The Enchantment of Wealth: The God Wutong in the Social History of Jiangnan", *Harvard Journal of Asiatic Studies*, 51:2（1991）, pp.651-714；Ursula-Angelika Cedzich, "The Cult of the Wu-t'ung/Wu-hsien in History and Fiction: The Religious Roots of the Journey to the South", in David Johnson（ed.）, *Ritual and Scripture in Chinese Popular Religion*, California: Chinese Popular Culture Project, 1995, pp.137-218；Michael Szonyi, "The Illusion of Standardizing the

是像五通這類邪神所表現的另一種駭俗神格──淫邪好色。

　　吳曾《能改齋漫錄》有一段很重要的記錄，道出了五通其實也是前節提到官方予以鎮壓的邪神信仰：

　　　　嘉祐（1056～1063）中，臨川人伍十八者，以善裁紗帽入汴京，止於鄉相晏元獻宅前，爲肆以待售。一日，至保康門，遇五少年趯氣毬，伍生素亦習此，即從少年趯之。少年見五生頗妙，相與酬酢不已。時日西，四少年將去，曰：「大哥不歸？」其一人曰：「汝先去，吾與毬士飲酒耳。」乃邀伍生上房家樓飲之，盡四角，問生本末甚詳。飲罷，取筆寫帖付生曰：「持此於梳行郭家取十千錢，與汝作業。」生受之，繫衣帶間。少年又曰：「夜久矣，汝勿歸，且隨我至吾家宿可也。」伍生從之，至一處，引生於三室前，指一明亮者曰：「汝臥此中，終夕勿出戶。雖有溲溺，亦於壁隅也。」又戒曰：「慎勿窺此二室，將驚汝。」生唯然，心疑其言。未曉輒起，推二室戶扉閱之。一室四壁，皆釘婦人嬰兒甚眾；一室有囚無數，方拷掠號泣……及天明，乃在保康門內西大石上，甚怪駭。顧視筆帖仍在，遂持詣郭家取錢，郭如數與之。生自是謀運稍遂，其後家於楚州。五少年，京師人謂五通神也。〔註128〕

五通神家中牆壁釘著大量婦女和嬰兒，又囚禁拷打大量生人，明顯就是「殺人祭鬼」的祭祀所，這點過去的論者較少注意到；而〈表五〉例 7 中的「護界五郎」廟中，「堆積白骨無數，蓋非往來所屆通道也」，相信也是以人牲祭祀這所路邊野廟中的五通神的明證。因此，作爲邪神，五通神的妖異本質自不待說。不過，邪神五通在民間裡的形象，最惹人注目的還是其淫邪好色的性格，《夷堅志‧江南木客》的描述人所共知：

Gods: The Cult of the Five Emperors in Late Imperial China", *The Journal of Asian Studies*, 56:1（1997），pp.113-135。另請參看劉仲宇，《中國精怪文化》，上海：上海人民出版社，1997 年，頁 135～141；嚴耀中，〈五通神新探〉，載於嚴耀中，《漢傳密教》，上海：學林出版社，1999 年，頁 270～287；蔣竹山，〈湯斌禁毀五通神──清初政治菁英打擊通俗文化的個案〉，《新史學》，第 6 卷第 2 期，1995 年，頁 67～112。劉燕萍最近則從小說分析的角度討論《夷堅志》中的五通形象，見其〈淫祠、偏財神與淫神論──《夷堅志》中的五通神〉，載於劉燕萍，《神話‧仙話‧鬼話──古典小說論集》，上海：上海古籍出版社，2012 年，頁 30～61。

〔註128〕吳曾，《能改齋漫錄》，卷 18，〈神仙鬼錄‧伍生遇五通神〉，頁 526。

　　大江以南地多山，而俗機鬼，其神怪甚佹異，多依巖石樹木為叢祠，村村有之。二浙江東曰「五通」，江西閩中曰「木下三郎」，又曰「木客」，一足者曰「獨腳五通」，名雖不同，其實則一。考之傳記，所謂木石之怪夔罔兩及山猄是也……變幻妖惑，大抵與北方狐魅相似。或能使人乍富，故小人□□致奉事，以祈無妄之福。若微忤其意，財又移奪而之他。遇盛夏，多販易材木於江湖間，隱見不常，人絕畏懼，至不敢斥言，祀賽惟謹。尤喜淫，或為士大夫美男子，或隨人心所喜慕而化形，或止見本形，至者如猴猱、如尨、如蝦蟆，體相不一，皆趫捷勁健，冷若冰鐵。陽道壯偉，婦女遭之者，率厭苦不堪，羸悴無色，精神奄然。……所淫據者皆非好女子，神言宿契當爾，不然不得近也。交際訖事，遺精如墨水，多感孕成胎。怪媚百端，今紀十餘事于此。建昌軍城西北隅兵馬監押廨，本吏人曹氏居室，籍入于官。屋後有小祠，來者多為所擾。趙宥之之女已嫁，與夫侍父行，為所迷，至白晝出與接。不見其形，但聞女悲泣呻吟，手足撓亂，叫言人來逼己，去而視之，遺瀝正墨，洓液衣被中，女竟死。……南城尉耿弁妻吳有崇孕，臨蓐痛不可忍，呼僧誦孔雀咒，吞符，乃下鬼雛，遍體皆毛。……翁十八郎妻虞，年少，乾道癸巳，遇男子，每夕來同宿。夫元不知，雖在房，常擲置地上或戶外，初亦罔覺，但睡醒則不在床。虞孕三年，至淳熙乙未秋，產塊如斗大，棄之溪流，尋亦死。饒氏婦王，在家為女時已有感，既嫁亦來，遂見形。顏色秀麗如婦人，鮮衣華飾，與人語笑。外客至，則相與飣餖蔬果，若家人然。少忤之，即擲沙礫，作風火，置人矢牛糞於飲食中，莫不懾畏……李一妻黃、劉十八妻周，生子如豬狕，毛甚長，墮地能跳躑。一死，一失所在。黃氏妻是夜遇物如蠶而長大，逼與交，孕過期乃生，得一青物，類其父。胡氏妻黃，孕不產，占之巫：「已在雲頭上受喜，神欲迎之，不可為也。」果死。……南豐縣京源村民丘氏妻，孕十年，兒時時腹中作聲，母欲出門，胎必騰踏，痛至徹心，不出方止。後產一赤猴，色如血，棄之野，母幸獨存。宜黃縣下潦村民袁氏女，汲水門外井中，為大蛇繳繞仆地，遂與接，束之困急，女號啼宛轉。家人驚擾，召巫。巫

云：「是木客所為，不可殺，久當自去。」薄暮乃解。异女歸，色
萎如蠟，病踰月乃瘳，顏狀終不復舊，成癡人矣。〔註129〕

同書〈花果五郎〉條亦載：

保義郎趙師熾，慶元二年八月調監封州嶽祠歸。其父為肇慶兵
官，往省之，過建昌軍少留。在臨安時買一妾，殊以嬖寵，忽感心
疾，常譫語不倫，時時作市廛小輩叫唱果子……將半月久，一日醒
然如夢覺，言：「昨到一處……望其上有美丈夫五人……見欄干外揭
巨牌，金書『花果五郎』四字……不知許日也。」花果五郎者，里
巷叢祠蓋有之，非正神也。疑女居家時或染著云。〔註130〕

五通雖然是山鬼的流裔，有時會以猴猱、尨等形象出現，但更多時是以美男
子的化身誘姦婦女，使其懷有鬼胎，恐怖不已。對於古代的男權社會而言，
較之迷惑男人的女妖，五通這種「淫人妻女」的神格，自然更是不能接受。「淫
人妻女」是宋代邪神信仰中另一凸出的邪行妖徑。

其實，宋代民間信奉這類「淫人妻女」的邪神並不罕見，《藏一話腴》即
記云：

姑蘇愚民無分貧富，薄於奉親而厚於祀，邪者相半。洞庭山有
村民之黠者，以詐鼓愚，號水仙太保，掠人之財賄，誘人之妻妾，
不可勝數，為害數十年。使君王寶齋追而鞫之，殊無異狀，迺毀壇
絕祀。〔註131〕

不過，五通神的好色性格卻與眾不同，而且與另一種人類的「罪惡」──金
錢扯上不解的關係，《夷堅志·五郎君》：

河中市人劉庠，娶鄭氏女，以色稱。庠不能治生，貧悴落魄，
唯日從其侶飲酒。鄭饑寒寂寞，日夕咨怨，忽病肌熱，昏冥不知人，
後雖少愈，但獨處一室，默坐不語，遇庠輒切齒折辱。庠鬱鬱不聊，
委而遠去。鄭掩關潔身，而常常若與人私語。家眾穴隙潛窺，無所
睹。久之，庠歸舍，入房見金帛錢綺盈室，問所從得，鄭曰：「數月
以來，每至更深，必有一少年來，自稱五郎君，與我寢處，諸物皆
其所與，不敢隱也。」庠意雖憤憤，然久困於窮，冀以小康，亦不

〔註129〕《夷堅志》，丁志卷19，〈江南木客〉，頁695～696。

〔註130〕《夷堅志》，三補，〈花果五郎〉，頁1802～1803。

〔註131〕宋·陳郁，《藏一話腴》，甲集卷下，《宋代筆記小說》，石家莊：河北教育出
版社，1995年，頁5；《黃氏日抄》，卷96，〈安撫顯謨少卿孫公行狀〉，頁13。

之責。一日，白晝此客至，值庠在焉，翻戒庠無得與妻共處。庠懼，徙於外館，一聽所爲，且鑄金爲其像，晨夕瞻事………五郎君竟據鄭氏焉。〔註 132〕

同書〈獨腳五通〉條：

吳十郎者，新安人。淳熙初，避荒，挈家渡江，居於舒州宿松縣。初以織草屨自給，漸至賣油。才數歲，資業頓起，殆且巨萬。里落莫不致疑，以爲本流寓窮民，無由可富。會豪室遭寇劫，共指爲盜，執送官。困於考掠，具以實告云：「頃者夢一腳神來言：『吾將發迹於此，汝能謹事我，凡錢物百須，皆可如意。』明日，訪屋側，得一毀廟，問鄰人，曰：『舊有獨腳五郎之廟，今亡矣。』默感昨夢之異，隨力稍加繕葺。越兩月，復夢神來曰：『荷爾至誠，即當有以奉報。』凌晨見起，見緡錢充塞，逐日以多，遂營建華屋。方徙居之夕，堂中得錢龍兩條，滿腹皆金。自後廣置田土，盡用此物，今將十年，未嘗敢爲大盜也。」邑宰驗其不妄，即釋之。吳創祠於家，值時節及月朔日，必盛具奠祭，殺雙羊、雙豬、雙犬，并毛血糞穢，悉陳列於前。以三更行禮，不設燈燭。率家人拜禱訖，不論男女長幼，皆裸身暗坐，錯陳無別，踰時而退。常夕不閉門，恐神人往來妨礙。婦女率有感接，或產鬼胎。慶元元年，長子娶官族女，不肯隨群爲邪，當祭時獨不預。旋抱病，與翁姑相繼亡。所積之錢，飛走四出，數里之內，咸有所獲。吳氏虔啓謝罪，其害乃止。至今奉事如初。〔註 133〕

這兩則故事即構成五通在宋代及以後被視作邪神所具有與眾不同的特徵：信徒與五通神立約協定，任其誘騙或強姦妻女，以換取不義之財。正如萬志英的研究指出，邪神五通逐漸演變成「財神」，反映民眾意識到貪婪的破壞性和其潛在的後果；〔註 134〕本文要指出的是，從「貪婪的破壞性和其潛在的後果」這點再思考，信徒願意獻出妻女以換取巨額財富這種有乖人倫的強烈慾望，其不顧一切乞祈邪神的無比靈力，正是宋代邪神信仰得以傳播的原因。只有五通這類靈力強大的邪神，才能夠讓人心想事成；然而，除了代價高昂外，

〔註 132〕《夷堅志》，支甲卷 1，〈五郎君〉，頁 717～718。

〔註 133〕《夷堅志》，支癸卷 3，〈獨腳五通〉，頁 1238～1239。

〔註 134〕Richard von Glahn, “The Enchantment of Wealth: The God Wutong in the Social History of Jiangnan”, p.654.

這種偏門橫財卻不太穩當：

> 荊南劉五客者，往來江湖，妻頓氏與二子在家，夜坐，聞窗外人問：「劉五郎在否？」頓氏左右顧，不見人，甚懼，不敢應。復言曰：「歸時倩爲我傳語，我去也。」劉歸，妻道其事，議欲徙居。忽又有言曰：「五郎在路不易。」劉叱曰：「何物怪鬼，頻來我家，我元不畏汝！」笑曰：「吾即五通神，非怪也。今將有求於君，苟能祀我，當使君畢世鉅富，無用長年賈販，汩沒風波間。獲利幾何，而蹈性命不可測之險？二者君宜詳思，可否在君，何必怒？」遂去，不復交談。劉固天資嗜利，頗然其說，遽於屋側建小祠。即有高車駿馬，傳呼而來，曰：「郎君奉謁。」劉出迎，客黃衫烏帽，容狀華楚……金銀錢帛，贈餉不知數。如是一年，劉絕意客游，家人以爲無望之福。他夕，因弈棋爭先，忿劉不假借，推局而起。明日，劉訪篋中，所畜無一存，不勝悔怒，謀召道士治之。〔註135〕

不義之財，得之教人不安，且往往乍富驟貧；而崇拜邪神，靈力固大，但邪神的神格較之正神而言，卻是妖異不馴，難於捉模。〔註136〕因此，除了以最高級的「人牲」祭鬼外，〈五郎君〉裡的劉庠只有讓妻子繼續被五通佔有，而〈獨腳五通〉裡的吳氏也只有再次屈服於妖神的淫威。

強烈的慾望、沉重的代價、幻得幻失的前程等等，呈現出信徒的不安與邪神信仰的神秘可怖。事實上，吳十郎在家裡設立的五通祠，歲時節日及每月朔夕的祭禮儀式最是神秘，祭品血腥污穢，夜半糾集男女長幼家人裸身暗坐，甚至讓邪神姦污族中婦女成孕，更是詭異駭人，遠非一般淫祠妖怪之祀可比。

3、瘟鬼——降禍人間的邪神

我們可以想見，如果嗜好「人牲」的神明是邪神，那麼爲人間帶來疫病、塗炭生靈的瘟鬼，在時人的認識中，自然是更恐怖的「不正之神」。案瘟神信

〔註135〕《夷堅志》，丁志卷13，〈孔勞蟲〉，頁647～648。

〔註136〕「乍富驟貧」與五通這類「偏財神」興起的關係，即使到了現代，仍然不乏相似的例子。人類學家的研究就顯示，二十世紀八十年代是臺灣經濟的迅速發展和轉變時期，很多人湧向投機性的金融活動，在難測而動盪的命運下，「布袋和尚」這類「偏財神」等神祇信仰遂大爲興盛。見 Robert P. Weller, "Matricidal Magistrates and Gambling Gods: Weak States and Strong Spirits in China", in Meir Shahar and Robert P. Weller（eds.）, *Unruly Gods: Divinity and Society in China*, Honolulu: University of Hawaii Press, 1996, pp.250-268。

仰或始於魏晉時代，與道教關係密切，其神格經歷長期發展，由原來負責「行瘟」的「瘟鬼」逐漸演變為明清以後「逐疫」的「瘟元帥」。〔註137〕宋代正是瘟神信仰處於由邪而正之發展階段，故其神格也是邪正參半。

　　撇除民間一些較為正面的記載外，〔註138〕宋人眼中的瘟神，形象多恐怖嚇人，例如《夷堅志》記同知樞密院事管師仁（1045～1109）未登第時，元旦日大清早出門遇到「大鬼數輩，形貌獰惡，叱問之，對曰：『我等疫鬼也，歲首之日，當行病於人間。』」〔註139〕而《異聞總錄》記呂夷簡（979～1044）族人所見的也是一樣：

> 呂文靖公宅在京師榆林巷，群從數十，遇時節朔望，則昧旦共集於一處，以須尊者之出。文穆公之孫公雅，年十八歲，時當元日謹禮，以卑幼故起太早。命小妾持籠燈行，前彷彿見數人立暗中，奇形異服，頗類世間瘟神，相與語云：「待制來。」稍稍斂身向壁。妾驚仆而燈不滅，呂扶掖起之，自攜籠行，諸鬼慌窘，悉趨壁而沒。是歲一家皆染時疫，惟呂獨無他，後終徽猷閣待制，鬼蓋先知矣。〔註140〕

古代民眾對瘟疫的認識不多，只要相關的疾病造成大量人口死亡，人們就稱其為疫、瘟或溫疫；〔註141〕而面對疫病時的無助，時人只有將其歸因於鬼神作祟。〔註142〕由於瘟疫種類繁多，傳播又廣，這或許令到宋人認為四處散播

〔註137〕關於瘟神信仰的源頭與發展，可參考 Paul R. Katz, *Demon Hordes and Burning Boats: The Cult of Marshal Wen in Late Imperial Chekiang*, Albany: State University of New York Press, 1995, pp.77-116；陳元朋，〈《夷堅志》中所見之南宋瘟神信仰〉，《史原》，第 19 期，1993 年，頁 39～84。

〔註138〕例如《夷堅志》，支乙卷7，〈王牙儈〉，頁 851～852：同書，補卷 25，〈陳唐兄弟〉，頁 1778。這兩條資料中的瘟神，形象都較為正面，前者的描述是「大官正坐，左右擁侍皆朱紫，儀衛光赫，全如官府。」後者更是坐鎮於城隍廟中的瘟部主神「張王」。不過，這兩則故事裡的染疫者都招延巫覡對治瘟神，按筆者過去的研究曾經指出，宋人在面對瘟疫時往往束手無策，除了以瘟鬼解釋病因外，延請巫覡驅鬼毆疫就是其中的重要方法，見王章偉，《在國家與社會之間──宋代巫覡信仰研究》，頁 169～178，310～312。因此，站在請巫治瘟的民眾立場而言，巫覡是正、瘟神是邪，應該是不言而喻的，這兩尊形象較正面的瘟神，似乎仍未能擺脫瘟鬼的邪味？

〔註139〕《夷堅志》，丁志卷2，〈管樞密〉，頁 546。

〔註140〕宋・佚名，《異聞總錄》，卷 4，《筆記小說大觀》，揚州：江蘇廣陵古籍刻印社，1983～1984 年，頁 8。

〔註141〕陳元朋，〈《夷堅志》中所見之南宋瘟神信仰〉，頁 46。

〔註142〕參見王章偉，《在國家與社會之間──宋代巫覡信仰研究》，頁 139～195。

瘟疫的瘟神並不只一個，其行瘟時往往成群出動，《夷堅志・宣州孟郎中》：

　　　乾道元年七月，婺源石田村汪氏僕王十五正耘于田，忽僵仆。
家人至，視之，死矣。昇歸舍，尚有微喘，不敢殮。凡八日復甦，
云：「初在田中，望十餘人自西來，皆著道服，所齎有箱篋大扇。方
注視，便爲捽著地上，加毆擊，驅令荷擔行。至縣五侯廟，有一人
具冠帶出，結束若今通引官，傳侯旨，問來何所須，答曰：「當於婺
源行瘟。」冠帶者入，復出曰：「侯不可。」趣令急去。其人猶邁延，
俄聞廟中傳呼曰：「不即行，別有處分。」遂捨去。入嶽廟，復遭逐，
乃從淛嶺適休寧縣，謁城隍及英濟王廟，所言如婺源，皆不許。遂
至徽州，遍走三廟，亦不許。十人者慘沮不樂，迤邐之宣州，入一
大祠，才及門，數人已出迎，若先知其來者。相見大喜，入白神，
神許諾，仍敕健步徧報所屬土地，且假一鬼爲導，自北門孟郎中家
始。既至，以所齎物藏竈下，運大木立寨柵于外，若今營壘然。逮
旦，各執其物巡行堂中。二子先出，椎其腦，即仆地。次遇僕婢輩，
或擊或扇，無不應手而隕。凡留兩日。其徒一人入報：「西南火光起，
恐救兵至。」巫相率登陴，望火所來，彍弩射之，即滅。又二日，
復報營外火光屬天，暨登陴，則已大熾，焚其柵立盡，不及措手，
遂各潰散，獨我在。梧身已死，尋故道以歸，乃活。」里人汪麐新
調廣德軍簽判，見其事。其妹婿余永觀適爲宣城尉，即遣書詢之。
云：「孟生乃醫者，七月間闔門大疫，自二子始，婢妾死者二人。招
村巫治之，方作法，巫自得疾，歸而死。孟氏悉集一城師巫，併力
禳禬，始愈。蓋所謂火焚其柵者，此也。」是歲淛西民疫禍不勝計，
獨江東無事，歙之神可謂仁矣。〔註143〕

同書〈劉十九郎〉條：

　　　樂平耕民植稻歸，爲人呼出，見數輩在外，形貌怪惡，叱令負
擔。經由數村疃，歷洪源、石村、何衝諸里。每一村必先詣社神所，
言欲行疫，皆拒不聽。怪黨自云：「然則獨有劉村劉十九郎家可往爾。」
遂往，徑入趨廡下客房宿，略無飲食枕席之具。明旦，劉氏子出，
怪魁告其徒曰：「擊此人右足。」杖縋下，子即仆地。繼老嫗過之，
令擊左足，嫗仆如前，連害三人矣。然但守一房，不浪出。有偵者

〔註143〕《夷堅志》，乙志卷17，〈宣州孟郎中〉，頁327～328。

密曰：「一虎從前躍而來，甚可畏。」魁色不動，遣兩鬼持杖待之，
曰：「至則雙擊其兩足。」俄報虎斃於杖下。經兩日，偵者急報北方
火作。斯須間燄勢已及房，山水又大至。怪相視窘愕，不暇取行李，
單身亟奔。……鄉人訪其事於劉氏，云：「二子一婢，同時疫困。」
呼巫治之，及門而死。復邀致他巫，巫懲前事，欲掩鬼不備，乃從
後門施法，持刀吹角，誦水火輪咒而入，病者即日皆安。〔註144〕

這兩個故事裡的瘟鬼最是猙獰，在城鄉裡行瘟害人，盡顯邪神本色。不過，
瘟鬼雖能為害人間，但其神格卻似乎不高，能否成功行瘟害人，必須先徵得
當地的守護神或城隍、土地批准；而民眾邀巫對治，也凸顯了瘟鬼的害人邪
性，須予以祓禳除凶。

宋代是一個瘟疫橫行的時代，〔註145〕邢昺（932～1010）討論當時百姓
的災患大者有四，「疫」即居其首。〔註146〕因此，除了延請道士、巫覡驅瘟逐
鬼外，人們往往會向現實低頭，祭拜瘟神，以求身免於難；然而，官方似乎
也認定瘟鬼的妖邪性格，多加禁制：

> 景祐元年九月二十五日，廣南西路轉運使夏侯彧言：「潭州妖
> 妄小民許應，於街市求化，呼召鬼神，建五瘟神廟，已令毀拆。……
> 乞下本州止絕。」奏可。〔註147〕

如前所論，「邪神」的恐怖形象是民眾辨別其身分的最有效方法，故官員對民
間祠廟中瘟神的怪形惡相屢加批判，視之為妖鬼，如葉適提到江陰軍的瘟神
廟「陰廡複屋，塑刻詭異，使祭者凜凜。」〔註148〕劉宰則謂：

> 俚俗相扇，淫祀繁興，其一曰祭瘟。所在市鄽皆有廟，貌或肖

〔註144〕《夷堅志》，丁志卷15，〈劉十九郎〉，頁660；《異聞總錄》，卷1，頁4～5。
〔註145〕陳元朋根據《宋史》的記載，統計出北宋發生了20次大規模瘟疫，南宋則有
30次，見陳元朋，〈《夷堅志》中所見之南宋瘟神信仰〉，頁72。邱雲飛則以不
同的資料，統計出兩宋時期的瘟疫有49次，見邱雲飛，《中國災害通史·宋代
卷》，鄭州：鄭州大學出版社，2008年，頁163～167。郭志嵩（Asaf Goldschmidt）
研究北宋醫史的新著中，僅就北宋而言，已錄得37次大疫，見 Asaf Goldschmidt,
The Evolution of Chinese Medicine: Song Dynasty, 960-1200, London and New
York: Routledge, 2009, p. 77。
〔註146〕宋·邢昺，〈論災患奏〉，《全宋文》，卷53，頁280。
〔註147〕《宋會要輯稿》，〈禮〉20之12，頁770。夏侯彧，〈乞止絕妖妄小民濫建神
廟奏〉，《全宋文》，卷392，頁102。
〔註148〕宋·葉適，《葉適集》，《水心文集》，卷23，〈朝議大夫祕書少監王公墓誌銘〉，
北京：中華書局，1983年，頁457。

虎兕，或像虺蛇；或手足妄加，或眉目倒置。夫物各從其類而人必
儗於倫，豈天地造化之功，作魑魅魍魎之狀況？〔註149〕

《夷堅志》裡的故事更提到民眾面對疫病時，寧向猙獰邪惡的瘟神禱祈而不
願服藥，其中更不乏知書識禮的士人：

> 張子智貴謨知常州。慶元乙卯春夏間，疫氣大作，民病者十室
> 而九。張多治善藥，分諸坊曲散給，而求者絕少，頗以爲疑。詢於
> 郡士，皆云：「此邦東岳行宮後有一殿，士人奉祀瘟神，四巫執其柄。
> 凡有疾者，必使來致禱，戒令不得服藥，故雖府中給施而不敢請。」
> 張心殊不平。他日，至岳祠奠謁，戶庭悄悄，香火寥落。問瘟廟所
> 在，從吏謂必加瞻敬，命炷香設褥。張悉撤去。時老弱婦女，祈賽
> 闐咽，見使君來，爭叢繞環視。張指其中像衰冕者，問爲何神？巫
> 對曰：「太歲靈君也。」又指左右數軀：或攀足，或怒目，或戟手，
> 曰：「此何佛？」曰：「瘟司神也。」張曰：「人神一也，貴賤高卑，
> 當有禮度。今既以太歲爲尊，冠冕正坐，而侍其側者，顧失禮如此，
> 於義安在？」即拘四巫還府，而選二十健卒，飲以酒，使往擊碎諸
> 像，以供器分諸刹。〔註150〕

跟「殺人祭鬼」和「淫人妻女」的邪神不同，行瘟散疫這種害人的本質
是瘟鬼被視作邪神的原因，多不涉及信眾的罪惡勾當或有違禮教之淫邪妖
行。不過，瘟鬼蒞臨，降禍人間，其實就是「死神來了」，對民眾造成的恐慌，
並不亞於其他的邪神。

4、其他害人的妖神

除了殺人祭鬼、淫人妻女和降疫人間三大類的邪神外，宋代民間還有很
多不同的邪神妖鬼，我們將蒐集到的一些事例表列於下：

表六：宋代害人妖神事例表

序號	內　　　容	流行地界	資料出處
1	福州永福縣能仁寺護山林神，乃生縛獼猴，以泥裏塑，謂之猴王。歲月滋久，遂爲居民妖祟。寺當福泉南劍興化四郡界，村俗怖聞	福建路福州、泉州、南劍州	《夷堅志》，甲志卷6，〈宗演去猴妖〉，頁47～48。

〔註149〕宋·劉宰，《漫塘集》，卷18，〈勸尊天敬神文〉，《文淵閣四庫全書》，臺北：
商務印書館，1986年，頁4。
〔註150〕《夷堅志》，支戊卷3，〈張子智毀廟〉，頁1074–1075。

	其名。遭之者初作大寒熱，漸病狂不食，緣籬升木，自投於地，往往致死，小兒被害尤甚。於是祠者益眾，祭血未嘗一日乾也。……邪習日甚，莫之或改。……長老宗演聞而歎曰：「汝可謂至苦。其殺汝者，既受報，而汝橫淫及平人，積業轉深，何時可脫！」為誦梵語大悲呪資度之。	、興化軍	
2	建昌鄧希坦，娶朝奉郎李景適女，生二男一女。女嫁承議郎徐宗振長子大防。次男名興詩，於女為兄，好學有雋譽。夢為人召至一處，高閣華宇，三美男子坐庭上，置酒張樂，侍姬十數輩……久之始認妓中一人乃厥妹也……覺而惡之，以言父母兄妹，不謀而同，蓋皆感此夢也，相與嗟異。未幾，宗振赴行在惠民藥局，鄧女隨夫侍行，卒於臨女。興詩繼沒於鄉里。三少年者，所謂木下三郎者也，建昌多其祠宇。希坦所居，尤與一廟相近，故被其孽。	江南東路南康軍建昌縣	《夷堅志》，支甲卷7，〈鄧興詩〉，頁765。
3	方子張會稽倉官，僦民屋作廨舍。庖中炊飯熟，婢舉甑時，忽三分失其一。已而殺饌亦然，陰伺之，了無所見。主母疑婢盜與人，屢加鞭笞，而竟不能得其實。一老嫗嘗至夜，遇異物，一足蹢躅。不暇細睹容狀，悸而出，以告子張。子張異焉，謀徙居以避他禍。偶步至鄰家，望小室內一龕帳極華潔，試往視，正畫一巨腳，略無相貌。扣其人，但窘撓不答，若無所措，乃悟常日盜飯者此也。郡士姚縣尉，精法籙，善治鬼。語之故，姚曰：「是名獨腳五通，蓋魍類也。……」	兩浙東路紹興府會稽縣	《夷堅志》，支景卷2，〈會稽獨腳鬼〉，頁890。
4	浮梁縣外石牌村民胡三妻董氏，以紹興四年六月暴死。慶元元年二月黃昏時，胡三在房內坐，忽困怠如睡，見董來，驚問之曰：「汝不幸下世，將及兩年，何故又到此？」董泣言：「好教你知，舊日有何師者，得一獼猴，縛之高木上，餓數日了，乃煉製熟泥，塑于案上，送入山後古廟，祭以為神。後來成精怪發靈，我遂被他取去。」言訖辭別，胡豁然醒。明日諮訪父老，果得廟，有神像，正所謂獼猴者。即用刃揮擊之，血流滿地，遂毀其室宇。	江南東路饒州浮梁縣	《夷堅志》，三志己卷9，〈石牌古廟〉，頁1374。

5	旅醫盧生，以術行售，慶元二年，抵邵武泰寧境，其地名曰白塔村。時已黃昏，不逢舍館，竮瞻之次，亟就之。雖略有燈火，而無人出應。盧呼問：「此爲誰家？」一麗女方出曰：「我乃趙喜奴也。」即求寄宿，答曰：「此不是道店，又無男子，尋常不曾著人歇。今既不可前進，理須相容。」盧欣然而留，且悅其色態，頓生慕想。……攜手同歸，極風流嫻雅之適。洎困迨曉，僕開眼不見主人，出尋之，回視已所寢，正在五道小廟側草路上。盧昏坐廟裡，如酩酊狀。僕探藥笥，餌以蘇合香丸，始覺蘇醒，乃登塗。	福建路 邵武軍 泰寧縣	《夷堅志》，三志卷9，〈趙喜奴〉，頁 1452～1453。
6	潭州善化縣苦竹村，所事神曰「苦竹郎君」。里中余生妻唐氏，微有姿色，乾道二年，邀鄰婦郊行，至小溪茅店飲酒，店傍則廟也。酒罷，眾婦人皆入觀，唐氏素淫冶，見土偶素衣美容，悅慕之，瞻視不能已，眾已出，猶戀戀遲留。還家數日，思念不少置，因如廁，望一好少年，張青蓋而來，絕類廟中像，徑相就語，即與歸房共寢，久乃去。自是數日一至，家人無知者。遂有娠，過期不產，夫怪之，召巫祝治禳弗效。唐氏浸苦腹漲，楚痛不堪忍。始自述其本末，疾益困，腹裂而死，出黃水數斗。	荊湖南路 潭州 善化縣	《夷堅志》，補卷9，〈苦竹郎君〉，頁 1627。
7	奉化縣大姓家，率於所居小室事神，謂之三堂，云祀之精誠，則能使人順利。然歲久多能作禍。縣之下郝村富民錢丙，奉之尤謹，每三歲必殺牛羊豕三牲，盛具祭享，享畢，大集親鄰，飲福受胙，若類姻禮。丙以壯歲死，當除服之月，適與祭神同時，侍妾阿全者，忽爲物所憑附，作主公聲謂其子曰：「我本未應死，蓋三堂無狀，錄我去，強爲奴僕。晝則臂鷹出原野，夜則涉歷市井，造妖作怪，經二年，略無一霎休息。不堪其苦，宛轉告假，得訴於東嶽。……乃具告三堂困害事。如食頃，片紙從內飛出，轉盼間神已攝至庭下，不見有縶縛者，而神跼蹐屏氣，求哀甚切。復有片紙飛出，旋繞神身數匝，化爲烈火爇之，立成灰燼。我拜謝而出。汝可遍告鄉人，自今宜罷此淫祀。」語漸微，阿全方蘇。	兩浙東路 明州 奉化縣	《夷堅志》，補卷15，〈奉化三堂神〉，頁 1693～1684。

8	饒州紫極觀外街……紹興元年三月，趙監廟者遣僕元成添茅蓋牆，至晡時，見一男子，背倚牆而坐，一人負空籃，從効勇營外相遇，交互毆擊，皆不作聲。元成顧其爭鬥久，趨下勸解，男子捨去，負籃者困臥不能語。成掖起之，其口耳鼻悉爲爛泥窒塞，扶至觀前人家，覓湯與飲，問所爭何事，再求湯一杯，飲畢始蘇，曰：「我是汪有三，居在雙巷，早間擔瓷器出市變賣，還穿軍營欲歸，買得油酥雪糕，準擬與娘喫，被男子不相識，須要強討，嗔我不肯，便打我一頓，搏泥塞口，以故做聲不得。」成視其籃，三物俱不見。汪知爲鬼，致謝而歸。明日，成復理茅，偶望路邊大皂角樹突出一瘤癗，頗似鬼面，有面有眉目，只中猶含糕，悟爲昨怪，持刀斫之四五，損處汁流清血。暮抵家，昏昏感疾。越三日，妻出行卜，曰：「西北方邪神作禍，宜禱求之。」但令買五鐵釘，起詣故處，至樹下，以釘貫其節，血迸如傾，成即愈。	江南東路　饒州	《夷堅志》，補卷22，〈紫極街怪〉，頁1756～1757。
9	彭文昌，彭溪人，有道行，行天心法。政和中，令晁昌之女惑於崇，以告文昌，乃市之淫祠爲妖也。焚其廟，聞鬼神哭，其怪遂絕。	兩浙東路　台州	《嘉定赤城志》，卷35，〈人物門〉，頁13。〔註151〕
10	殤神……江鄉淫祠……老母言，十六七時，避盜山間一民家，與其婦女處于屋後小室間，忽覺簷間有聲如蝙蝠者，老母先聞之，而其家婦女未聞也。有頃，聲稍疾大，其婦倉皇出門，仰視之，扣齒而言曰：「待去叫丈夫漢歸。」老母亦隨之到門外仰視，但彷彿見空中有黑影如蝴蝶狀，散去。問婦人何故如此，應曰：「神道。」心亦不知爲異。數日後盜息歸家，以告長上，方知其家亦祀此神，非良民也。殆自投虎口矣。俚俗傳之，其聲作於前則吉，而勝作於後則凶而負。楚俗有此，蒞官者當知之。		《同話錄》，頁12。〔註152〕

　　這十個例子中，大部分都是地方叢祠（〈表六〉例1、2、4、5、6、9）或是民間私家宅院（〈表六〉例3、7、10）裡禮拜的神明。論邪神的眞身本源，

〔註151〕宋・陳耆卿，《嘉定赤城志》，《宋元方志叢刊》，北京：中華書局，1990年。
〔註152〕宋・曾三異，《同話錄》，《說郛三種》，卷23，上海：上海古籍出版社，1989年。

例 2 和例 3 又是「五通神」的一些變形，例 1 和例 4 是猴妖作怪，例 8 是樹精，例 5、6、7、9、10 則是興妖作惡的不知名祠神。我們可見，民眾眼中的「邪神」有時並不容易釐清，如例 8 似是作惡的精怪而已，但卜者稱其爲「西北方邪神」；根據例 1 和例 4 的猴妖，因爲後來被人奉作山神和廟神，故由妖精進而爲「邪神」，例 8 的樹精或許也是如此吧？只是資料未見提及。至於例 10，只知道是民家祭祀不正之神而已。要特別指出的是，例 1 和例 4 的獼猴被信眾殺戮後煉塑爲神，其怨念至深，遂演爲害人的邪神，其神格和來源比較幽深。

正如前節提到，邪神和一般祠神的最大分別，是其神格的妖異壞化，〈表六〉的十例自然沒有例外。與降禍人間的邪神相類，〈表六〉例 1 的邪神害人生病、發狂以至死亡，被害的多是小兒；〈表六〉例 2 的五通神「木下五郎」害人至死，〈表六〉例 3 的「獨腳五通」尚算爲禍不大，只是陰盜鄰居之物而已。〈表六〉例 8 的樹鬼搶人食物之餘，也欲置人於死地。此外，淫邪好色仍然是邪神的特徵，〈表六〉例 5、6 和 9 都是色誘、迷惑定力不足者，〈表六〉例 4 的猴神殺人妻子以霸佔之，而〈表六〉例 6 的「苦竹郎君」令唐氏懷有鬼胎，後來「腹裂而死」，很是恐怖。不過，最叫人髮指的是，〈表六〉例 7 的「三堂神」竟然殺害祀拜自己的虔誠信徒，驅爲奴隸，日夜受苦，神格最是邪壞。

民眾祭祀這些邪神的原因，跟前三類邪神的分別不大，或是出於恐懼之心（〈表六〉例 1），或是對其有所祈請（〈表六〉例 3、7）。同樣地，上列諸神的地位似乎也不高，受害者要加以禳除，不算很困難，如誦唸〈大悲咒〉（〈表六〉例 1）、延請法師驅逐（〈表六〉例 3）、求東嶽神鎮壓（〈表六〉例 7）等，[註153] 更直截了當的是毀像拆廟，將其連根拔起（〈表六〉例 4、8、9）。[註154] 讓人感到奇怪的是，信徒祀拜邪神，或因其靈力強大，可以成全一己之強烈慾望；或是其邪力懾人，爲了避禍，遂只有拜倒惡靈之下。然而，邪神又

[註153] 宋代「法師」與驅魔的研究，見 Edward L. Davis, *Society and the Supernatural in Song China*, Honolulu: University of Hawaii Press, 2001, pp.45-170。至於東嶽泰山治鬼與主生死之司的演變，見劉慧，《泰山信仰與中國社會》，上海：上海人民出版社，2011 年，頁 161～208。

[註154] 如前所述，宋人認爲神像是神靈居停之處；至於祠廟，韓森的研究也指出，對於神祇而言，它就像房屋對於人類一般的重要，祠廟條件的好壞不僅影響著神祇的福氣，也限制了其威靈。見 Valerie Hansen, *Changing Gods in Medieval China, 1127-1276*, pp.57-61。這裡對被除邪神的討論，可證明韓森此說。

如此容易被祓除，可見民間對鬼神的觀念，最是龐雜不清，不完整也不統一。

　　綜合而論，從上述宋人眼中所謂的「邪神」可見，除了「殺人祭鬼」者較為特別外，其餘三類中不少邪神的本源其實與很多民間祠神或精怪崇拜很相似，甚至是完全相同，例如「五通」跟「狐精」，《夷堅志》就提到時人以為「變幻妖惑，大抵與北方狐魅相似」，但即使前引王嗣宗禁毀「狐王廟」時，也只以其為妖精或淫祠而已，並未提及「邪神」。〔註155〕箇中的分別，筆者猜想，「邪神」有兩個條件，第一是靈力強大，必先被民眾奉拜為神（甚至為官府接納，給予賜額和封號，如「五通神」後來之演變〔註156〕），第二則是其神格妖異駭俗，邪惡不已。因此，不少民間的精怪雖然邪惡害人，卻因未受民眾立廟祈祭，只被視為鬼怪；而狐精等容或已受祀建祠，又間有迷惑人者，惟其又未至於幹出令人毛骨悚然的嚴重邪行（如殺人祭鬼者）。〔註157〕事實上，〈表六〉例1和例4的獼猴邪神，就是兼備這兩個條件而變成非一般興風作浪的精怪。

　　我們可以想見，跟前節的討論相比，宋朝政府鎮壓掃蕩「邪神」信仰時，有「殺人祭鬼」這個清楚的法律概念和範疇可依；但本節關於民間信仰裡的「邪神」，或許讀者反而覺得容易與其他精怪和淫祠混淆。這種情況是必然的，在古代的中國，神、仙、鬼、魅、精、怪等可能有很清晰的源頭和界線，〔註158〕但隨著民間信仰的發展，再加上道教及佛教等其他宗教的影響與激盪，〔註159〕一般民眾在日常生活裡其實已逐漸將這些概念混淆。不過，五通

〔註155〕康笑菲研究狐仙的專著裡，有關宋人對於狐仙的禁制與掃蕩，也只提及時人以狐為妖魅、精怪或是尊稱為「狐王」而已，未見「邪神」之論。見康笑菲著、姚政志譯，《狐仙》，臺北：博雅書局，2009年，頁54～61。筆者要感謝劉祥光教授及姚政志先生寄贈、賜閱本書。

〔註156〕萬志英認為五通在南宋以前多被人視作精怪，到南宋則有「神格化」的傾向，見 Richard von Glahn, "The Enchantment of Wealth: The God Wutong in the Social History of Jiangnan," pp.651-660。

〔註157〕根據康笑菲的研究，唐宋故事中的狐女未曾被稱為「狐仙」，這個詞彙首度在明人筆記《狐媚叢談》中出現，見氏著《狐仙》，頁77。因此，即使宋代有受祀的狐精作惡行邪，但其是否達到「邪神」的界線，我們雖然無法清楚給予判定，但至少應該有宋人的敘說或史料提出，可是跟「五通神」不一樣，我們並沒有見到宋人有稱興妖的狐精為「邪神」或「妖神」。

〔註158〕參閱下列各書：余英時著、侯旭東等譯，《東漢生死觀》，上海：上海古籍出版社，2005年。蒲慕州編，《鬼魅神魔──中國通俗文化側寫》，臺北：麥田出版社，2005年。劉仲宇，《中國精怪文化》。

〔註159〕參下列各書：李遠國、劉仲宇、許尚樞，《道教與民間信仰》，上海：上海人

和狐魅的例子提醒我們，人們不一定很明白其中的分別，但奇怪的是，時人或會將五通及狐精並稱爲怪、爲神，但只有前者帶有「邪神」之說，可見「邪神」卻是一個實在的分類。

本節從宋人的視角和話語出發，透視民眾眼中的「邪神」究竟若何。民間敘述中的「邪神」，定義未必如「殺人祭鬼」般清晰；惟較之於官方詔令和官員的紀錄，民眾生活裡的「邪神」，除了形象鮮明恐怖外，更清楚敘述了採牲獻祭、淫人妻女、降禍人間的特點，令我們更能了解宋代邪神信仰的實況。

四、結　語

宋代邪神信仰流行，前面的討論曾經提及，無論是官方或是民間的話語裡，都有意見認爲是跟少數民族的奇風怪俗、窮鄉僻壤裡的落後文化及荊楚自古以來的「巫風」等「不文明」的風俗習慣相關。因此，前輩學者在討論民眾「殺人祭鬼」的原因時，也都溯源於這種「漢文化／少數民族」、「文明開化／野蠻落後」、「中原／邊疆」的二元歧異。〔註160〕這種觀點自然有一定的事實爲基礎，例如我們多次提到的「稜騰神」，就是湖南湖北一帶最著名的邪神；而前引胡穎對湖湘巫風鬼俗的批判，更是宋代南方官僚的切膚之言。不過，這種論調能否完全解釋宋代邪神信仰流播之因？

就以地域角度而論，荊湖、嶺南或是川陝一帶等漢、夷混雜之地自然是邪神信仰盛行之處，但從本文所引的史料及表格可見，全國各地其實都有相關的事例，甚至「天子腳下」的開封府也會發生「殺人祭鬼」之事（〈表五〉例2），而政府的禁令也有針對全國者（〈表一〉例14）。更有甚者，胡銓（1102～1180）就曾上書〈乞嚴禁軍兵殺人奏〉：

> 然而武夫悍卒不能上體至仁，皆務以暴易暴。竊聞向者軍兵有於路中掠人，探取其心以祭鬼者，往往而是。……至如掠人以祭，其禍未已，可勝寒心！昔邾文公用鄫子于次睢之社，《春秋》悼之，以爲襄公之不霸在此一舉。況今軍兵殺人，其害不止於鄫子乎？臣愚欲望推明孟軻之說，申戒諸軍，嚴行禁止，以廣陛下不嗜殺之心，

民出版社，2011年。李利安、張子開、張總、李海波，《四大菩薩與民間信仰》，上海：上海人民出版社，2011年。日‧酒井忠夫、胡小偉等，《民間信仰與社會生活》，上海：上海人民出版社，2011年。

〔註160〕參閱前引宮崎市定、澤田瑞穗、河原正博及金井德幸等關於「殺人祭鬼」的論著。

　　庶幾德澤結人，以定大亂，臣無任戰汗。〔註161〕

先徵引《春秋》以邾文公用鄫子獻祭妖神是宋襄公未能稱霸之因，然後再以孟子「不嗜殺人者」能一定天下之論，胡銓懇切要求朝廷申戒諸軍不能隨意掠人祭鬼，足見當時的情況很嚴重。〔註162〕試想一下，連禁軍都盛行殺人祭鬼之俗，將問題只歸於偏遠地區或是夷族、古風，未必妥當，更可能只是中原朝廷和士大夫希望將異族和邊地文化納入中原禮樂文明時的「想像」而已。〔註163〕

　　另一方面，以荊楚自古以來的巫風鬼俗解釋當地邪神信仰流行的說法，我認為始終流於空洞，事實是我們如何能證明千年以前的吳楚巫俗，會是宋代流行殺人祭鬼的主因？〔註164〕如果這個論點是真的話，那何以這種千年古風到宋代又突然興盛起來？〔註165〕本文無意否定胡穎等時人的「現身說法」，但林富士教授最近對宋代巫風的研究，有一個很有意思的說法：

　　　　一般所謂的「巫俗」常指長期存在的巫覡信仰，已成為一種宗教或社會「習俗」，宋代文獻有時會逕指其為「舊俗」。「巫風」或「新風」則是指新興的或由沈寂變得活躍的巫覡信仰，近乎某種文化「風潮」（tide）或宗教、社會「運動」（movement）。兩者有時候並不容易完全切割或清楚區分，因為，新興的巫風經過一段時間之後，可能就會因為長期存在而成為巫俗。但究竟要多少時間才能化風成俗，則無一定的判準。而沈寂的巫俗，有時也會因為某些人增添新的薪材，予以扇揚而活躍，甚至成為新的流行，這種情形很容易讓人誤以為那仍是「舊俗」。〔註166〕

〔註161〕胡銓，〈乞嚴禁軍兵殺人奏〉，《全宋文》，卷4303，〈胡銓〉5，頁100。
〔註162〕宋代的軍旅似乎很盛行「殺人祭鬼」的習尚，陸游就記述孝宗淳熙6年郴州宜章縣民陳峒作亂時，「假唐源淫祠，以誑其下曰，殺所虜一人祭神。」見陸游，《陸放翁全集・渭南文集》，卷34，〈尚書王公墓誌銘〉，頁211。
〔註163〕參閱王章偉，〈文明推進中的現實與想像──宋代嶺南的巫覡巫術〉，《新史學》，第23卷第2期，2012年，頁1～55。
〔註164〕相似的例子，筆者以前研究宋代巫覡信仰流行的原因時，就以為較實在的儀式與「社」這種地域機制比起所謂的「荊楚吳越的巫風鬼俗」更能解釋問題。見王章偉，《在國家與社會之間──宋代巫覡信仰研究》，頁220～235。
〔註165〕一部專研湖南歷史文化的專著在討論當地「殺人祭鬼」的問題時，雖然指出「這一習俗起源非常古老」，並引《左傳》邾文公用鄫子祭鬼的例子，但起始就詳述宋代的情況，完全未見交代從春秋至宋代建立之前的情況。見張偉然，《湖南歷史文化與地理研究》，上海：復旦大學出版社，1995年，頁100～104。
〔註166〕林富士，〈「舊俗」與「新風」：試論宋代巫覡信仰的特色〉，頁6。

我想，宋人溯源「殺人祭鬼」於荊楚古代的巫鬼信仰，就是建基於古代的「舊俗」；〔註167〕而宋代邪神信仰流行的原因，卻是在這種「舊俗」基礎上發展起來的「新風」。〔註168〕這種「新風」，已不限於原來的地域，流播愈廣，如〈表五〉例5的「稜睜神」，洪邁即說其由原來流行的荊湖北路，「此風浸淫被于江西撫州」；官方遏制殺人祭鬼的詔令也有相似的說法，〈表一〉例11即云：「湖、廣之風，自昔為甚。近歲此風又浸行於他路。」

「邪神信仰」這種「新風」在宋代活躍起來，更根本的原因，是因為時人對神明「靈力」的崇拜。〔註169〕韓森已經指出，如果有一位人類學家問到「為甚麼某位神祇受到民眾喜愛？」宋代的信徒會回答說：「因為那位神祇靈驗。」因此，最為靈驗的神祇也就最受民眾喜愛。〔註170〕「惟靈是從」的確是宋代人選擇神祇崇拜的一個重要準則，但對於「靈驗」的理解，不同人士之間往往存在很大的分歧。〔註171〕因此，士大夫就往往投訴傳統的社祭因為

〔註167〕宋代以前荊楚巫鬼信仰的演變，由於已越出本文討論範圍，不能詳論。讀者可參考下列各書：徐文武，《楚國宗教概論》，武漢：武漢出版社，2001年。林富士，《漢代的巫者》，臺北，稻鄉出版社，1999年。韓‧文墉盛，《中國古代社會的巫覡》，北京：華文出版社，1999年。Lin Fu-shih, *Chinese Shamans and Shamanism in the Chiang-nan Area During the Six Dynasties Period, 3rd-6th Century A.D.*, unpublished PhD dissertation, Princeton: Princeton University, 1994. 日‧中村治兵衛，《中國シャーマニズの研究》，東京：刀水書房，1992年。王玉德，《長江流域的巫文化》，武漢：湖北教育出版社，2005年。

〔註168〕劉祥光教授評論本文時指出，宋代殺人祭鬼是否為新風抑舊俗，或可用中原文化南進的過程來解析。從隋唐（特別是唐）開始，北方中原文化向南擴散，各地受北方「文明」洗禮的幅度不一，有些地方的住民和中原文化相當不同，所以在記載上會特別突出。劉教授的評論，發表於「第九屆史學與文獻學學術研討會：從社會到政治——再現中國近世歷史」，臺北：東吳大學，2013.5.3。並參閱王章偉，〈文明推進中的現實與想像——宋代嶺南的巫覡巫術〉一文。

〔註169〕劉黎明研究密宗民間信仰時指出，宋代民間的「人祭」之風，與密宗的「屍身法術」有著密切的關係；而這種風俗，始於唐代，只是到了宋代才成為比較嚴重的社會問題。見劉黎明，《中國古代民間密宗信仰研究》，成都：巴蜀書社，2009年，頁109～132。劉黎明教授這個觀點很有啟發性，果真如他所說般的話，那就可能是宋代的另一種「新風」；可惜，他只從《夷堅志》「蒲田處子」的故事作出發點，再配合其他史實，指出民間密宗信仰跟宋代殺人祭鬼的一些相似處，卻未見成功論證二者的關係，故其說暫時似乎難以成立。此外，劉文只著重「人祭」的問題，跟本文全面研究宋代的「邪神信仰」，立意並不相同。

〔註170〕Valerie Hansen, *Changing Gods in Medieval China, 1127-1276*, p.47。

〔註171〕韓森在回答「人們是如何確定哪位神祇最為靈驗的呢？」這個問題時指出：由於史料闕如，她推測這樣的決定可能是一個社會性的過程，每位神祇的信

民眾信奉妖鬼而衰落，例如葉適（1150～1223）說：

> 社，土地；稷，穀也。非土不生，非穀不育，國始建則壇以祀，
> 示民有命也。……神明之所由出，至嚴至敬，不敢忽也。怪淫誣誕
> 之說起，乞哀於老、佛，聽役於鬼魅，巨而龍罔，微而鱺蜴，執水
> 旱之柄，擅豐凶之權，視社稷無爲也。〔註172〕

朱熹也提到古代名山大川之祀，「其有祠廟，亦是民間所立，淫誣鄙野，非復
古制。……遂不復崇於山川，而反求諸異教淫祠之鬼。」〔註173〕

　　的確，站在民眾的角度，靈力強大的妖鬼，遠較正神之祀爲重要，傅堯
俞（1024～1091）就有一個有趣的經驗：

> 息之滅亡移徙尚矣，其俗頗好鬼，視正直聰明之神則反如。先
> 是，邑之南幾十數里有其故侯之廟，國人事之簫鼓，豆牢，歲時甚
> 謹。而公之祠（貫偉節廟）在新城之北，密邇民間，不遠數步，門
> 宇不崇，奠享不恭，人之至者歲無一二。予甚疑，乘間因詢諸故老，
> 僉曰：「侯之祠不信不祀，則禍福時至。貫公之神雖不祭，不爲我害。」
> 予曰：「嘻！來，吾語爾……聽吾言而亟改，則爾之休蔑矣。」僉曰
> 唯，而心不以爲然，事如初。〔註174〕

關於宋代民眾祭拜邪神之因，我們在論述五通或瘟神的問題時，猜測是爲了
「邀福」和「避禍」，而其所祈請的，或許是一些不易滿足的、甚至是不正當
的慾望，故一般的正神就未必會給予回應。時人曾以爲，「正法出於自然，故
感應亦廣大；邪法出於人爲，故多可喜之術。」〔註175〕正因爲邪法多能回應
人們不同的祈願，最是靈驗，故朱子和門人的討論就提到徽州民眾禮拜五通
的盛況和敬畏之心：

> 風俗尚鬼，如新安等處，朝夕如在鬼窟。某一番歸鄉里，有所
> 謂五通廟，最靈怪。眾人捧擁，謂禍福立見。居民纔出門，便帶紙
> 片入廟，祈祝而後行。士人之過者，必以名紙稱「門生某人謁廟」。

徒們都試圖爲自己所信奉的神祇贏得名聲。見 Valerie Hansen, *Changing Gods
in Medieval China, 1127-1276*, p.47。

〔註172〕葉適，《葉適集・水心文集》，卷11，〈溫州社稷記〉，頁187～188。
〔註173〕朱熹，〈乞增修禮書狀〉，《朱熹集》，卷20，〈申請〉，頁843～844。
〔註174〕宋・傅堯俞，〈書貫偉節廟〉，《全宋文》，卷1524，〈傅堯俞〉5，頁137～138。
〔註175〕宋・儲泳，《祛疑說》，《說郛三種》，卷76，上海：上海古籍出版社，1989
年，頁1107。

> 某初還，被宗人煎迫令去，不往。是夜會族人，往官司打酒，有灰，乍飲，遂動臟腑終夜。次日，又偶有一蛇在堦旁。眾人閱然，以爲不謁廟之故。〔註176〕

　　另一方面，前節引宋高宗和眞德秀等人的批評，指出了巫覡與邪神信仰的孿生關係。案邪神崇拜與地方祠廟息息相關，寄生於地方叢祠的巫覡，就成爲推動宋代邪神信仰的一個重要動力。〔註177〕由於民眾信奉靈力，地方上的巫覡爲了提高其影響力，遂刻意在叢祠引入靈力強大的妖鬼，吸引信眾，壯大聲勢。〔註178〕《梁谿漫志》謂「江東村落間有叢祠，其始，巫祝附託以興妖，里民信之，相與營葺，土木浸盛。」〔註179〕蔡襄（1012～1067）提到高陵的情況則是「縣豪距縣二十里作府君神祠，以巫覡蓄蛇怪，日言禍福，簫鼓歌舞通晝夜，男女往來，輸金繪木石爲之立廟。」〔註180〕而處州縉雲縣的五通祠就是爲巫覡所把持：

> 縣有淫祀曰「五通」，人嚴事之。歲旱，君（縣令張仲倩）遍禱群祀，不及五通。吏民以爲請，君不得已，強往禱，且卜之。巫曰：「不吉，必無雨。」比歸，雨大至。君笑曰：「果然，雨不雨，非妖鬼事也。而敢屢爲變怪，以驚愚民，是不可不除。」即部吏卒焚滅其祠，捽土偶人投江中。〔註181〕

這些「邪巫」帶入村社里廟中的「淫祀」，〔註182〕形象頗爲陰森恐怖，如〈潤州州宅後亭記〉：

> 吳、楚之俗，大抵信機祥而重淫祀……群巫掊貨財，偶土工，狀夔猰傀魊、泆陽彷徨之象，聚而館之叢祠之中，鼓氣燄以興

〔註176〕黎靖德，《朱子語類》，卷3，〈鬼神〉，頁53。

〔註177〕關於這個問題，筆者以前曾有討論，故本節只稍稍論述，詳看拙著，《在國家與社會之間——宋代巫覡信仰研究》，頁310～321。

〔註178〕金井德幸是第一個注意到這個情況的學者，見日·金井德幸，〈南宋妖神信仰素描——山魈と瘟鬼と社祠——〉，《駒澤大學禪研究所年報》，第7卷，1996年，頁60。

〔註179〕宋·費袞，《梁谿漫志》，上海：上海古籍出版社，1985年，頁118。

〔註180〕蔡襄，〈太常丞管勾河東安撫使機宜文字蒲君墓誌銘〉，《全宋文》，卷1022，〈蔡襄〉29，頁268～269。

〔註181〕宋·司馬光，〈宋故處州縉雲縣尉張君墓誌銘〉，《全宋文》，卷1225，〈司馬光〉54，頁267。

〔註182〕宋·樂史，《宋本太平寰宇記》，卷137，〈山南西道〉5，〈開州·風俗〉，北京：中華書局，2000年，頁2～3。

妖，假鬼神以譁眾。〔註183〕

《丹淵集·鳳山古祠》則記：

> 林木摧折堂廡傾，其中塴像猶縱橫，狂巫騰踏野老拜，瘦雞薄
>
> 酒邀神明，形容詭怪蛇虺亂，聲音醜惡鴟梟鳴。〔註184〕

很明顯，這類祠神定非官僚或士大夫眼中的正神；而夏竦指斥洪州的巫風惡俗時，已清楚見到巫覡所煽惑的，已經是跡近邪神的異像妖形：

> 舊俗尚巫……塑畫魅魑，陳列幡幟，鳴繫鼓角，謂之神壇……
>
> 奇神異像，圖繪歲增，邪籙祆符，傳寫日夥。〔註185〕

《夷堅志·化州妖凶巫》一則發生在嶺南的故事，就是妖巫祭奉世人未見而又恐怖不已的邪神：

> 又墟落一巫，能禁人生魂，使之即病……所畫鬼神怪絕，世所
>
> 未睹，蓋所謂法院也。〔註186〕

同樣，在謫居嶺南官僚的敘述中，南方巫覡跳神祈請的，都是一些怪異嚇人的惡鬼妖神：

> 荒祠鼓坎坎，老巫舞蹣跚，揮杖眩村氓，掞齒傳神言，異域俗
>
> 尚鬼，殊形耳垂肩。〔註187〕

從這些例子足見，民眾崇尚靈力、巫覡鼓動邪鬼妖神間的密切關係，或可讓我們再次窺見宋代邪神信仰流行的原因與內涵。

宋朝是祠神信仰勃興和發展成熟的時期，現代學者根據不同的學說或理論，將這些祠神進行不同分類，最常見的就是根據朝廷禮制和儒家思想，區分為正祀與淫祀。〔註188〕不過，民間信仰其實最是複雜和混亂，在時人眼中，神明有正亦有邪，而過去的研究對「宋代邪神信仰」卻著力不多。困難的是，人間的正邪本就難於辨明，更何況是神界？幸而，宋代的神祇並非高坐於遙遠的萬神殿上，其與民眾生活息息相關，所謂「神人同居的世界」是

〔註183〕宋·蘇頌，〈潤州州宅後亭記〉，《全宋文》，卷1339，〈蘇頌〉32，頁373。

〔註184〕宋，文同，《丹淵集》，卷 4，〈鳳山古祠〉，《文淵閣四庫全書》，臺北：商務印書館，1986 年，頁 7。

〔註185〕夏竦，〈洪州請斷祆巫奏〉，《全宋文》，卷347，〈夏竦〉15，頁76。

〔註186〕《夷堅志》，三志壬卷 4，〈化州妖凶巫〉，頁 1498～1499。

〔註187〕宋·李光，《莊簡集》，卷2，〈元夕陰雨孤城愁坐適魏十二介然書來言瓊臺將然萬炬因以寄之〉，《文淵閣四庫全書》，臺北：商務印書館，1986 年，頁 1。

〔註188〕皮慶生，《宋代民眾祠神信仰研究》，頁 5。

也。〔註 189〕本文即從妖異與靈力兩方面，借由宋代官方與民眾的視角與敘述，重構這個有趣的問題。

＊本文初稿宣讀於 2013 年 5 月 3 日臺北東吳大學歷史學系主辦之「第九屆史學與文獻學學術研討會『從社會到政治──再現中國近世歷史』：慶祝本系四十周年系慶、暨陶晉生教授八十大壽、徐泓教授七十大壽研討會」，感謝評論人劉祥光教授的評論與建議。修訂稿得摯友溫偉國先生及范芷欣小姐提供各種協助和支持，筆者銘記。此外，十分感謝匿名審稿人的指正，文中所有舛誤均係筆者學力淺陋。最後，謹以本文祝賀恩師陶晉生院士松柏長青。

＊＊原文刊於《九州學林》，第 34 期，2014 年，頁 69～122。

〔註189〕詳見程民生，《神人同居的世界──中國人與中國祠神文化》，鄭州：河南人民出版社，1993 年。

「民間信仰篇」參考書目

一、史　源

1. 宋・方勺，《泊宅編》，北京：中華書局，1983 年。

2. 宋・方回，《虛谷閒抄》，載於明・陶宗儀等編，《說郛三種》，上海：上海古籍出版社，1988 年。

3. 宋・方逢辰，《蛟峯文集》，《文淵閣四庫全書》，臺北：商務印書館，1986 年。

4. 宋，文同，《丹淵集》，《文淵閣四庫全書》。

5. 宋・文瑩，《湘山野錄》，北京：中華書局，1983 年。

6. 元・王元恭修，王厚孫、徐亮纂，《(至正) 四明續志》，《宋元方志叢刊》，北京：中華書局，1990 年。

7. 五代・王溥，《唐會要》，北京，中華書局，1955 年。

8. 宋・王鞏，《聞見近錄》，《說郛三種》。

9. 宋・王應麟，《四明文獻書》，《文淵閣四庫全書》。

10. 宋・王懷隱等撰，《太平聖惠方》，載於中國文化研究會編纂，《中國本草全書》，北京：華夏出版社，1999 年。

11. 唐・元稹，《元氏長慶集》，《文淵閣四庫全書》。

12. 太平惠民和劑局編，陳慶平、陳冰鷗校注，《太平惠民和劑局方》，北京：中國中醫藥出版社，1996 年。

13. 中國社會科學院歷史研究所宋遼金元史研究室點校，《名公書判清明集》，北京：中華書局，1987 年。

14. 宋・司馬光，《涑水記聞》，北京：中華書局，1989 年。

15. 漢‧司馬遷，《史記》，北京：中華書局，1959 年。

16. 春秋戰國‧左丘明撰，三國‧韋昭注，《國語》，上海：上海古籍出版社，1978 年。

17. 宋‧江少虞，《宋朝事實類苑》，上海：上海古籍出版社，1981 年。

18. 宋‧江休復，《醴泉筆錄》，《宋代筆記小說》，石家莊：河北教育出版社，1995 年。

19. 宋‧朱翌，《猗覺寮雜記》，《筆記小說大觀》，揚州：江蘇廣陵古籍刻印社，1983～1984 年。

20. 宋‧朱熹，《朱熹集》，成都：四川教育出版社，1996 年。

21. 宋‧沈作賓修、施宿等纂，《嘉泰會稽志》，《宋元方志叢刊》。

22. 宋‧沈括撰、胡道靜校注，《新校正夢溪筆談》，香港：中華書局，1978 年。

23. 梁‧沈約，《宋書》，北京：中華書局，1974 年。

24. 宋‧沈遘：《西溪集》，《文淵閣四庫全書》。

25. 宋‧宋慈著，羅時潤、田一民、關信譯釋，《洗冤錄譯釋》，福州：福建科學技術出版社，1992 年。

26. 宋‧吳曾，《能改齋漫錄》，上海：上海古籍出版社，1984 年。

27. 宋‧呂希哲，《呂氏雜記》，《宋代筆記小說》。

28. 宋‧李心傳：《建炎以來繫年要錄》，北京：中華書局，1988 年。

29. 宋‧李光，《莊簡集》，《文淵閣四庫全書》。

30. 宋‧李昉等，《太平廣記》，北京：中華書局，1986 年。

31. 宋‧李綱：《梁谿集》，《文淵閣四庫全書》。

32. 宋‧李燾，《續資治通鑑長編》，北京：中華書局，1979～1995 年。

33. 清‧阮元修，陳齊昌等撰，《（道光）廣東通志》，《續修四庫全書》，上海：上海古籍出版社，1995 年。

34. 宋‧何薳，《春渚紀聞》，北京：中華書局，1983 年。

35. 宋‧佚名，《朝野遺記》，《說郛三種》。

36. 宋‧周去非著、楊泉武校注，《嶺外代答校注》，北京：中華書局，1999 年。

37. 宋‧周必大，《文忠集》，《文淵閣四庫全書》。

38. 宋‧周密，《癸辛雜識》，北京：中華書局，1988 年。

39. 宋‧邵伯溫：《邵氏聞見錄》，北京：中華書局，1983 年。

40. 宋‧洪邁，《夷堅志》，北京：中華書局，1981 年。

41. 宋‧祝穆撰、祝洙增訂，《方輿勝覽》，北京：中華書局，2003 年。

42. 宋・范成大著、嚴沛校注，《桂海虞衡志校註》，南寧：廣西人民出版社，1986 年。

43. 宋・唐庚，《眉山集》，《文淵閣四庫全書》。

44. 宋・秦觀，《淮海集》，《文淵閣四庫全書》。

45. 元・袁桷，《延祐四明志》，《文淵閣四庫全書》。

46. 宋・袁燮：《絜齋集》，《文淵閣四庫全書》。

47. 宋・眞德秀，《西山文集》，《文淵閣四庫全書》。

48. 宋・晁公遡，《嵩山集》，《文淵閣四庫全書》。

49. 清・徐松，《宋會要輯稿》，北京：中華書局，1987 年。

50. 漢・許愼著、清・段玉裁注，《說文解字注》，上海：上海古籍出版社，1986 年。

51. 宋・張栻，《南軒集》，《文淵閣四庫全書》。

52. 元・張鉉纂修，《至正金陵新志》，《宋元方志叢刊》。

53. 宋・陳承等原撰、許洪增廣，日・橘親顯等校正，《增廣太平惠民和劑局方》，海口：海南出版社，2002 年。

54. 宋・陳郁，《藏一話腴》，《宋代筆記小說》。

55. 宋・陳耆卿，《嘉定赤城志》，《宋元方志叢刊》。

56. 宋・陳淳，《北溪字義》，北京：中華書局，1983 年。

57. 宋・陳傅良，《止齋集》，《文淵閣四庫全書》。

58. 宋・陸游，《陸放翁全集》，北京：中國書店，1986 年。

59. 宋・莊綽，《雞肋編》，北京：中華書局，1983 年。

60. 宋・崔敦禮，《宮教集》，《文淵閣四庫全書》。

61. 元・脫脫等，《宋史》，北京：中華書局，1977 年。

62. 宋・曾三異，《同話錄》，《說郛三種》。

63. 宋・曾敏行，《獨醒雜志》，上海：上海古籍出版社，1987 年。

64. 曾棗莊、劉琳主編，《全宋文》，上海：上海辭書出版社，2006 年。

65. 宋・曾慥，《遯齋閒覽》，《文淵閣四庫全書》。

66. 宋・彭乘，《墨客揮犀》，《筆記小說大觀》。

67. 宋・黃齊碩修、陳耆卿纂，《（嘉定）赤城志》，《宋元方志叢刊》。

68. 宋・黃震，《黃氏日抄》，《文淵閣四庫全書》。

69. 宋・費袞，《梁谿漫志》，上海：上海古籍出版社，1985 年。

70. 宋・葉適，《葉適集》，北京：中華書局，1983 年。

71. 宋・程迥，《醫經正本書》，《續修四庫全書》。

72. 宋‧趙彥衛，《雲麓漫鈔》，北京：中華書局，1996 年。

73. 宋‧趙與時，《賓退錄》，上海：上海古籍出版社，1983 年。

74. 楊伯峻編著，《春秋左傳注（修訂本）》，北京：中華書局，1990 年。

75. 宋‧廖剛，《高峯文集》，《文淵閣四庫全書》。

76. 宋‧蔡絛，《鐵圍山叢談》，上海：上海古籍出版社，1987 年。

77. 宋‧黎靖德編，《朱子語類》，北京：中華書局，1986 年。

78. 宋‧樂史，《宋本太平寰宇記》，北京：中華書局，2000 年。

79. 宋‧劉昌詩，《蘆浦筆記》，北京：中華書局，1986 年。

80. 宋‧劉斧，《青瑣高議》，上海：上海古籍出版社，1983 年。

81. 宋‧劉宰，《漫塘集》，《文淵閣四庫全書》。

82. 宋‧儲泳，《祛疑說》，《說郛三種》。

83. 宋‧竇儀，《宋刑統》，北京：中華書局，1984 年。

84. 宋‧龐元英，《談藪》，《說郛三種》，又載於《宋代筆記小說》。

85. 唐‧釋道宣，《廣弘明集》，《文淵閣四庫全書》。

二、中文專著

1. 方燕，《巫文化視域下的宋代女性──立足于女性生育、疾病的考察》，北京：中華書局，2008 年。

2. 韓‧文墉盛，《中國古代社會的巫覡》，北京：華文出版社，1999 年。

3. 王玉德，《長江流域的巫文化》，武漢：湖北教育出版社，2005 年。

4. 王見川，《從摩尼教到明教》，臺北：新文豐出版社，1992 年。

5. 王見川、皮慶生，《中國近世民間信仰──宋元明清》，上海：上海人民出版社，2010 年。

6. 王章偉，《在國家與社會之間──宋代巫覡信仰研究》，香港：中華書局，2005 年。

7. 王章偉，《文明世界的魔法師──宋代的巫覡與巫術》，臺北：三民書局，2006 年。

8. 王晴佳、古偉瀛，《後現代與歷史學──中西比較》，臺北：巨流圖書公司，2000 年。

9. 王銘銘，《社會人類學與中國研究》，北京：三聯書店，1997 年。

10. 王銘銘，《想象的異邦──社會與文化人類學散論》，上海：上海人民出版社，1998 年。

11. 王銘銘主編，《二十世紀西方人類學主要著作指南》，北京：世界圖書出版公司，2008 年。

12. 王媛媛，《從波斯到中國——摩尼教在中亞和中國的傳播》，北京，中華書局，2012 年。

13. 英・弗雷澤著、汪培基譯，《金枝——巫術與宗教之研究》，臺北：桂冠圖書股分有限公司，1994 年。

14. 皮慶生，《宋代民眾祠神信仰研究》，上海：上海古籍出版社，2008 年。

15. 英・伊凡・普里查（E.E. Evans-Pritchard）著、陳奇祿、王崧興等合譯，《社會人類學》，臺北：唐山出版社，1997 年。

16. 宋代官箴研讀會編，《宋代社會與法律——名公書判清明集討論》，臺北：東大圖書公司，2001 年。

17. 法・克洛德・萊維斯特勞斯著，謝維揚、俞宣孟譯，《結構人類學》，上海：上海譯文出版社，1995 年。

18. 李小紅，《宋代社會中的巫覡研究》，北京：光明日報出版社，2010 年。

19. 李利安、張子開、張總、李海波，《四大菩薩與民間信仰》，上海：上海人民出版社，2011 年。

20. 李勇先，《輿地紀勝研究》，成都：巴蜀書社，1998 年。

21. 李遠國、劉仲宇、許尚樞，《道教與民間信仰》，上海：上海人民出版社，2011 年。

22. 李劍國，《宋代志怪傳奇敘錄》，天津：南開大學出版社，1997 年。

23. 余英時著、侯旭東等譯，《東漢生死觀》，上海：上海古籍出版社，2005 年。

24. 昌彼得、王德毅、程元敏、侯俊德編，王德毅增訂，《宋人傳記資料索引》，北京：中華書局，1988 年。

25. 林悟殊，《摩尼教及其東漸》，北京：中華書局，1987 年。

26. 林悟殊，《中古三夷教辯證》，北京：中華書局，2005 年。

27. 林富士，《孤魂與鬼雄的世界——北臺灣的屬鬼信仰》，臺北：臺北縣立文化中心，1995 年。

28. 林富士，《漢代的巫者》，臺北：稻鄉出版社，1999 年。

29. 林富士，《小歷史——歷史的邊陲》，臺北：三民書局，2000 年。

30. 邱雲飛，《中國災害通史・宋代卷》，鄭州市：鄭州大學出版社，2008 年。

31. 金強，《宋代嶺南謫宦》，廣州：廣東人民出版社，2009 年。

32. 郎國華，《從蠻裔到神州——宋代廣東經濟發展研究》，廣州：廣東人民出版社，2006 年。

33. 馬小鶴，《摩尼教與古代西域史研究》，北京：中國人民大學出版社，2008 年。

34. 馬小鶴，《摩尼與摩尼教》，蘭州：蘭州大學出版社，2013 年。

35. 英‧馬林諾夫斯基著、李安宅譯,《巫術科學宗教與神話》,北京:中國民間文藝出版社,1986 年。

36. 法‧馬塞爾‧莫斯著、余碧平譯,《社會學與人類學》,上海:上海譯文出版社,2003 年。

37. 胡新生,《中國古代巫術》〔修訂本〕,濟南:山東人民出版社,2005 年。

38. 柳立言,《宋代的宗教、身分與司法》,北京:中華書局,2012 年。

39. 美‧威廉‧A‧哈維蘭(W. A. Haviland)著、王銘銘等譯,《當代人類學》,上海:上海人民出版社,1987 年。

40. 美‧芮克里夫‧布朗(A.R.Radcliffe-Brown)著、夏建中譯,《社會人類學方法》,臺北:桂冠圖書股份有限公司,1994 年。

41. 芮傳明,《東方摩尼教研究》,上海:上海人民出版社,2009 年。

42. 日‧酒井忠夫、胡小偉等,《民間信仰與社會生活》,上海:上海人民出版社,2011 年。

43. 許地山,《扶箕迷信底研究》,長沙:商務印書館,1941 年。

44. 高國藩,《中國巫術史》,上海:上海三聯書店,1999 年。

45. 徐文武,《楚國宗教概論》,武漢:武漢出版社,2001 年。

46. 康笑菲著、姚政志譯,《狐仙》,臺北:博雅書局,2009 年。

47. 張珣,《疾病與文化——臺灣民間醫療人類學研究論集》,臺北:稻鄉出版社,1994 年。

48. 張偉然,《湖南歷史文化與地理研究》,上海:復旦大學出版社,1995 年。

49. 張紫晨,《中國巫術》,上海:上海三聯書店,1992 年。

50. 夏建中,《文化人類學理論學派——文化研究的歷史》,北京:中國人民大學出版社,1997 年。

51. 陳元朋,《兩宋的「尚醫士人」與「儒醫」——兼論其在金元的流變》,臺北:臺灣大學出版委員會,1997 年。

52. 陳欣,《南漢國史》,廣州:廣東人民出版社,2010 年。

53. 黃展岳,《古代人牲人殉通論》,北京:文物出版社,2004 年。

54. 程民生,《神人同居的世界——中國人與中國祠神文化》,鄭州:河南人民出版社,1993 年。

55. 程民生,《宋代地域文化》,開封:河南大學出版社,1997 年。

56. 美‧楊慶堃著、范麗珠等譯,《中國社會中的宗教——宗教的現代社會功能與其歷史因素之研究》,上海:上海人民出版社,2007 年。

57. 葛兆光,《七世紀前中國知識、思想與信仰世界——中國思想史第一卷》,上海:復旦大學出版社,1998 年。

58. 葛兆光，《中國思想史》，第 2 卷，《七世紀至十九世紀中國的知識、思想與信仰》，上海：復旦大學出版社，2000 年。

59. 詹鄞鑫，《心靈的誤區——巫術與中國巫術文化》，上海：上海教育出版社，2001 年。

60. 復旦大學文史研究院編，《「民間」何在，誰之「信仰」》，北京：中華書局，2009 年。

61. 蒲慕州編，《鬼魅神魔——中國通俗文化側寫》，臺北：麥田出版社，2005 年。

62. 鄧啓耀，《巫蠱考察——中國巫蠱的文化心態》，臺北：中華發展基金管理委員會、漢忠文化事業股份有限公司，1998 年。

63. 劉小斌、鄭洪、靳士英主編，《嶺南醫學史》，上冊，廣州：廣東科技出版社，2010 年。

64. 劉仲宇，《中國精怪文化》，上海：上海人民出版社，1997 年。

65. 劉慧，《泰山信仰與中國社會》，上海：上海人民出版社，2011 年。

66. 劉黎明，《宋代民間巫術研究》，成都：巴蜀書社，2004 年。

67. 劉黎明，《中國古代民間密宗信仰研究》，成都：巴蜀書社，2009 年。

68. 劉燕萍，《神話・仙話・鬼話——古典小說論集》，上海：上海古籍出版社，2012 年。

69. 戴玄之，《中國秘密宗教與秘密社會》，臺北：商務印書館，1990 年。

70. 美・韓明士著、皮慶生譯，《道與庶道——宋代以來的道教、民間信仰和神靈模式》，南京：江蘇人民出版社，2007 年。

71. 美・韓森著、包偉民譯，《變遷之神——南宋時期的民間信仰》，杭州：浙江人民出版社，1999 年。

72. 羅香林，《流行於贛閩粵及馬來亞之真空教》，香港：中國學社，1962 年。

73. 饒宗頤二十世紀學術文集編輯委員會編，《饒宗頤二十世紀學術文集》，臺北：新文豐出版股份有限公司，2003 年。

74. 龔方震、晏可佳，《祆教史》，上海：上海社會科學院出版社，1998 年。

75. 欒保群，《捫虱談鬼錄》，上海：上海文藝出版社，2013 年。

三、日文專著

1. 丸山宏，《民間信仰の形成》，東京：岩波書店，1999 年。

2. 中村治兵衛，《中國シャーマニズムの研究》，東京：刀水書房，1992 年。

3. 田仲一成，《中國巫系演劇研究》，東京：東京大學東洋文化研究所，1993 年。

4. 田仲一成，《中國演劇史》，東京：東京大學出版社，1998 年。

5. 宋代史研究會編，《宋代の社會と宗教》，東京：汲古書院，1985 年。

6. 李獻章，《媽祖信仰の研究》，東京：泰山文物社，1979 年。

7. 澤田瑞穗，《中國の民間信仰》，東京：工作舍，1982 年。

四、英文專著

1. Chang, Kwang-chih, *Art, Myth, and Ritual: The Path to Political Authority in Ancient China*, Cambridge, Mass. & London: Harvard University Press, 1983.

2. Davis, Edward L., *Society and the Supernatural in Song China,* Honlulu: University of Hawaii Press, 2001.

3. Ebrey, Patricia B. & Gregory, Peter N.（eds.）, *Religion and Society in Tang and Sung China*, Honolulu: University of Hawaii Press, 1993.

4. Eliade, Mircea, *Shamanism: Archaic Techniques of Ecstasy*, Princeton: Princeton University Press, 1974.

5. Goldschmidt, Asaf, *The Evolution of Chinese Medicine: Song Dynasty, 960-1200*, London and New York: Routledge, 2009.

6. Hansen, Valerie, *Changing Gods in Medieval China, 1127-1276*, Princeton: Princeton University Press, 1990.

7. Hymes, Robert P., *Statesmen and Gentlemen: The Elite of Fu-Chou, Chiang-Hsi, in Northern and Southern Sung*, Cambridge: Cambridge University Press, 1986.

8. Hymes, Robert P. and Schirokauer, Conrad（eds.）, *Ordering the World: Approaches to State and Society in Sung Dynasty China*, Berkeley, Los Angeles & Oxford: University of California Press, 1993.

9. Hymes, Robert P., *Way and Byway: Taoism, Local Religion, and Models of Divinity in Sung and Modern China*, Berkeley, Los Angeles & London: University of California Press, 2002.

10. Inglis, Alister D., *Hong Mai's Record of the Listener and its Song Dynasty Context*, Albany: State University of New York Press, 2006.

11. Katz, Paul R., *Demon Hordes and Burning Boats: The Cult of Marshal Wen in Late Imperial Chekiang*, Albany: State University of New York Press, 1995.

12. Shahar, Meir & Weller, Robert P.（eds.）, *Unruly Gods: Divinity and Society in China,* Honolulu: University of Hawaii Press, 1996.

13. Thomas, Keith, *Religion and the Decline of Magic*, New York: Oxford University Press, 1999.

14. von Glahn, Richard, *The Sinister Way: The Divine and the Demonic in Chinese Religious Culture*, Berkeley, Los Angeles & London: University of California Press, 2004.

15. Yang, C.K., *Religion in Chinese Society; A Study of Contemporary Social*

Functions of Religion and Some of Their Historical Factors, Berkeley, Los Angeles & London: University of California Press, 1961.

16. Yu, Chun-Fang, *Kuan-yin: The Chinese Transformation of Avalokitesvara,* New York: Columbia University Press, 2001.

五、中文論文

1. 方燕,〈宋代女性割股療親問題試析〉,《求索》,2007 年第 11 期,頁 214 ～216。

2. 王見川,〈中國民間信仰研究的省思〉,載於復旦大學文史研究院編,《「民間」何在,誰之「信仰」》,北京:中華書局,2009 年,頁 33～43。

3. 王章偉,〈宋代士族婚姻研究——以河南呂氏家族爲例〉,《新史學》,第 4 卷第 3 期,1993 年,頁 19～58。

4. 王章偉,〈溝通古今的薩滿——研究宋代巫覡信仰的幾個看法〉,載於復旦大學文史研究院編,《「民間」何在,誰之「信仰」》,頁 140～154。

5. 王章偉,〈文明推進中的現實與想像——宋代嶺南的巫覡巫術〉,《新史學》,第 23 卷第 2 期,2012 年,頁 1～55。

6. 王章偉,〈《清明集》中所見的巫覡信仰問題〉,《九州學林》,第 32 期,2013 年,頁 131～152。

7. 王章偉,〈妖與靈——宋代邪神信仰初探〉,《九州學林》,第 34 期,2014 年,頁 69～122。

8. 王銘銘,〈神靈、象徵與儀式:民間宗教的文化理解〉,收入王銘銘、潘宗黨編,《象徵與社會——中國民間文化的探索》,天津:天津人民出版社,1997 年,頁 89～123。

9. 史繼剛,〈宋代的懲「巫」揚「醫」〉,《西南師範大學學報（哲學社會科學版）》,1992 年第 3 期,頁 65～68。

10. 左鵬,〈宋元時期的瘴疾與文化變遷〉,《中國社會科學》,2004 年第 1 期,頁 194～204。

11. 皮慶生,〈評王章偉《在國家與社會之間——宋代巫覡信仰研究》〉,《唐研究》,第 12 卷,北京:北京大學出版社,2006 年,頁 581～587。

12. 皮慶生,〈材料、方法與問題意識——對近年宋代民間信仰研究的思考〉,載於復旦大學文史研究院編,《「民間」何在,誰之「信仰」》,頁 78～89。

13. 包偉民,〈菁英們「地方化」了嗎?——試論韓明士《政治家與紳士》與「地方史」研究方法〉,收入榮新江主編,《唐研究》,第 11 卷,北京:北京大學出版社,2005 年,頁 653～671。

14. 牟潤孫,〈宋代之摩尼教〉,《注史齋叢稿》,北京:中華書局,1987 年,頁 94～116。

15. 沈宗憲,〈國家祀典與左道妖異——宋代信仰與政治關係之研究〉,臺北:

臺灣師範大學歷史研究所博士論文，2000 年。

16. 美・宋怡明著，劉永華、陳貴明譯，〈帝制中國晚期的標準化和正確行動之說辭——從華琛理論看福州地區的儀式與崇拜〉，載於劉永華主編，《中國社會文化史讀本》，北京：北京大學出版社，2011 年，頁 151～170。

17. 李小紅，〈宋代民間「信巫不信醫」現象探析〉，《學術研究》，2003 年第 7 期，頁 94～99。

18. 李小紅，〈宋代「信巫不信醫」問題探析〉，《四川大學學報》（哲學社會科學版），2006 年第 6 期，頁 106～112。

19. 日・竺沙雅章著、許洋主譯，〈關於喫菜事魔〉，載於劉俊文主編，《日本學者研究中國論著選譯》，第 7 卷，北京：中華書局，1993 年，頁 361～385。

20. 林富士，〈試論漢代的巫術醫療法及其觀念基礎——「漢代疾病研究」之一〉，《史原》，第 16 期，1987 年，頁 29～53。

21. 林富士，〈中國六朝時期的巫覡與醫療〉，《中央研究院歷史語言研究所集刊》，第 70 本第 1 分冊，1993 年 3 月，頁 1～48。

22. 林富士，〈「巫叩元絃」考釋——兼論音樂與中國的巫覡儀式之關係〉，《新史學》，第 7 卷第 3 期，1996 年 9 月，頁 195～218。

23. 林富士，〈試論六朝時期的道巫之別〉，載於周質平、Willard J. Peterson 編，《國史浮海開新錄——余英時教授榮退論文集》，臺北：聯經出版事業公司，2002 年，頁 19～38。

24. 林富士，〈「舊俗」與「新風」：試論宋代巫覡信仰的特色〉，《新史學》，第 24 卷第 4 期，2013 年，頁 1～54。

25. 周慶基，〈人祭與人殉〉，《世界宗教研究》，1984 年第 2 期，頁 89～96。

26. 柳立言，〈青天窗外無青天：胡穎與宋季司法〉，載於柳立言主編，《中國史新論・法律史分冊》，臺北：中央研究院、聯經出版事業公司，2008 年，頁 235～282。

27. 柳立言，〈從《名公書判清明集》看南宋審判宗教犯罪的範例〉，載於柳立言編，《性別、宗教、種族、階級與中國傳統司法》，臺北：中央研究院歷史語言研究所，2013 年，頁 102～106。

28. 范家偉，〈六朝時期人口遷移與嶺南地區瘴氣病〉，《漢學研究》，第 16 卷第 1 期，1998 年，頁 27～58。

29. 范熒，〈宋代的民間巫術〉，載於張其凡、陸勇強主編，《宋代歷史文化研究》，北京：人民出版社，2000 年，頁 130～147。

30. 科大衛，〈國家與禮儀——宋至清中葉珠江三角洲地方社會的國家認同〉，《中山大學學報（社會科學版）》，第 39 期，1999 年，頁 65～72。

31. 徐尚豪，〈宋代的精怪世界——從傳說表述到信仰生活的探討〉，新北市：

淡江大學碩士論文，2007 年。

32. 日・森田憲司，〈文昌帝君の成立──地方神から科舉の神へ〉，收入日・梅原郁主編，《中國近世の都市と文化》，京都：京都大學人文科學研究所，1984 年，頁 389～418。

33. 馮錦榮，〈宋代皇家天文學與民間天文學〉，載於法國漢學叢書編輯委員會編，《法國漢學》，第 6 輯，北京：中華書局，2002 年，頁 234～268。

34. 郭于華，〈導論：儀式──社會生活及其變遷的文化人類學視角〉，載於郭于華主編，《儀式與社會變遷》，北京：社會科學文獻出版社，2000 年，頁 1～10。

35. 郭東旭，〈胡穎的法治理念與司法實踐〉，載於郭東旭，《宋代法律與社會》，北京：人民出版社，2008 年，頁 218～231。

36. 張詠維，〈漢文化視野下的蠱──以清代嶺南爲例〉，《中正歷史學刊》，2006 年第 8 期，頁 291～328。

37. 陳元朋，〈《夷堅志》中所見之南宋瘟神信仰〉，《史原》，第 19 期，1993 年，頁 39～84。

38. 陳垣，〈摩尼教入中國考〉，《陳垣學術論文集》，北京：中華書局，1980 年，頁 329～397。

39. 陳智超，〈宋史研究的珍貴史料──明刻本《名公書判清明集》介紹〉，載於中國社會科學院歷史研究所宋遼金元史研究室點校，《名公書判清明集》，北京：中華書局，1987 年，頁 645～686。

40. 陳夢家，〈商代的神話與巫術〉，《燕京學報》，第 20 期，1936 年，頁 485～576。

41. 美・梅維恒（Victor H. Mair）著，〈古漢語巫、古波斯語 Magus 和英語 Magician〉，載於美・夏含夷（Edward L. Shaughnessy）編，《遠方的時習──〈古代中國〉精選集》，上海：上海古籍出版社，2008 年，頁 55～86。

42. 法・雅克・勒高夫，〈新史學〉，載於蔡少卿編，《再現過去：社會史的理論視野》，浙江：浙江人民出版社，1988 年，頁 92～122。

43. 美・華琛著，呂宇俊、鄧寶山譯，〈神祇標準化：華南沿岸天后地位的提升，960～1960〉，載於陳慎慶編，《諸神嘉年華──香港宗教研究》，香港：牛津大學出版社，2002 年，頁 163～198。

44. 傅芳，〈巫與道在客地的影響〉，《客家研究輯刊》，7，1995 年，頁 90～105。

45. 楊訥，〈元代的白蓮教〉，載於元史研究會編，《元史論叢》，第 2 輯，北京：中華書局，1983 年，頁 189～216。

46. 楊倩描，〈宋朝禁巫述論〉，《中國史研究》，1993 年第 1 期，頁 76～83。

47. 楊俊峰，〈五代南方王國的封神運動〉，《漢學研究》，第 28 卷第 2 期，2010 年，頁 327～362。

48. 葛兆光，〈嚴昏曉之節——古代關於白天與夜晚觀念的思想史分析〉，《臺大歷史學報》，第 32 期，2003 年，頁 33～55。

49. 蔣竹山，〈湯斌禁毀五通神——清初政治菁英打擊通俗文化的個案〉，《新史學》，第 6 卷第 2 期，1995 年，頁 67～112。

50. 蔣竹山，〈宋至清代的國家與祠神信仰研究的回顧與討論〉，《新史學》，第 8 卷第 2 期，1997 年，頁 187～220。

51. 蔣竹山，〈性、蟲與過癩——明清中國有關麻瘋病的社會想像〉，「中國日常生活的論述與實踐」國際學術研討會，紐約：哥倫比亞大學，2002 年 10 月 27 日。

52. 蔣竹山，〈評介近年來明清民間信仰與地域社會的三本新著〉，《新史學》，第 15 卷第 4 期，2004 年，頁 223～238。

53. 蔣竹山，〈過癩——明清中國有關麻瘋病的社會想像〉，載於蔣竹山，《裸體抗砲——你所不知道的暗黑明清史讀本》，臺北：蔚藍文化，2016 年，頁 51～85。

54. 蔡竺君，〈在正統與異端之間：從《夷堅志》看江西地區祠廟信仰與儒道關係，998～1224〉，臺北：國立政治大學宗教研究所碩士論文，2009 年。

55. 劉平，〈關於中國邪教史研究的幾個問題〉，載於社會問題研究叢書編輯委員會編，《宗教、教派與邪教——國際研討會論文集》，南寧：廣西人民出版社，2004 年，頁 196～203。

56. 劉佳玲，〈宋代巫覡信仰研究〉，臺北：臺灣師範大學歷史研究所碩士論文，1996 年。

57. 劉黎明，〈宋代民間「人祭」之風與密教的尸身法術〉，《四川大學學報》，2005 年第 3 期，頁 92～97。

58. 劉燕萍，〈淫祠、偏財神與淫神論——《夷堅志》中的五通神〉，載於劉燕萍，《神話・仙話・鬼話——古典小說論集》，上海：上海古籍出版社，2012 年，頁 30～61。

59. 韓毅，〈國家、醫學與社會——《太平聖惠方》在宋代的應用與傳播〉，收入姜錫東主編，《宋史研究論叢》，第 11 輯，保定：河北大學出版社，2010 年，頁 514～526。

60. 嚴耀中，〈五通神新探〉，載於嚴耀中，《漢傳密教》，上海：學林出版社，1999 年，頁 270～287。

61. 饒宗頤，〈歷史家對薩滿主義應重新作反思與檢討——「巫」的新認識〉，載於中華書局編輯部編，《中華文化的過去、現在和未來——中華書局八十週年紀念論文集》，香港：中華書局，1992 年，頁 396～412。

六、日文論文

1. 小島毅,〈正祠と淫祠——福建の地方志における記述と理論——〉,《東洋文化研究所紀要》,第 114 冊,1991 年,頁 87～213。

2. 木村明史,〈宋代の民間醫療と巫覡觀——地方官による巫覡取締の一側面——〉,《東方學》,第 101 輯,2001 年,頁 89～104。

3. 水越知,〈宋代社會と祠廟信仰の展開——地域核としての祠廟の出現——〉,《東洋史研究》,第 66 卷第 4 期,2002 年,頁 629～666。

4. 河原正博,〈宋代の殺人祭鬼について〉,《法政史學》,第 19 期（無出版年份）,頁 1～18。

5. 松本浩一,〈宋代の賜額・賜號について——主として『宋會要輯稿』にみえる史料から——〉,載於野口鐵郎編,《中國史中央政治地方社會》,昭和 60 年度科研費補助金總合研究（A）研究成果報告書,東京：文部省,1986 年,頁 282～294。

6. 金井德幸,〈南宋の祠廟と賜額について——釋文珦と劉克莊の視點〉,載於宋代史研究會編,《宋代の知識人——思想、制度、地域社會》,東京：汲古書院,1993 年,頁 257～286。

7. 金井德幸,〈南宋荊湖南北路における鬼の信仰について——殺人祭鬼の周邊——〉,原載於《駒澤大學禪研究所年報》,5,1994 年,頁 49～64,今刊於《中國關係論説資料》,36.1 上,1994 年,頁 567～575。

8. 金井德幸,〈宋代における妖神信仰と「喫菜事魔」、「殺人祭鬼」再考〉,原載於《立正大學東洋史論集》,8,1995 年,頁 1～14,今刊於《中國關係論説資料》,37.1〔增刊〕,1995 年,頁 388～395。

9. 金井德幸,〈南宋妖神信仰素描——山魈と瘟鬼と社祠——〉,原載於《駒澤大學禪研究所年報》,7,1996 年,頁 51～65,今刊於《中國關係論説資料》,第 38 號第 1 分冊下,1996 年,頁 54～61。

10. 宮崎市定,〈宋代における殺人祭鬼の習俗について〉,載於宮崎市定,《アジア史研究》,第 5 冊,京都：同朋社,1978 年,頁 100～144。

11. 須江隆,〈唐宋期における祠廟の廟額、封號の下賜について〉,《中國——社會と文化》,9,1994 年,頁 96～119。

12. 須江隆,〈「熙寧七年の詔」——北宋神宗朝期の賜額・賜號——〉,《東北洋大學東洋史論集》,卷 8,2001 年,頁 54～93。

13. 澤田穗瑞,〈宋代の神咒信仰——《夷堅志》の説話を中心として——〉,原刊於《東方宗教》,56,頁 1～30,今載於《中國關係論説資料》,第 22 號第 1 分冊上,1980 年,頁 451～466。

七、英文論文

1. Boltz, Judith M., "Not by the seal of office alone : New weapons in battles with the supernatural," in Patricia, Ebrey B. & Gregory, Peter N.（eds.）, *Religion and Society in Tang and Sung China*, Honolulu: University of Hawaii Press, 1993, pp. pp. 241-305.

2. Cedzich, Ursula-Angelika, "The Cult of the Wu-t'ung/Wu-hsien in History and Fiction: The Religious Roots of the Journey to the South", in Johnson, David（ed.）, *Ritual and Scripture in Chinese Popular Religion*, California: Chinese Popular Culture Project, 1995, pp.137-218.

3. Hinrichs, TJ, *The Medical Transforming of Governace and Southern Customs in Song Dynasty China（960-1279C.E.）*,unpublished Ph.D. dissertation, Harvard University, 2003.

4. Kleeman, Terry F. "The expansion of the Wen-Ch'ang Cult," in Patricia, Ebrey B. & Gregory, Peter N.（eds.）, *Religion and Society in Tang and Sung China*, Honolulu: University of Hawaii Press, 1993, pp45-73.

5. Lin, Fu-shih, *Chinese Shamans and Shamanism in the Chiang-nan Area During the Six Dynasties Period, 3rd -6th century A.D.*, unpublished Ph.D. dissertation, Princeton University, 1994.

6. Sutton, Donald S., "Transmission in Popular Religion: The Jiajiang Festival Troupe of Southern Taiwan", in Shahar, Meir & Weller, Robert P.（eds.）, *Unruly Gods: Divinity and Society in China,* Honolulu: University of Hawaii Press, 1996. pp.212-249.

7. Szonyi, Michael A., "The Illusion of Standardizing the Gods: The Cult of the Five Emperors in Late Imperial China" *Journal of Asian Studies*, 56.1（1997）:113-135.

8. Szonyi, Michael A., "Making Claims about Standardization and Orthopraxy in Late Imperial China: Rituals and Cults in the Fuzhou Region in Light of Watson's Theories," *Modern China,* 33.1（2007）:47-71.

9. Takashi, Sue, "The Shock of the Year Hsuan-ho 2: The Abrupt Change in the Granting of Plaques and Titles during Hui-tsung's Reign", *Acta Asiatica,* 84（2003），pp.80-125.

10. Teiser, Stephen F., "Chinese Religions: Popular Religion", *The Journal of Asian Studies*, vol.54, no.2（1995）, pp.378-395.

11. von Glahn, Richard, "The Enchantment of Wealth: The God Wutong in the Social History of Jiangnan", *Harvard Journal of Asiatic Studies*, 51:2（1991）, pp.651-714.

12. Watson, James L., "Standardizing the Gods: The Promotion of T'ien Hou Along the South China Coast,960-1960", in Johnson, Nathan and Rawski（eds.）, *Popular Culture in Late Imperial China*, Berkeley, Los Angeles & London: University of California Press, 1985, pp.292-324.

13. Weller, Robert P., "Matricidal Magistrates and Gambling Gods: Weak States and Strong Spirits in China", in Shahar, Meir and Weller, Robert P.（eds.）, *Unruly Gods: Divinity and Society in China* , Honolulu: University of Hawaii Press, 1996, pp.250-268.

14. Wolf, Arthur P., "Gods, Ghosts, and Ancestors", in Wolf, Arthur P.（ed.）, *Religion and Ritual in Chinese Society*, Stanford & California: Stanford University Press, 1974, p.131-182.

後　記

　　這是我第三部的個人著作，十年磨一劍，付梓在即，百感交雜，眞有點不知從何說起。回想往事，過去二十多年在宋代士族和民間信仰方面的研究，可說是從親人和師友的影響和支持下，蓽路藍縷地走過來。

　　我在 2005 年出版的《在國家與社會之間──宋代巫覡信仰研究》（香港：中華書局）一書〈後記〉裡提到，自己在 1991 年研究院碩士班畢業後，因爲種種緣故，沒有追隨恩師陶晉生教授到美國留學，結果在一所中學任教，在繁忙的工作外，每晚挑燈夜讀，完成博士論文之餘，且繼續堅持做一個業餘的史學工作者。時光荏苒，十多年又過去，香港以至全世界的教師，在「教育市場化」和「管理主義」的煎熬下，無論是高等學府的大教授還是中學裡的小教員，全都身心俱疲，我自然沒有例外。從「不惑」走向「知天命」之年，在催人的生活下，仍然醉心史學研究，或許與先慈自幼的教誨相關。

　　我自幼家貧，父親只讀過幾年私塾，母親更目不識丁。不過，父母是典型的傳統中國人，希望兒女努力讀書，將來可以出人頭地；而父親也是一個威權型的嚴父，故教導子女的責任往往就落在慈母身上。記得兒時母親鼓勵我用功時，最喜歡講呂蒙正的故事，「家貧→苦讀→中舉→美滿人生」這種成功模式，耳熟能詳；而「飯後鐘」、「破窯守困」、「窮不過蒙正」等故事，也在我稚小的心靈上深深烙下印記。

　　大學歷史系本科畢業時，雖然早已不相信「苦學成人」這種樣版式的警世教訓，但對呂蒙正其人及其家族的歷史，總有一種說不出的親近興趣。於是，1988 年在香港中文大學報讀研究院時，就以〈宋代河南呂氏家族研究〉爲題，申請跟從恩師羅球慶教授繼續深造；面試時，研究宋代官學教育和科舉制度的

專家李弘祺教授從容地問我,是否看過韓明士(Robert P. Hymes)研究宋代撫州精英的新著 *Statesmen and Gentlemen: The Elite of Fu-Chou, Chiang-Hsi, in Northern and Southern Sung*(Cambridge: Cambridge University Press, 1986),那一刻才知道自己誤打誤撞,論文題目跟當時西方漢學界炙山可熱的宋代士族問題扯上關聯,興奮之餘,開始擔心自己能否應付得來。獲研究院取錄後,意外地,中文大學竟宣佈已禮聘著名美籍華裔宋遼金元史權威、中央研究院院士陶晉生教授爲歷史系講座;而當時陶老師早已和黃寬重、梁庚堯及柳立言等知名宋史教授,開展了一個關於宋代士族的大型研究。適逢其會,我遂有幸跟羅師、陶師和李師三位宋史名家問學,忝列門牆,最後順利完成了呂氏家族的研究。

我家祖籍潮州,父母給我的另一個影響是對故鄉風俗的探求。我特別喜歡每年農曆七月「鬼節」跟隨母親參加潮僑的「盂蘭勝會」,對祭壇上的鬼神最是著迷;至若中秋夜「拜月娘」發思古幽情的浪漫,到今天還是不能忘懷。從初中開始,我就似懂非懂地「研究」中國的民間信仰,在圖書館翻看了不少圖文集;這一直是我心中縈迴的另一個課題,後來我的博士研究遂由宋代士族轉向宋代巫覡信仰。同樣巧合的是,其時西方漢學界也湧現一股研究中國民間信仰的熱潮,宋代是其中最受關注的一個朝代,美國的韓森(Valerie Hansen)教授更出版了一部影響深遠的巨著 *The Changing Gods in Medieval China, 1127-1276*(Princeton: Princeton University Press, 1990);當我出版博士論文時,才知道四川大學劉黎明教授、四川師範大學方燕教授和寧波大學李小紅教授等學者,都跟我在相若的時間分別開展了宋代巫覡信仰的博士研究。年前我才在網上得知,劉黎明教授不幸英年早逝,叫人傷感。

現在回想起來,我的兩個研究範疇都曾經走在最先進的學術前沿,溯其源頭卻是最古舊的背景——母教的影響;巧合的是,古祖的東西竟遇上學術熱潮,變爲最重要的研究課題,我也因而得到不少名家前輩的謬讚賞識,慚愧之餘,更思念父母對我的無償愛護,也感嘆冥冥之中自有天意。我研究宋代民間信仰多年,一直秉持美國銓釋人類學家克利福德・格爾茲(Clifford Geertz,1926-2006)力倡的「從土著的立場出發」之論,去看待這些被現代人視爲「迷信」的思想與行爲,也愈來愈諒解古人在面對不幸、痛苦與無奈時的信仰舉動。事實上,身處二十一世紀科學時代,雖然父母得享高壽仙逝多年,我仍無法揮去哀思,對中國民間信仰更有一種切膚的同情。謹以此書,獻給先嚴先慈,願他們在天之靈,安享極樂。

　　放在讀者眼前的這部著作，是我思考宋代社會構成的一點結集，也是回憶過去半生人的一段紀念。我自知生性駑鈍，能夠在崎嶇不平的學術生涯堅持下去，全賴師友和家人的鼓勵與支持，要說的話與要感激的人實在太多了，請容我一一道謝。

　　恩師陶晉生院士二十多年來對我愛護有加，我雖然才德未逮，成就不高，老師卻始終未有見棄，時加扶持，我最是感動。舊作《在國家與社會之間》與這部新篇都蒙陶老師在百忙之中撥冗賜序，這是我最感光榮自豪者；師恩浩瀚，難以為報，但願拙著能不辱門牆，有益士林。

　　自大學時代開始，羅球慶老師啓迪我對宋史研究的興趣，拓寬我的人生視野；畢業以後，無論我遇上甚麼困難，老師都給予我無限支持，讓我能重拾勇氣，繼續上路。我受教羅老師門下，得以親近和學習老師的豐富學養，是人生難得的一次福份。

　　在宋代社會史研究方面，李弘祺老師一直給予我很大幫助，自老師離開香港後，每次在臺灣或香港重遇，老師都關懷備至；此外，香港大學許振興教授對我的生活也時加問候與幫忙，我也一併言謝。

　　拙作本來還未有完備的出版計劃，特別是要修訂二十多年前的舊作，最是猶豫。惟得同門大師兄香港理工大學榮休教授何冠環博士多番鞭策與鼓勵，提供不少參考資料之餘，並介紹出版之路，同門之情，感激不盡。

　　本書得以出版，學長東吳大學黃兆強教授用力最多，十分感謝他的大力推薦，並從中穿針引線，拙著才得以面世。花木蘭文化出版社總編輯杜潔祥老師、社長高小娟女史不嫌拙稿粗陋，概允接納出版，足見其對文化事業的支持，謹致謝忱。

　　離開大學以後，迫於謀生事繁，加上年紀漸長，體力日減，本來實在無法在工餘時再做研究；惟十多年前跟我素昧平生的林富士教授，竟邀請我到臺灣中央研究院歷史語言研究所作專題演講，以後又時加鼓勵，這讓我得到肯定之餘，也重拾意志，不怕艱辛，堅持做個「星期日史家」。林老師扶掖後學的古道熱腸，改變了我的學術生命，我銘感於心。

　　學術研究的苦樂，不足為外人道，學侶間的交流，時有刺激，趣味盎然。學長臺灣中央研究院歷史語言研究所柳立言教授是我的畏友，多年來他對我的研究都有深刻批評，切中要害，讓我能從中學習，改正不少錯誤，我衷心言謝。國立政治大學劉祥光教授、國立清華大學廖咸惠教授、北京人民大學

皮慶生教授及香港城市大學范家偉教授也時加指正，讓我獲益不淺；而跟美國康乃爾大學（Cornell University）艾婕媞（TJ Hinrichs）教授在多次書信往來中討論宋代巫覡問題，叫我最是興奮和滿足。

本書部份篇章曾在不同學術會議裡宣讀，我要感謝上海復旦大學葛兆光教授、廣州中山大學曹家齊教授、廣州暨南大學張其凡教授及臺北東吳大學林慈淑教授等的邀請，讓我可以有機會與不同的學者交流切磋；我也感謝各次會議討論學人給予的意見，特別是北京大學鄧小南教授和政治大學劉祥光教授的賜正。（本書校對之際，11 月 25 日早上，突傳來張其凡教授遽歸道山的消息，心情久未平服。謹此遙祭張老師在天之靈。）

學長兼摯友國立暨南大學李廣健教授多年來寄贈大量參考資料，且常常給予關懷和鼓勵；老同學溫偉國兄在我最需要幫忙時，往往拔刀相助，讓我得以熬過難關，叫我感激。同門楊炎廷兄、伍伯常博士、白智剛兄、趙雨樂教授、張月嬌姐、張志義博士及胡美玲姐等，也非常關心我的生活，特別是月嬌師姐，待我至誠，讓我感受到同根的溫情。

我要特別感謝我的知己、師妹兼同事范芷欣小姐。我生性耿直木訥，不懂巧言，自大學畢業以來，遇過不少挫折，人生數度陷於困苦低潮；期間多得芷欣在精神上給予無比的支持與鼓勵，工作方面又時加援手，讓我可以重新振作起來，克服逆境。芷欣也是習史的，她處事認真，最有條理，本書最為複雜的「呂氏家族姻親圖」也是她代為細心繪畫。「人生樂在相知心」，芷欣的金蘭情誼，我一生銘記。

「腐儒碌碌嘆無奇，獨喜遺編不我欺。白髮無情侵老境，清燈有味似兒時。」放翁這闋詩，最能打動我胸中的舊情和書味。人到中年，能夠安貧樂道、好學不倦，家人的支持最是重要，我要感謝內子秀芬無償的付出與無微的照顧，讓我可以在無憂的環境中繼續尋夢；愛女萃欣聰敏伶俐，體貼依人，讓我老懷安慰。

2016 年 10 月 30 日識於香港屯門「珊蠻書室」